人心如果没有了敬畏，那么人还有什么不敢做的呢？

丛书顾问◎黄　进
丛书主编◎曹义孙

诚信与教育

李慧敏◎著

中国政法大学出版社
2015 · 北京

本书为2013年中国政法大学中青年骨干教师
海外提升专项资助计划成果；
2013年国家留学基金委“青年骨干教师出国研修项目”成果；
国家社会科学基金重大项目：
我国社会诚信制度体系建设研究（批准号11&ZD030）；

本项目得到中国人寿资产管理有限公司、
中信建设有限责任公司、深圳市晟大生物有限公司资助。

总序一

陈冀平*

党的十七大提出，要“坚持依法治国基本方略，树立社会主义法治理念，实现国家各项工作法治化”。最近，胡锦涛同志又在省部级主要领导干部专题研讨班开班式上指出，“推进政治体制改革，必须坚持党的领导、人民当家作主、依法治国有机统一，发展更加广泛、更加充分的人民民主，保证人民依法实行民主选举、民主决策、民主管理、民主监督，更加注重发挥法治在国家和社会治理中的重要作用，维护国家法治的统一、尊严、权威，保障社会公平正义，保证人民依法享有广泛权利和自由。我们所要建设的社会主义和谐社会，应该是民主法治、公平正义、诚信友爱、充满活力、安定有序、人与自然和谐相处的社会”。法治是现代社会的主流价值，是社会主义和谐社会的本质特征和核心要素，是党领导国家和社会的基本手段。

依法治国，建设社会主义法治国家，迫切需要培养和造就一批政治可靠、学有专长的法律人才，需要提高国家公务人员尤其是党政领导干部遵法守法的法律意识，需要提高全社会普遍的法律意识和法律知识水平。中国共产党

---

* 中国法学会党组书记、常务副会长。

历来重视法治教育在推动社会主义法治建设中的重要作用，尤其重视人民群众在法治建设中的主体地位，充分发挥人民群众自觉参与社会主义法治建设的积极性和创造性。党的十七大再次强调，要“深入开展法制宣传教育，弘扬法治精神，形成自觉学法守法用法的社会氛围”，并强调要将法治教育纳入公民意识教育当中。十七大报告还指出，要“加强公民意识教育，树立社会主义民主法治、自由平等、公平正义理念”。

“徒法不足以自行”。经过三十多年的不懈努力，我国已经形成了中国特色社会主义法律体系，奠定了全面实施依法治国基本方略、建设社会主义法治国家的基础。但是，如果没有一支立场坚定、业务娴熟的法律职业队伍，没有全社会普遍形成的对宪法和法律的信仰，没有法学理论研究的创新与繁荣，社会主义法律体系就不能在治国理政和社会管理中发挥应有的作用。法律专业人才的养成、全社会法律意识的培育和法学研究的理论创新，均有赖于法治教育的有效实施。

中国特色社会主义法律体系的基本形成，标志着中国的法治建设已经进入新的历史境界，我们迫切需要整合全社会的法治教育资源，形成与社会主义法律体系相配套的中国特色社会主义法治教育体系，由此提升全社会的法治教育水平和法治教育层次。

广义上的法治教育，既包括针对少数人群的专业法学教育，也包括面向全社会各个领域包括普通民众也包括党政领导干部的普法教育。目前，专业法学教育任务主要由各类大专院校承担，而普法教育工作主要由各级相关行政部门负责。专业法学教育受众较少，但受众均能掌握法治基本理念；普法教育对象广泛，但很难深入持久。因此，如何将这两者的优势结合起来，对最广大的受众进行深入持久的法治教育，是中国法治教育的一大难题。

中国已经进入社会主义法治发展的新阶段，在新的历史时期，如何形成和完善与社会主义法律体系内恰、契合的法治教育体系，如何发挥法治教育体系在社会主义法治国家建设中的智力支撑作用，是法学理论研究中的一个新问题，是值得法学理论界的有识之士高度关注的热点问题。

中国法学会是党领导下的人民团体，是中国法学界、法律界的全国性群众团体和学术团体。组织法学工作者、法律工作者深入实际进行调查研究，反映新情况，研究新问题，参与法制宣传和法学教育，培养法学、法律人才等，是中国法学会章程赋予法学会的基本任务。法学教育体系的创新与完善，是关系到我国社会主义民主法制建设的重大理论和实践问题，是中国法学会必须加以扶持的重要学术课题。

我们期待有更多的法学工作者投入对法治教育自身发展规律的研究中来。据我所知，中国政法大学的法学教育发展研究与评估中心，是国内第一家也是截至目前国内唯一一家专门研究法治教育的实体学术机构。该中心正式运行6年来，坚持进行法治理念与普法教育研究，以中国法学教育改革为契机，借鉴国外先进经验，获得了一系列专题性研究成果，在法学理论与实务界产生了一定的影响力。

在党的十八大即将召开之际，中国政法大学拟推出一套以法治教育的学科化研究为主旨的丛书，这是一件意义深远的事，也是一个开拓法学研究新领域的创举。本丛书的作者均为法治教育相关领域的专家学者，他们具有宽广的国际视野与深切的现实关怀，试图在深入理论研究的基础上，为中国法治教育的改革与发展提供顶层设计。我相信，这套丛书应该能够引起更多学者的思考，让社会各界更加关注中国的法治教育。

是为序。

总序二

黄　进*

一

有一种说法认为，新中国成立六十年来的历史可以分为“前三十年”和“后三十年”两个三十年。前后两个三十年恰好从正反两面印证了法治在治国理政中的价值：“前三十年”以历史教训的反例方式证明了没有法治的国家和社会可能震荡到的混乱底线，“后三十年”则以历史经验的正例方式证实了一个放之四海而皆准的颠扑不破的道理——法治是国家治理结构的核心要素，没有法治的保障就没有国家和社会的可持续发展。

经过“后三十年”来的改革开放，中国逐步走上了健全法制、依法治国的道路，形成了中国特色社会主义法律体系，奠定了全面实施依法治国基本方略、建设社会主义法治国家的法制基础。

中国特色社会主义法律体系的形成，是中国共产党领导全国人民进行中国特色社会主义建设所取得的伟大成就之一。但是，不可否认的是，中国特色社会主义法律体系的形成只能说是我国在通往法治国家的道路上向前迈进了

* 中国政法大学校长。

一步。实际上，依法治国、建设社会主义法治国家依然任重而道远。中国特色社会主义法律体系的形成，在我国基本实现了“有法可依”的目标，但并没有解决“有法必依、执法必严、违法必究”的问题。所以，今后一个时期，首要的任务是如何在已基本实现“有法可依”的基础上，进一步解决现实中有法不依、执法不严和违法不究的问题，真正实现国家坚守依法治国，政府必须依法行政，司法机关严格依法司法，企事业单位和民众自觉依法行为，整个社会都依法办事，让法治成为中国人的生活方式，让法治成为中国社会的文化。

毋庸讳言，我国的法治建设还存在这样或那样的问题，但是我们要认识到，改革开放以来，我国法治建设的已有成果来之不易。在当下，要实现依法治国，最重要的不仅在于完善法律制度，更在于全社会严格地依法办事。

法治要成为中国人的生活方式。首先，要求党政机关、司法机关、国家公务员和社会精英带头知法守法，敬畏法律，带头促成以法治为内核的社会主义政治文明；其次，要求全社会的公民学法用法，信仰法律，自觉养成以法治为核心的现代社会公民素养；最后，要求我们造就一大批包括职业审判人员、检察人员、监察人员、公安人员、律师、公证员、人民调解员及法学家等各类法律人才在内的高素质的职业法律人才群体。如此，有了党政公务人员践行法治生活方式的身体力行，有了职业法律人对法治生活方式的制度捍卫，更有了全社会对法治生活方式的普遍尊崇，不同的社会主体将在法治伟业中协同参与，共同维系以法治为基本要求的当代社会文明秩序，共同建设社会主义法治国家，实现中华法系法治文明的伟大复兴。

中国特色社会主义法律体系的形成，为法治生活方式提供了制度的可能性，而要将法治生活方式的可能性转化为现实性，还有赖于一个支持和保障体系的有效运作。质言之，中国特色社会主义法律体系是一个动态、开放、包容的有机体，要将这样一个有机体转变成为一个“活的法律”的有机体系，必须得到“中国特色社会主义法治教育体系”的有力支撑。借助法治教育体系的媒介作用和教化功能，法律体系的立法成果才可能在鲜活的社会生活实践中实现社会调控杠杆的工具价值，才可能将社会主义法治精神、法治理念及法律规制植入人心，在人的行为上显现出法治生活方式的效果。

中国特色社会主义法律体系与法治教育体系之间具有内在的逻辑关联，两者均是组成法治社会和法治生活方式的有机要件。没有成熟的法律体系，法治的实现就将成为无本之源，一如高高在上的星空，只能供人仰视，而不能进入人们现世的生活当中；而没有法治教育体系的支撑，法律体系也只能如画在墙上的壁画，仅供欣赏与想象，而社会实践的运行仍然我行我素，在另外一个潜行的规则体系中流动。

从这个意义上说，法治应该成为社会生活的精神内核，法治精神应当是全社会的生活之“道”，法律体系已经为法治生活方式描绘了一幅理想图景，而法治教育体系则要担当在整个社会全领域、全覆盖地推广法治精神的行动责任，要成为法治生活方式的布道者，舍此，法治的实现别无他途。

二

“中国特色社会主义法治教育体系”担当着为国家和社会输送具有政治道德和专业学养的法律人才的使命，是法律职业化的教育平台，是国家法治建设的重要参与力量。从政治上看，法治教育体系也是国家政法事业的重要组成部分。法治应当是也必须是检验中国法治教育成败得失的惟一标准，在中国语境下，坚持中国语境的法治理念是我国建设法治国家的核心要求，因此，具体而言，检验中国法治教育成败得失的惟一标准是，法治教育是否从根本上有利于维护反映中国国情的法治理念在法治领域的指导地位，是否有利于社会主义法治国家的建设和发展，是否有利于培养忠于宪法和法律、忠于国家和人民的法律职业共同体，是否有利于国家法治事业的健康发展。

广义上的法治教育体系，既包括针对少数人群的专业法学教育，也包括面向党政领导干部和普通民众的社会法律教育。专业法学教育受众较少，但可以让一部分人掌握体系化的法律知识和技能；社会法律教育虽在专业化教育上有所欠缺，但其覆盖面广、影响面大、声势持久、重点突出的优势则是专业法学教育所难以实现的。

进入新时期，专业法学教育和社会法律教育都遇到了发展的瓶颈。从专业法学教育来看，今天我国法学教育面临规模过于庞大、种类过于繁多、与法律职业脱节、学生实践能力欠缺、就业前景严峻等问题，其根源在于对专业法学教育的价值与定位尚存在认识上的模糊，在“法学教育是什么”

和“法学教育为什么”等基本问题上仍存在分歧，在“法学教育怎么办”等改革路径问题上也没有达成共识。

从社会法律教育而言，经过“一五”至“五五”普法，国家宪法和法律在全社会得到了较为广泛的普及，社会法律意识明显增强，法制宣传教育在落实依法治国基本方略、服务经济社会发展、维护社会和谐稳定方面发挥了重要作用。自中共中央、国务院转发《中央宣传部、司法部关于在公民中开展法制宣传教育的第六个五年规划》及全国人大常委会作出《关于进一步加强法制宣传教育的决议》以来，我国社会法律教育进入“六五”普法的新时期。但面对新形势，当前法制宣传教育工作也遇到了不少问题，例如，普法工作陷入“疲劳期”，法制宣教出现“形式化”倾向；普法对象“苦乐不均”，对农民、居民、企业职工、个体工商户等特殊对象仍重视不够；针对领导干部、公务员及青少年等重点对象的普法效果仍有待提高；宪法在法制宣传教育工作中的独特地位有待加强；反腐倡廉法制宣传教育方式有待创新；普法工作自身的规范化和法治化程度有待提高，在立法上“地方包围中央”，不少省市区都颁布了“法制宣教条例”，但国家的法制宣教法至今没有颁行；等等。

如何适应新时期法治建设的内在需要，克服专业法学教育和社会法律教育的局限，解决专业法学教育和社会法律教育面临的困局？如何建立专业法学教育与社会法律教育有效互动的运作机制，将这两者的优势结合起来，从国家层面构建真正符合中国社会法治发展规律的法治教育体系？如何将法治教育与中华法治文化之重塑、中国先进法律文化的国际输出、社会主义核心价值体系等有机融合?诸如此类法治教育领域的重大理论与现实问题，是当前中国法治发展必须妥善处理的学术与政策问题，也是法学理论工作者必须关注的重大课题。

三

研究法治教育体系意义重大，是我国法治研究、法学研究、高教研究和社会研究的重要组成部分。法治教育体系的重要性决定了对法治教育体系进行专门化和学科化研究的必要性和紧迫性，享有“世界上最大的法学家集团”和“中国法学教育最高学府”之美誉的中国政法大学，对培育中国特色社会主义法治文化负有责无旁贷的历史担当，法大要做法治思想的引领者，要做法学理论的创新者，要做法律制度的构建者，要做法学教育的先行者，要做法治生活方式的布道者，这样的办学目标要求法大在对法治教育自身规律的研究与认识上要有更多的关注和投入。早在21世纪之初，我校就已敏锐地捕捉到法学教育现象背后所流动的法治逻辑及其法治意义，认识到法学教育不仅是实现中国法治的必由之路，也是观察中国法治发展状况的一个具有指标意义的法治窗口。由是，法大于2002年成立了“法学教育发展研究与评估中心”，专事法学教育与普法教育研究。历经4年的组建工作，该中心于2006年正式运行，并于2012年5月加挂学校高等教育研究所牌子，实行一个机构、两个牌子的工作体制。中心现有在编研究岗人员8名，其中教授2名，副教授3名，博士后5名，博士6名，全国政协委员1名，国务院参事1名，分别具有法学、管理学、教育学、历史学等学科背景。

根据学校的总体布局，确立了将该中心办成中国法学教育研究与评估领域权威机构的发展目标。与学校预定的发展目标相比，该中心所做的一切还不尽如人意，与目标还存在相当大的距离，我热切希望该中心的学术团队能在新的历史时期，抓住发展机遇，实现法治教育领域的新突破，为中国法治教育政策提供有益的决策支持，为中国先进法治文化的国际交流搭建运行流畅的交流平台，为中华法治文化的重塑与复兴提供有力的智力支撑。

四

学校法学教育发展研究与评估中心推出的这套“法治教育研究丛书”，将该中心有关法治教育领域的研究成果逐步展示，为中国的法治教育提供可资借鉴的学术成果。本丛书的作者均为法治教育相关领域的研究人员，具有较为宽广的国际视野与深切的现实关怀，能够在深入理论研究的基础上，思考中国法治教育的前景与出路。无论这些作者的学术观点如何，如果这套丛书能够引发更多学者对中国当下法治教育的思考，能够引起社会各界对中国法治教育更为深切的关注，则此丛书出版的初衷就已经达到了。

尽管此丛书部分著作的学术质量仍有待提高，对于丛书部分作者的学术观点也不尽赞同，但并不妨碍我倡导和支持法治教育研究的一贯态度。值丛书首批著作即将出版之际，丛书作者们力邀我为之作序，为了表达学校对法治教育研究的勉励与期许，我欣然应允。

是为序。

总序三

曹义孙*

在“法治教育研究丛书”命名中，之所以采用了“法治教育”一词，不是因为灵机一动，或一时的心血来潮，而是因为我认为，“法治教育”比“法律教育”、“法学教育”能更好地体现本丛书的研究目的和意图。无论是从对象还是从范围来看，法治教育都要比法律教育或法学教育更宽泛、更具体，也更接近法律实践，从而也更能体现作为社会制度之法律的实践本性。更重要的是，使用“法治教育”，一方面能更好地体现时代的脉搏，准确地反映我国法治建设的进程，生动地表达在当前进入法律实施时代的要求；另一方面也能更真实地把握法学教育发展的内在逻辑。从发展的逻辑看，法律教育、法学教育与法治教育之间存在着内在的联系，首先是学徒式的法律教育；其次是学科性的法学教育；最后才是实践性的法治教育。美国学者斯蒂文斯写了一本名为《法学院》的书。在这本关于美国法学教育发展史的书中，他就揭示了法学教育从法律教育、经法学教育到法治教育发展过程中的内在逻辑。

之所以采用“研究”这个大字眼，而没有选择观察、

---

* 中国政法大学法学教育研究与评估中心主任。

解释、评价等术语，不是因为所出版的著作已经达到了“研究”本义所表示的水准，而是因为我认为，我们正在从事一种新的探索，正在思考进入法律实施时代的法治建设事业中的法治教育问题，而对新时代出现的新问题进行新探索，是一个艰难的过程。目前，我们的思考与探索仍处于这个过程的开端，这套丛书所出版的著作或许是些一般性的研究著作，但恰恰是这些著作，将会为精品著作的问世提供必要的可能性基础，同时也必定会成为法学教育思想史研究必须参考的研究对象和研究文献。

之所以要以“丛书”的形式出版我校法学教育发展研究与评估中心的研究成果，是因为我相信以“丛书”的形式出版法治教育问题的著作，比单独出版的著作更能给探索者以光明，正如众多柴火之光必定亮于一根柴火发出的光；也更能扩大我“中心”之社会影响，一定会比过去我“中心”单独出版的《现代性视野下的法学与教育》、《中国法学教育大事记》（3部）、《中国法学教育现状》（多部）等著作所产生的影响要大；还更能激发我“中心”研究者内在的研究潜能，我们会借“高教30条”教育政策之东风，以饱满的热情和坚毅的意志投身于研究过程，潜心学问，努力提高法治教育的研究质量，创造出更多更好的成果。我相信，假以时日，在这套丛书之中必定能够出现若干高质量、高原创性、具有重大社会影响力的研究成果。

在邀请名家作序的情况下，对写还是不写这个总序的问题，我纠结了好久。直到出版定稿时，我才选择为“丛书”写序。之所以作出这个选择，不是因为我喜欢，其实我不喜欢也不擅长；也不是因为我有作序的愿望，其实我一直存在着逃避的冲动。经反复思量，我认为我作为丛书主编，有责任写序。我作为研究者，希望这套丛书能够持续性地出版下去；能够给法治教育者以启发与帮助；能够得到广大读者的理解与批评，并激发他们的思考与探索；能够为中国法治事业建设贡献自己的光与热。我特别希望“丛书”能够在我“中心”研究者的学术生活中长期性地占据重要地位，在我个人的学术研究中成为重要的组成部分。因为在我从诗歌走向绘画、从哲学辩证法转向伦理道德、从社会经济到政治法律、从法理学到法治学，最后将归属于自然法学的学术历程中，不难看出法治学将是我学术思考谱系中的重要阶段。而法治教育与法治文化、法治社团、法治社会的诚信基础等部分一起构成我的法治学研究内容。

之所以为“丛书”写序，还有一个原因就是因为我心存需要，我需要感谢。我要感谢我们的社会，正是中国社会艰难进行着的法治事业存在许多的问题需要我们去思考与解决，才使得这套丛书的出现有了现实的基础与必要性。我要感谢我“中心”的各位同事，正是他们的研究，才使得“丛书”的存在成为可能。我要感谢关心与支持我“中心”研究工作的人们，要感谢法大党政各位领导，正是他们的支持与关心，“丛书”才有了出版的急迫性；要感谢中国法学会陈冀平副会长与中国政法大学黄进校长为“丛书”作序；要感谢方方面面的现实读者，更要感谢未来的读者；最后要感谢法大出版社同仁，正是他们的辛劳才使得这套丛书作品得以问世。

目 录

第一章　导论——摆脱鼹鼠命运

“尔未看此花时，此花与尔心同归于寂。尔来看此花时，则此花颜色，一时明白起来。便知此花，不在尔的心外。”
——王阳明

世界在每一个人的眼睛里都是不同的，因为每个人都是根据自己的经历来看待和理解这个世界的。我们关注进而研究某个问题或某个现象并不是随意和毫无目的的，而是因为该问题或现象本身很重要，所以哪怕是很少有人关注也值得研究，或者是因为该问题或现象引发了众多人的关注而成为一个值得研究的问题或现象，或者是二者兼有。诚信问题则属于二者兼有，本身重要而且已经被众人关注。

第一节　问题提出

当今之中国，处于一种特殊的场域之中，面临着国际上针对中国和平崛起的各种打压，面临着国内现代化进程中社会转型所带来的价值“失范”。在此大背景下，如何建立一套适合中国特色的社会价值体系就成为必须要思考的问题。而建立诚信制度即为此社会价值体系中关键的一环。众多的学者同仁为此毫无保留地奉献着自己的智慧。

让我们看一看社会现实，“毒奶粉事件”、“小悦悦事件”、“毒胶囊事件”、“老人摔倒事件”等等这些或近前或远距离的事件令人惊心。在一个互联网时代里，借助着高科技，结合着传统媒体，这些事件引发了全国性的讨论，进而引发了各种连锁反应。很多人不敢再让自己的孩子吃中国大陆奶粉，而是从美国、英国等国家或者中国港澳地区购买奶粉，为此还导致了香港特区 2013 年开始实施的《2013 年进出口（一般）(修订）规例》。根据该规例，如果不申报，离开香港的 16 岁以上人士每人每天不得携带多于两罐的奶粉。如违例，最高可罚款 50 万港元及监禁两年。同样，摔倒的老人要不要扶起的问题，直接催生了 2011 年卫生部《老年人跌倒干预技术指南》规定的出台，提出“发现老年人跌倒，不要急于扶起，要分情况进行处理”的要求。而“郭美美事件”的直接结果是红十字会接收到的捐款急剧减少，某些企业家不再相信官办的慈善机构。[1] 有流行的段子如此自嘲式地描述我们的生活，“早上喝一杯三聚氰胺牛奶，吃两个染色馒头，夹一截瘦肉精火腿，切一个苏丹红咸蛋；中午了，买的是用避孕药喂的鱼、毒豆芽、膨大西瓜，回到豆腐渣房子里，开一瓶甲醇勾兑酒，吃一串加了止泻药的麻辣烫，饭后抽根高汞烟，看本盗版小说，再用装了盗版软件的走私电脑上网，晚上钻进了黑心棉被窝里面睡觉，一天就这样过去了！”[2] 虽然这只是民众中流行的段子，是一种冷幽默，但却表达了人们对生活中不安全问题的担忧。中国人的不诚信也早已影响到了国外，外国的某些企业因为中

---

〔1〕“黄怒波：10 年内捐 500 亿 不再信任官办慈善机构”，载搜狐财经，http://business.sohu.com/20120706/n347501854.shtml，访问日期：2014 年 1 月 3 日。

〔2〕该段子还有不同的版本，但都是稍有改动，基本意思一致。

国海外实习生不诚信而终止其实习资格。[1]

2011 年 6 月，人民日报公布了一份与人民网联合进行的诚信问题网上调查结果，显示：九成以上的人曾经历过不诚信事件，而且不诚信事件多发在食品领域。[2]

2011 年 5 月，中国社会科学院社会学研究所发布《中国社会心态蓝皮书》，公布其调查结果，指出：北京、上海、广州三市市民认为房地产等行业信任缺失，食品、药品行业信任危机严重。[3] 2013 年 1 月，中国社会科学院社会学研究所继续发布《中国社会心态蓝皮书》，公布其调查结果：整个中国社会出现反向情绪，值得警惕，社会的总体信任度进一步下降，人与人之间的不信任进一步扩大，群体间、阶层间的不信任也在加深和固化，社会冲突增加，只有不到一半的人认为社会上大多数人可信，二到三成信任陌生人。[4] 社会，成了一个需要带着“假面具”生活的集群。[5]

美国著名的文化人类学家露丝·本尼迪克特（Ruth Benedict）曾经对新墨西哥的普韦部落人、新几内亚的多布人和美国西海岸温哥华岛的克瓦基特尔人三个原始部落人进行过研究，发现，多布人部落是一个崇尚凶猛、竞争、恶意、多疑、

---

〔1〕张艳虎、隋萍萍、张能辉：“规则、诚信、责任、法律：大学生海外实习应具备的四种意识——基于国外企业终止大学生海外实习案例的分析”，载《出国与就业（就业版）》2011 年第 16 期。

〔2〕“社会诚信的缺失与构建”，载 http://www.sciencehuman.com/advisorygroup/advisorygroup2011/advisorygroup201106b.htm，访问日期：2014 年 7 月 12 日。

〔3〕具体调查请参见王俊秀、杨宜音主编：《社会心态蓝皮书：中国社会心态研究报告（2011）》，社会科学文献出版社 2011 年版。

〔4〕王俊秀、杨宜音主编：《社会心态蓝皮书：中国社会心态研究报告（2012－2013）》，社会科学文献出版社 2013 年版。

〔5〕朱学东：“假面时代的生活哲学”，载 http://blog.sina.com.cn/s/blog_4847721e0102dv9j.html?tj=1，访问日期：2012 年 8 月 9 日。

背信弃义的部落，他们貌似正经却假正经，为了优秀和成功，可以不择手段的窃有，而且不受谴责。本尼迪克特称多布人的部落是一个“以恶意与背叛为美德的地方”[1]、“他们无法无天，而又相互倾轧”、“对周围的诸岛来说，他们是些令人生畏、不可信任的野蛮人”。[2] 英国著名的哲学家霍布斯（Thomas Hobbes，1588－1679）在其著作《论公民》中宣称——“人对人是狼”，[3] 所以他认为，“自然权利的第一个基础就是每个人尽可能地保全其手足与生命”。[4]

虽然世界上确有以“恶意”为美德的地方，确实也有人宣称人性本恶，但是，我们中华民族却不是一个以“恶”为美德的民族。《大学》中说：“大学之道，在明明德，在亲民，在止于至善”。几千年来，中华民族在世界范围内都是文明礼仪之邦的典范，以“善”为为人为事的标准。

然而，近年来所发生的危及我们人身安全、吞噬我们对他人对社会的信任的种种事件昭示着对“善”的标准的背离，“诚信”之危机。这些事件拷问着每个人的理性和良知，挑战着整个社会的伦理底线，对我们的教育提出了严峻的考验，危及着社会整体的安全感。诚信问题，从来没有像今天这样引起全社会如此深刻的反思。

诚信问题已经成为我们当下社会必须解决和回答的问题了。在当前我国全面实现小康社会、促进和谐社会发展之路

---

[1] ［美］露丝·本尼迪克特著，王炜等译：《文化模式》，生活·读书·新知三联书店1988年版，目录中的标题。

[2] ［美］露丝·本尼迪克特著，王炜等译：《文化模式》，生活·读书·新知三联书店1988年版，第128页。

[3] 详见［英］霍布斯著，应星、冯克利译：《论公民》，贵州人民出版社2002年版，第2—11页。

[4] ［美］列奥·施特劳斯著，李永晶译：《斯宾诺莎的宗教批判》，华夏出版社2013年版，第141—142页。

上，诚信制度建设成为一个重大课题。如何建设诚信制度？其运行机制是什么？其建设路径是什么？法律、教育对诚信制度建设能发挥什么作用？

2001 年 9 月 20 日，中共中央颁布的《公民道德建设实施纲要》提出公民道德建设的四项基本规范之一就是“明礼诚信”，党的十六大报告提出“以诚实守信为重点，加强社会公德、职业道德、家庭美德教育”，党的十六届五中全会进一步强调要“以完善信贷、纳税、合同履约、产品质量的信用记录为重点，加快建设社会信用体系，健全失信惩戒制度”。2010 年《政府工作报告》强调“切实加强市场监管和诚信体系建设”。2011 年 12 月 7 日，国务院召开国务院常务会议，讨论通过《国家药品安全规划（2011 - 2015 年）》，其规定，严重失信企业将禁入药品行业。[1] 这些都是针对社会主义市场经济秩序而提出的市场规范要求和社会道德要求，是对我们整个社会的警示！在某种意义上，处于社会转型时期面临着“困惑的道德和道德的困惑”[2][3] 的我们几乎要成了奥地利

---

〔1〕 国务院：“严重失信企业将禁入药品行业”，载 http：//news. sina. com. cn/c/2011 - 12 - 08/021423594038. shtml，访问日期：2011 年 12 月 8 日，原载《京华时报》。

〔2〕 香港特首人选梁振英：“将建立诚信廉洁政府”，载 http：//news. sina. com. cn/c/2012 - 03 - 26/041924173527. shtml，访问日期：2012 年 5 月 5 日，原载《北京青年报》。

〔3〕 郑杭生等：《转型中的中国社会和中国社会的转型》，首都师范大学出版社 1996 年版，第 205 页。

作家卡夫卡[1]在20世纪20年代写的寓言小说《洞穴》中讲述的鼹鼠了，为了摆脱被袭击的恐惧，鼹鼠处处防御，但却始终无法摆脱被袭击的恐惧。在一个缺乏诚信的时代和社会中，我们每一个人都不安全，都处于弱势之中。这是一个需要反思、需要摆脱鼹鼠命运的时代了。

第二节 文献综述

就国内研究而言，着力关注诚信问题起始于20世纪90年代。我们先来看一些统计数据。虽然统计数据有时候有精确性的问题，但是数据在说明整体趋势上却有着其他方法所不可比的优势。

以“诚信”为关键词，在中国期刊网（CNKI）上查询，可以看到，国内最早提到“诚信”二字的是1936年的《衡山刘孝女诗》[2]，诗中提到“诚信慎所择”。此后，对诚信的研究便寥寥无几，直至20世纪90年代。可以说，20世纪初至90年代之前，学术界对“诚信”并不在意，即“诚信”问题并没有成为学界的主要研究对象。90年代之后，“诚信”问题才进入到当今学界的研究范围。进入到21世纪，对“诚信”问题的关注，尤其是2002年之后，出现暴增，从2001年的390篇文章直升到2002年2582篇文章，此后几年一直呈上升

---

〔1〕 卡夫卡，奥地利作家，1924年写了寓言性小说《洞穴》，该小说以第一人称讲述了一只鼹鼠的故事。“鼹鼠担心外来袭击，修筑了坚固地洞，贮存了大量食物，地洞畅通无阻，无懈可击，防御退逃自如，但鼹鼠还是时时处于惊恐之中，惶惶不可终日。为了躲避这种恐惧，鼹鼠不断设计、挖掘和修缮这个地下工事，但终其一生，恐惧却如影随形，无法摆脱。”转引自朱学东：“卡夫卡的鼹鼠”，原载《中华儿女》2011年第21期。

〔2〕 孙雄：“衡山刘孝女诗”载《船山学报》1936年第1期。

趋势，直到近几年才稍有下降，但仍然保持着年度3600篇以上的关注量，足以说明诚信问题在社会中的严重性以及世人对它的关注度（见图1、图2）。

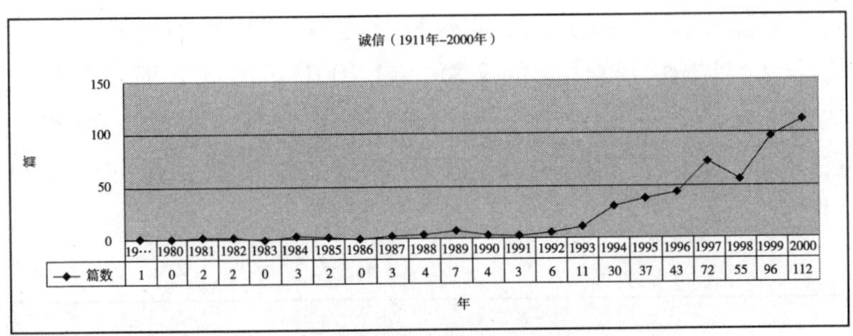

图1　1911年~2000年“诚信”问题的研究文章数量变化（单位：篇）

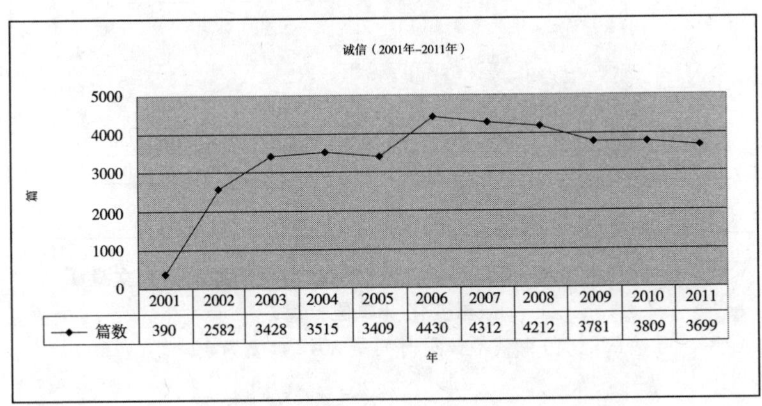

图2　2001年—2011年“诚信”问题的研究文章数量变化（单位：篇）

由图可以看出一个较为清晰的脉络：改革开放以来，随着国门的打开和社会主义市场经济的发展及转型，诚信逐渐出现了问题，甚至出现严重的趋势，引起了社会各界的广泛关注。

相比于对诚信问题的专门研究，诚信与教育之间的关系研究显得更为迟缓和滞后。用“诚信与教育”作为关键词，在中国期刊网上查询，可以看到自1911年到2011年的100年间，对其专门研究的文章并不多。其中2000年前没有出现专门研究“诚信与教育”的文章，自2001年出现2篇专门研究文章，此后直到2011年，专门研究的文章平均维持在20篇左右，与“诚信”问题研究的三千多篇文章不能相提并论（见图3）。

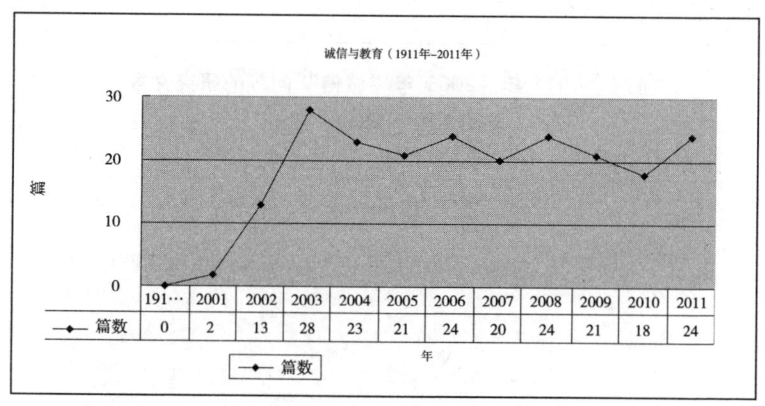

	191…	2001	2002	2003	2004	2005	2006	2007	2008	2009	2010	2011
—◆— 篇数	0	2	13	28	23	21	24	20	24	21	18	24

图3　1911年—2011年“诚信与教育”问题的研究文章数量变化（单位：篇）

（注：图中获得数据时间是2012年2月12日）

此种差异一方面说明教育领域本身特有的保守性，其对社会生活变化的感受，与其他领域相比，如经济领域，相对不敏感；另一方面也说明，诚信问题并不主要发生在教育领域，因而没有引起教育领域足够的主动重视。

我们再来观察资料的种类及内容。我们将所查询到的文章进行分类分析发现，较早对诚信问题进行关注的是经济学领域和法学领域，多着重于诚信与政府、经济中的诚信以及诚信与制度、法治等之间关系的研究，分析的是经济领域中的个人诚信、企业诚信问题以及由此引起的法律纠纷与处理、相关法律的改革与出台等。可以看出，诚信问题经历了一个由关注、到分析、到解决途径与树立榜样的发展过程。这虽然可以表现出学术界的学术敏感，但是国内针对诚信与教育的研究尚不多见。就有限的诚信与教育的研究文章来看，国内研究主要集中于对诚信教育的研究上，如“当代大学生诚信教育研究”（刘玲，南京航空航天大学 2010 年硕士学位论文；姚自平，武汉大学 2005 年硕士学位论文等）、“国外是如何开展诚信教育的”（韩振峰）、“小学校园诚信文化构建与教师行为选择”（付建明、俞晓婷）、“国外诚信档案建设的成功模式及对我国的启示”（崔明）等，这些都对诚信研究作出了有益的贡献，但是就目前来看，尚没有系统地探讨在我国这一特定场域中诚信与教育之间的关系，并从关系入手上升到制度建设，探索从教育学的角度建设诚信制度的途径的文章。

比较而言，西方发达国家的诚信制度建设相对完善，对诚信问题的研究较早较丰富。最早对诚信问题的研究是从宗教学与哲学的思考开始的。在西方的圣经文化中，自从亚当和夏娃偷吃了伊甸园中的果子，违背了对上帝的信义开始，诚信与否就存在于人类生活的讨论中了。当然，除了面对着人从哪里来到哪里去，又怎样活在当下的问题，人们还面临着是否信任上帝的问题。而在《圣经》中，上帝本身也经常面临着信徒的质疑，但是这并不妨碍很多基督徒对上帝的信任，将自己的全部生活置于圣经的监督之下。

20 世纪 50 年代，西方心理学界开始对诚信问题进行实证研究，之后法学、管理学、经济学等领域也加入到了对诚信问题的探究。如美国的弗朗西斯·福山（Francis Fukuyama）的《信任：社会美德与创造经济繁荣》（1995），该书将信任与社会经济挂钩，区分了高信任度社会与低信任度社会的不同，探讨了美国社会与信任危机，指出了信任是创造经济繁荣的原因；美国的亚当·赛里格曼（Adam Seligman）的《信任与公民社会》(2000)，该作者认为，与法律的刚性不同，信任体现着对他人作为自主个体的自由的承认。塔麻·弗兰科尔（Tamar Frankel）的《信任与诚实：十字路口的美国商业文化》(2006)，该书作者带着深深的忧虑探讨了美国在商业中的各种不诚实及不信任的现象，比如，那些白领犯罪；探讨了什么是道德、什么是诚实等等范畴，探讨了道德与法律、文化、宗教等各种范畴之间的关系。该作者认为，法律对欺骗和犯罪而言，其控制是虚弱的，尤其是那些白领犯罪，因为只有当这些欺骗和滥用达到明显的程度，达到犯罪的程度，法律才会起作用。所以，仅有法律不能阻止人们欺骗，必须还要依靠道德，依靠人的心，依靠文化的变化，该作者指出，要依靠文化培养人们信任和诚实的习惯。有什么样的文化就会有什么样的人。

某些诗人也对诚信感兴趣。如一个叫大卫·坎迪（David Caddy）的人就在 1990 年以《诚实》为题写了一本小诗集，虽然我没有看到这本小诗集是如何讲述怎么做到诚实的，但是我看到了作者在用一种诚实的态度来表达自己对于生命的真实感受。

法学界对诚信的研究也有很多，较近时间里，就有哥伦比亚大学法学院教授琳恩·斯托特（Lynn Stout）的《培育良知》（2010），其认为，与其依据贪婪的欲望形塑法律和人类行为，我们更应该依赖良知的力量。乔治城大学法学院教授马里恩·帕尼宗（Marion Panizzon）的《WTO 法理中的诚信》

(2006)中第一次以著作的形式解释国际贸易法律中诚信原则的地位。康奈尔大学法学院教授的布莱德利·温德尔(W. Bradley Wendel)的《律师和法律忠诚》(Lawyers and Fidelity to Law)(2010),引入了一个崭新的法律职业伦理观念,以解决法律人及其批判者共同关注的问题。这些研究均给予我们有益启示。

就诚信与教育而言,国外的研究也较之中国要丰富,除探讨学校中诚信教育如何进行之外,对诚信与教育的关系也进行了多方面的思考,如诺尼斯(Nonis)和斯威夫特(Swift)就在其文章“学术诚信与工作中的不诚信之间的关系:多个校园的调查研究”(2001)中以调查为基础分析了学术诚信与商业道德规范之间的关系。马格卢斯(Magnus)等人的“对欺骗的宽容:多国研究”(2002)则研究了大学生不诚信与国家腐败程度之间的关系等。最近的一次讨论当属对2012年哈佛大学125名本科生期末考试作弊事件的反思。[1]

与诚信和教育研究关系密切的是诚信教育的进行,国外许多国家对诚信的教育贯穿于整个教育系统过程中,或者是通过基础教育教材中的诚信教育内容(如美国),或者是通过制定学术诚信条例、举行学术诚信周(如美国),或者是通过专门学科教育,如日本的伦理课,或者是通过树立父母为榜样,如德国。本书要从教育学角度探索我国诚信制度建设的途径,诚信教育必然要有所涉及,上述这些研究与实践对本研究极具借鉴意义。

---

〔1〕 哈佛大学历史上也存在过关于是否诚信的先例,不过主角是哈佛大学历史上的校长。校长的亲弟弟是一个黑社会的头目,当他的亲弟弟成为通缉犯的时候,法官曾经让校长说出其亲弟弟的藏身之所,但是校长拒绝了,选择隐瞒。这引起了热议。哈佛大学政治系教授迈克尔·桑德尔(Michael J. Sandel)所讲的公开课《公正:该如何做是好?》

第三节 研究意义及思路

一、研究意义

研究教育与诚信问题，从教育学角度进行诚信制度建设路径研究，探索个体人心之善达到社会诚信即整个社会之善之可能路径，在我国目前状态下具有特殊意义。

（一）诚信制度建设研究是社会管理制度建设研究的一个重大课题

新中国成立以来，经过改革开放，我们国家取得了举世瞩目的重大成绩，目前，我们站在了新的历史时期，面临新的形势和任务。为进一步维护人民群众的根本利益、推动党和国家事业的发展、促进社会的和谐稳定，实现全面建设小康社会的宏伟目标，社会管理创新成为不可避免的重要任务。2011 年 8 月 21 日，中央办公厅、国务院办公厅印发了关于中央社会治安综合治理委员会更名为中央社会管理综合治理委员会的通知，这是我们的党和国家在社会管理创新上的重要举措，表明了党和国家在新的历史时期，带领全国人民，为实现全面建设小康社会的宏伟目标，勇于探索勇于实践的时代责任感。

创新要有基础。社会管理创新的基础是社会管理制度建设的理论研究和实践。诚信制度建设研究是社会管理制度建设研究的一个重大课题，“人无信则不立”，一个人是如此，一个组织、一个制度、一个国家亦是如此，诚信制度建设，关乎中国特色社会主义管理体系的整体建设与运行，可以认为，诚信制度建设是社会管理制度建设的基础并贯穿于整个社会管理制度建设之中。

（二）诚信制度建设与法治建设相互促进

诚信制度之所以能建立，需要三个条件：其一要有对守诚信的教育；其二要有对守诚信的肯定和鼓励；其三要有对不守诚信的谴责和惩罚。几千年来，我们中华民族的传统文化造就了我们国人对诚实守信的看重，我们有文化传统精神可以秉承，在此意义上，文化具有战略性，起到了对守诚信的教育、在道德上的肯定和鼓励以及谴责和惩罚的作用。另外，一般而言，法律始终是保证一个社会诚实守信的保障，而且，归根究底，法律即是一种诚信的展示，是诚信的高级契约，是一个国家对其人民的庄严承诺，代表其人民对社会、对人与人之间的诚信进行监督和考量，对守诚信者进行法律上的肯定和鼓励，对不守诚信者进行法律上的谴责和惩罚，进而对整体社会进行警示和教育。而法治建设，则进一步规范了执行法律过程中的任意性，成为治国方略，因而，诚信制度能否建立，与我国文化传统精神和法治建设密不可分。从另外一个角度来看，法治建设要最终保证社会整体的公平正义，促进社会和谐发展，诚信制度建设也要基于社会整体的公平正义，并以社会整体的公平正义为目标。因而，诚信制度建设离不开法治建设，二者相互促进。

（三）教育是诚信制度建设的根本路径

教育，按东汉许慎的《说文解字》中的解释，“教”即为“上所施，下所效也”，“育”乃是“养子使作善也”。[1] 因而，教育的过程，即是作出好的榜样，使人学习向善的过程，因此也才有了其后的古代知识分子“为生民立命，为往生继绝学，为万世开太平”、“穷则独善其身，达则兼善天下”的

〔1〕转引自李慧敏：《社会转型时期的自我认同与教育》，高等教育出版社2005年版，第163页。

操守以及古代知识分子“修身、齐家、治国、平天下”的志向，因而归根结底，教育就是要启发人的心灵，培育人的德性，因而教育就必然是对守诚信的教育，亦是对守诚信的肯定和鼓励、对不守诚信的谴责和惩罚的教育。

试想在中国的封建社会，明朝皇帝朱元璋基于自己早年的经历对贪腐极为痛恨，崇尚“反腐必用重典”之理论，在治国理政方面采用了严刑峻法，尤其对贪腐官员的刑罚更为酷烈，着人在《唐律》的基础上编订了更为严厉的《大明律》。朱元璋还亲自编订了比《大明律》还严厉的包括《大诰初编》、《大诰续编》、《大诰三编》与《大诰武臣》在内的《明大诰》，动用了“剥皮宣草”的做法，以至于因杀的官吏太多，有的衙门无人办公，不得不实行“戴死罪、徒流还职”的办法。也就是说叫判刑后的犯罪官吏，带着镣铐回到公堂办公。[1] 即便如此，依然没有肃清贪腐行为，产生了“某年同批发榜派官 364 人，皆为进士监生，一年后，杀 6 人；戴死罪、徒流罪办事者 358 人”的局面，[2] 以至于明朝皇帝朱元璋临死前都慨叹“朝治而暮凡，暮治而晨亦如之”，[3] 为何？我认为，虽然造成这种局面的原因有很多，但问题的关键却在于那些刚性的法条外在于人心，是一种“做然后禁”的做

---

〔1〕 王媛：“从明朝的严刑峻法看治理腐败的法制良方”，载《中共郑州市委党校学报》2009 年第 4 期。

〔2〕 “贪官为什么杀不完？——从明太祖朱元璋的困惑说起”，载《文史月刊》2010 年第 6 期。

〔3〕 赵天宝：“论朱元璋‘重典治贪吏’及启示”，载《兰州学刊》2007 年第 6 期。

法，[1] 而没有提高到对人的德性进行教育的层次，人心没有畏惧，因而犯罪，所以建设诚信制度，要反求诸己，要求诸于每个人的内心，非教育不可。在我们古老的中国，教师与“天、地、君、亲”享有同等地位，《学记》中说：“建国君民，教学为先”、“君子如欲化民成俗，其必由学乎”，[2] 可见国家对教育的重视，对预先防范的重视。

如此，我们的法学教育就担负着培养出忠实于法律、促进社会法治、守护社会公平正义的守护者，而非讼棍的重任；如此，我们的法学教育就担负着以下一系列重任：通过培训公检法司等领域法律职业人的法律素养、诚实守信的职业操守去维护法律条文的清晰稳定；通过各种管理人员培训项目来促进政策的透明和依法行政，以保证政府在人民心中的公信力；通过法律援助、社区服务来表达法律对人民的诚信和公正，并以此促进社会整体的公平和正义，只有如此，法律才能通过法学教育展示其国家对人民的庄严承诺，法治才能通过法学教育展示其昌明。

因而归言之，教育承担着培养人才、树立公民意识和法治理念的重要任务，关系法治建设的兴衰成败，唯有通过教育，人之善才能被开启、成长直至开花结果，人心才能有所畏惧，才能达到整个社会的诚信，建成和谐之社会，其意义不言而喻。

---

〔1〕《学记》中认为“发然后禁，则扞格而不胜”，意为邪恶的念头已经发生，然后再来禁止，因为错误的观念已经坚不可拔，教育也就难以胜任了。照此说法，我使用了“做然后禁”之语，表达“事情已经做了，然后才禁止他这样做”。

〔2〕《礼记·学记》，载《礼记卷十八》，转引自大方广文化公益部：《礼记·学记》白话解，http：//www. dfg. cn/gb/chtwh/ljxj/1 - ljxjbhj. htm.

二、研究思路

本书的主要目的就是从教育学的视角对诚信进行解读，探索诚信与教育之间相互作用的深刻机理，并以此为基础，构建我国诚信制度建设的教育学路径。为此，本书所探讨的主要内容是探索诚信与教育，包括其与法治、政府之间有何复杂关系，要探讨诚信建设的关键是什么？有人认为，诚信建设的关键在于制度的设计〔1〕，有人认为，诚信建设的最重要的保障是法律?〔2〕本书的观点如何？后文会有交代。要建立一个完善的诚信制度，我们的教育能做什么？教育与法治与政府之间的关系又如何处理？本书亦有交代。

围绕这些分析内容，本书将定量研究与定性研究相结合。首先，探讨什么是诚信、构成诚信的主要因素是什么等基本问题。有学者认为，诚信是典型的道德问题，可又有学者认为，诚信不仅仅是一个道德问题，还有学者认为，诚信不是一个道德问题，而是一个法律问题等等,〔3〕那么本书观点如何？笔者会给出答案。然后本书要进行定量研究，分析我们的问卷及访谈揭示出目前我们的社会的诚信处于什么状况，存在什么问题，诚信与教育之间的关系是什么，从问卷及访谈中我们能得到什么启发。其次，我们对比分析中外诚信制度的不同，国外发达国家尤其是美国的诚信制度状况如何，该制度保障了谁的利益；美国诚信制度运行逻辑如何，其与政府、法治之间关系如何；美国诚信制度与教育之间关系的实质状况是什么，教育在维护和巩固诚信制度中发挥了什么作用；美国的课程与教学

〔1〕 景枫：“诚信建设的关键在制度安排”，载《领导之友》2004年第5期。

〔2〕 于红梅：“诚信建设的法律保障”，载《内蒙古民族大学学报（社会科学版）》2004年第4期。

〔3〕 访谈中得知。

中如何进行诚信建设，课堂及学校中的诚信建设如何形塑了美国的诚信制度；美国的诚信与教育研究对我国诚信制度建设有何借鉴等内容。最后，我们要探究在我们中国目前状态下，如何建构合理的诚信制度，教育能起什么作用。循此思路，我们将诚信与教育的宏大主题逐渐做小，最后放置于个人的内心深处，将个人内心的良性建设作为桥梁，以连接起微观的个人与宏大的社会之间的路途。希望我们的研究能对中国的诚信制度建设贡献出我们的智慧。

归结本书的研究思路为：第一步探究何为诚信与诚信何为；第二步分析诚信与教育的关系；第三步考察中国诚信与教育现状；第四步是借鉴国外诚信制度建设经验；第五步探究中国诚信制度建设的教育学路径。

第四节 研究方法

古代著名禅师赵州和尚住在赵州城。有人想向他学禅法，问："如何是赵州?"答曰："东门、西门、南门、北门。"[1]学人本来是在问如何才能修习禅法达到赵州和尚的境界，然而在这里赵州和尚却以字面意思解答，既回答了如何进入赵州城，又非常巧妙地以赵州城为喻，说明了修习禅法的精要，即不拘泥于路径和形式，只有达到目标是主要的。正如民间流传的活佛济公，其"酒肉穿肠过，佛祖心中留"的形象很好地向世人诠释了修行佛法不拘泥于形式的精神。我们的研究亦然，不是以研究方法为主，而是关注问题的解释及解决，研究方法是根据研究对象而选择的。"工欲善其事，必先利其器"，

---

[1] 孙迎光：《主体教育理论的哲学思考》，南京师范大学出版社2003年版，第242页。

鉴于本书研究对象的特性，本书的研究方法主要包括问卷调查法、访谈法、文献研究法和比较法。

然而，无论使用什么研究方法，研究本身都需要我们保持一颗“离我远去”的心。王铭铭在对“人类学是什么”的解释中认为培养“离我远去”的能力是做一个人类学家所应该有的能力，就是要“到一个自己不习惯的地方，体会人的生活的面貌”，或者“要求自己身心都要离开自己的文化一段时间”，或者“通过他人的间接描述来‘神游’于另外一个世界”。“在本土的研究中，‘离我远去’的意思，转化为与自己社会中司空见惯的生活方式形成的暂时陌生感，转化为一种第三者的眼光，它让我们能站在‘客人’的角度来对待‘主人’——我们本身。”[1] 这种“离我远去”其实就是社会学领域所说的保持“价值中立”的立场，因而，保持一颗“离我远去”的心来做研究就意味着，无论我们的研究方法是什么，我们都是要探究研究对象所包含的状况及意义，这就需要我们要保持一种与研究对象的疏离感和暂时陌生感，不要将自我的情绪和体验过多地加入其中，以使得分析和结论尽可能客观，要尽力做到“自我”的暂时隐身。

虽然这很困难，因为对本书的研究而言，对象就在我们自身中间，人是有感情的社会动物，但无论如何，本书将尽力做到保持“离我远去”。

（一）问卷调查法

问卷调查法是一种定量的研究方法，此方法从研究假设出发，设计问卷，分析问卷，验证假设，并从中分析出新的研究认识及问题。

本书将设计主要针对大学及受过大学教育的人的半结构式

---

〔1〕 王铭铭：《人类学是什么》，北京大学出版社2002年版，第50—51页。

自填式问卷，调查并分析在我们这个社会中，受过高等教育的人是如何看待诚信问题的，是如何理解诚信与教育，包括诚信与法治之间的关系问题的，以及是如何建议建立诚信与教育之间的联动机制的，以揭示最具有文化素养的层级的人对诚信与教育的状况及存在的问题的理解，进而透视我们整个社会对于诚信、诚信与法治、教育之间的关系的理解。

（二）访谈法

语言是一种社会现象，是用来表达思想的一种工具。马克思明确说："语言是一种实践的，既为别人存在并仅仅因此也为我自己存在的、现实的意识。""思维本身的要素，思想的生命表现的要素，即语言，是感性的自然界。"〔1〕范克（Funk）在《词源》（Wordorigin）中也认为："词汇常常隐藏着传奇故事，它往往把我们引人神话和历史，使我们能了解伟大的人物和重要的事件。词像个小窗户，通过它可以熟悉一个民族的过去。"〔2〕对于历史中的大人物是如此，对于活在当下的每个人，语言同样具有如此之功效。

本书将随机抽取不同行业的人进行访谈，访谈的对象没有条件限制，既有在校的中学生、大学生，又有小学老师、高中老师、大学教师，还有从业的律师、企业人员、政府机关工作人员、银行人员、医生、法官、警察等等。本书将通过访谈来考察他们对于什么是诚信、诚信与教育、诚信与法治、诚信与人性等之间关系以及诚信制度如何建设的理解，从中感受他们的真情流露以及对这个社会的深切希望，并将其思想进行归结和分析，探究其所表达的内在价值。在访谈过程中，也有对象

---

〔1〕转引自陈庆汉："马克思论语言的本质特征及其意义"，载《河南大学学报（社会科学版）》2003 年第 6 期，第 4—97 页。

〔2〕转引自简易民："论语言的社会性与文化性"，载《丹东师专学报》2003 年第 1 期，第 75—77 页。

对问题语焉不详甚至沉默的情况，但是即使如此，我们也能从中感受其情感和所表达的社会意义。往往用调查问卷收集不到的信息，通过访谈都能收集到，而且运用访谈法往往能收到更多意外的有价值的信息。

（三）文献研究法

文献，其实就是过去鲜活话语的历史记录。站到巨人的肩膀上，踏着先到者的足迹，我们才能看得更远，走得更远。一本著作，参考文献的多少，一定程度上说明该著作写作的认真程度，也在一定程度上表达着对他人研究的尊重，而不管其观点是否一致或相左。很多的研究者在读其他人的学术文章或著作时，都很注意看该文章或著作的注释或参考文献的数量，就是在看作者对相关文献的了解程度和对他人的尊重程度。[1]法国年鉴学派第二代掌门人费尔南·布罗代尔的《菲利普二世时期的地中海和地中海世界》之所以一举占据史学研究领域的顶级地位，成其名作，除其总体的历史研究方法外，对地中海领域的自然状况、地理环境、风土人情、经济发展、战争、沙漠商队、海盗活动等各个领域精细的刻画也是令人震惊的，之所以能做到如此，文献的考据和占有贡献了重要的作用。他自20世纪“30年代初开始酝酿此书，查阅了大量档案资料，自二战爆发时积累了一万多张卡片”。[2]整个地中海长时段内的各种变化，就像一幕幕电视剧情一样，清晰清新，布罗代尔讲述地中海就像是讲述他自己的后花园的情景一样收放自如，侃侃而谈，其驾驭文献的能力让人不得不佩服。在他写

〔1〕 当然，这也只是一个侧面，也有某些人的文章都是思想的原创，所以不引用他人的文献。我们不排除这种情况。

〔2〕 ［法］费尔南·布罗代尔著，唐家龙、曾培耿等译，吴模信校：《菲利普二世时代的地中海和地中海世界（第1卷）》，商务印书馆1996年版，出版说明第2页。

三卷本的《15至18世纪的物质文明、经济和资本主义》时，对跨越400年的人口、小麦、稻米、日常生活、建筑、穷人的生活，及至城市中的交换、贸易、工业状况等等也是如数家珍，文献充沛，令人惊叹。[1]

20世纪美国著名的政治哲学家列奥·施特劳斯（Leo Strauss），以旨在回归古希腊的古典哲学为目标，在芝加哥大学数十年孜孜不倦地带领一批又一批学生们专门研究古典哲人们的著作，从中寻找其微言大义，为现代社会的危机开出了他的治世良方。试想，没有古代苏格拉底、柏拉图等人留给世人的文献，就成就不了被誉为美国"新保守主义的创始人甚至教父"的列奥·施特劳斯。[2]

就本研究来看，虽然国内学术界，实际上是整个社会，对于诚信问题关注较晚，但是我们也已经有不少文献可查。而西方学术界，由于其对于诚信问题及其制度建设关注较早，所以可查文献就相对较多。本书的研究利用了互联网、图书馆等，搜集国内外关注此事的仁人志士的观点及资料，予以分析，吸取其精华，以有助于我们对诚信与教育之间联动机制的建构。

（四）比较研究法

古罗马著名学者塔西陀曾说："要想认识自己，就要把自

---

〔1〕《15世纪至18世纪的物质文明、经济和资本主义》由三卷本组成。第一卷为《日常生活的结构：可能和不可能》，第二卷为《形形色色的交换》，第三卷为《世界的时间》，提出了他所认为的经济的三个层次，即人们最基本的物质生活，由生产和交换主宰的市场经济，由少数商人组成的垄断经济资本主义。该书由顾良、施康强译，生活·读书·新知三联书店1997年版。

〔2〕［美］斯密斯著，高艳梅译：《阅读施特劳斯——政治学、哲学、犹太教》，华夏出版社2012年版，第9页。

己同别人进行比较。"[1] 比较研究法是"确定对象间异同的一种逻辑思维方法，也是一种具体的研究方法"。[2] 比较研究法要达到的是"他山之石，可以攻玉"之效果。在教育学领域，19、20世纪法国的朱利安（MarcAntoine Jullien）、美国的霍拉斯·曼（Horace Mann）（又译名贺拉斯·曼）及美国的艾萨克·康德尔（Issac Kandel）等都是使用比较研究法的大家，产生了重要的著作。[3] 目前，比较研究法是各个学科学术研究的重要方法。从比较对象的范围来看，有国际比较，有国内比较，其中国际比较最能体现比较研究法的特色。本书则属于国际比较研究。比较的对象则是美国的诚信与教育。

善于学习是我们中华民族的传统美德。借出国访学之机，我体验了美国的诚信与教育之状态、联动机制、诚信与法治之间关系等，比较了中美之间诚信与教育的状况，为建立中国的诚信制度提供借鉴。

（五）观察法

观察法，包括非参与观察法与参与观察法两种，均被本研究所使用，而且主要用于外国诚信与教育部分的研究。

本研究借助在国外做访问学者的机会进入到真实的教育教学活动中，或者做志愿者或者就是参观访问，详细体验小学的课堂教育教学活动的进行，体验高中生过情人节为老师点歌以示尊重和爱戴的教育意义，观察各级法院的正常运转以及在维护诚信方面的教育作用，挖掘归纳总结出其融合于日常教育教

[1] 转引自祝玲："提高欣赏能力，拓展音乐思维——论音乐欣赏课中的比较法的运用"，载《歌海》2010年第1期，第116—118页。

[2] 裴娣娜：《教育研究方法导论》，安徽教育出版社1995年版，第223页。

[3] 1817年，朱利安发表了《比较教育研究计划和初步意见》；霍拉斯·曼1842年访欧洲归来写就《第七年报告》；艾萨克·康德尔1933年出版了其著作《比较教育》，这些都是比较教育领域的重要文献。

学活动中而又与社会规则、法律和体制相一致的教育机制。

使用观察法具有明显的优点和缺点，优点是能获得最直接的感受，缺点是作为一个外来人，在参与被观察对象的活动之际，要摒弃个人主观感受，进行一种类似人类学者所做的“离我远去”的考察，并避免因为参观者的加入而改变学校活动或课堂授课的气氛。但是从另一个方面来说，如果没有个人的主观感受在其中，又如何能进行“同情的理解”以了解被观察对象呢!?

第二章 诚信——立世之本

“诚者，天之道也；思诚者，人之道也。至诚而不动者，未之有也；不诚未有能动者也。”

——《孟子·离娄上》

“人之所助者，信也。” ——《易传· 系辞》

人类从洪荒走向文明，由生物性群体组成社会群体，建立城邦，形成国家，生成和发展着生生不息的人类文化。一个社会得以建立的基础可能是生存性的，换句话说，生存下去，结成团体共同抵御强大的野兽和自然灾害，是一个社会可能建立的基础。那么维系一个社会得以持续下去的根本性原则又是什么呢?

法国著名社会学家埃米尔·迪尔凯姆（即涂尔干 Emile Durkheim，1858 – 1917）在其 1893 年的博士论文《社会分工论》[1] 中提出了“社会团结”的概念。迪尔凯姆并不是从经济视角去看待社会分工和社会生存的，而是从社会矛盾发展的角度去看待社会分工和社会生存的。他认为，基于社会中的种种矛盾，机械团结是维系传统社会的一种方式，有机团结是维

〔1〕［法］埃米尔·涂尔干著，渠东译:《社会分工论》，生活·读书·新知三联书店 2013 年版。

系现代社会的一种方式。这种理性看法对解释社会生存具有很强的解释力，被其后的社会学家所肯定和发展。本研究认为，维系一个社会得以持续下去的根本性原则是诚信，是人对于自身的诚信，是人与人之间的诚信，是一个城邦、国家对其民众的诚信，反之亦然，还是一个群体、城邦、国家对其他群体、城邦和国家的诚信。不管是一个恶的社会，还是一个善的社会，我们当然希望任何社会都是善的，都是朝着善的方向发展的，虽然从历史的角度看，我们不能确定我们是否在这样做，诚信都是它存在下去的根本性原则。如果没有诚信，就没有对规章、制度和法律的敬畏，就没有对他人、他群体和他国的尊重。如果没有诚信，任何性质或类型的团结都不可能持久。那么何为"诚信"？其作用和功能是什么？这是我们要探讨的首要问题，而且我们主要探讨其基本含义。

第一节 何为诚信

何为诚信，即什么是诚信？让我们从中国文化和外国文化的角度来探讨。

一、中国文化对"诚信"的理解

中国文化以儒家文化为主，崇尚"仁义礼智信"。从词源上看，一般我们认为，"诚信"是一个褒义词，源于"诚"和"信"两个单字。据统计，集中反映中国传统文化的《大学》提及"诚"8次，《中庸》提及"诚"25次，大概是论"诚"最多的典籍。而提及"信"最多的典籍则为《论语》，38次。最早论述"诚"与"信"的古书为《尚书》，均与宗教和祭祀有关。《尚书》也是目前所知的最早的古书。[1] 最早将“诚”“信”作为一个词语用的典籍也在先秦时期就已经出现，如《逸周书·官人解》、《管子·枢言》、《礼记·祭统》、《孟子·正义》、《荀子·修身》等。[2]

在传统文化中，且不论“诚”与“信”是否起源于宗教与祭祀，是否表达了人们对鬼神和天地的尊重和敬仰。“诚”的基本含义都是“真实”、“实在”之意。古书《尚书·太甲》中说：“鬼神无常享，享于克诚。”[3] 论及“诚”最多的《中庸》一书，就现在眼光来看，是一部比较短的典籍，全文共34章，有的章只有一句话，但是就是在这样的典籍中，提及“诚”的地方多达25次，可见对“诚”之看重。《中庸》论“诚”始于其第十六章论及鬼神之德行之时，认为“夫微之显。诚之不可揜，如此夫”。认为，无论是否微小和显著，真实之物不可掩盖。这里《中庸》给出了对“诚”的基本解释：真实、不掩盖。此后几章中，《中庸》也多次解释了对“诚”的外延的理解，后文会述及。《大学》作为论“诚”相对较多的一部著作，则解释了“君子”与“小人”的区别以及“诚”与“慎独”的关系。《大学·传第六章》中说：“所谓诚其意者，毋自欺也。如恶恶臭，如好好色；此之谓自谦，故君子必慎其独也。小人闲居为不善，无所不至。见君子而后厌然，掩其不善，而著其善。人之视己，如见其肺肝然，则何益

---

〔1〕 付子堂、类延村：“诚信的古源与现代维度之辨”，载《河北法学》2013年第5期。论“诚”的次数是我数出来的，在付子堂等人的文章中，提到《中庸》论“诚”的次数为26次。

〔2〕 付子堂、类延村：“诚信的古源与现代维度之辨”，载《河北法学》2013年第5期。

〔3〕 转引自付子堂、类延村：“诚信的古源与现代维度之辨”，载《河北法学》2013年第5期。

矣。此谓诚于中，形于外。故君子必慎独也。”

除《大学》、《中庸》外，传统文化中的其他典籍以及鸿儒先贤们也对“诚”有不少的解释和论述。儒家学派的孟子说：“诚者，天之道也；思诚者，人之道也。至诚而不动者，未之有也；不诚未有能动者也。”（《孟子·离娄上》）又说：“反身而诚，乐莫大焉。”（《孟子·尽心上》）南宋理学集大成者朱熹认为，“诚”，“只是表里如一”（《朱子语类》卷十六），“诚者何？不自欺、不妄之谓也。”（《朱子语类》卷一一九）明清之际的王夫之提出：“诚者，天之道也，阴阳有实之谓诚。”（《张子正蒙注·太和篇》）从辩证角度对“诚”进行理解。

而“信”的基本含义则是“可信”之意。有研究认为，“信”最早出现于《尚书》中商汤伐桀的誓词中，称“尔尚辅予一人，致天之罚，予其大责汝！尔无不信，联不食言。尔不从誓言，予则孥戮汝：罔有枚赦”。[1]《尚书》中武王伐纣的誓言中也提到“信”“今商王受惟妇言是用，昏弃厥肆祀弗答，昏弃厥遗王父母弟不迪，乃惟四方之多罪逋逃，是崇是长，是信是使，是以为大夫卿士。俾暴虐于百姓，以奸宄于商邑。今予发惟恭行天之罚。”《易传·系辞》中说：“言出乎身。”道家《老子》第八章在讲“上善若水”而水有“七善”的时候也提到“言善信”。而提及“信”最多的典籍则为《论语》，38次。在《论语》中，“信”主要有三层含义：一是做语气助词使用；二是表信任、相信；三是忠信、诚信之义。[2]虽然如此之多地论述“信”，但是，多数情况下，孔子都是对

---

〔1〕《尚书·汤誓》，载 http：//so. gushiwen. org/guwen/bookv_ 3090. aspx，访问日期：2014年7月11日。

〔2〕付子堂、类延村：“诚信的古源与现代维度之辨”，载《河北法学》2013年第5期。

"信"的功能和作用来论述的。单独论述什么是"信"的地方不多。虽然如此,《论语·学而》中说,"信近于义,言可复也;恭近于礼,远耻辱也;因不失其亲,亦可宗也。"这里很明确地说明了孔子所说的"信"的含义,即"言可复",也就是话可以兑现之意。话可以兑现,自然可信。

同为春秋时期之显学,又与儒家学派相对立的墨学也有对"信"的解释。墨家认为,"信",就是"言合于意也"。[1]即,说话要真实地表达内心所想。墨家还认为:"信"就是"不以其言之当也,使人视城得金"。[2]也就是说,不要只说说就是了,如果告诉人家城上有金子,察看之下果然有,那么就是"信"了。更明确一点说,"言必信,行必果,使言行之合,犹和符节也,无言而不行也。"[3]"信"就是要言行一致。如果言行不一致,在墨家看来就是"荡口"。[4]

春秋以后,仍有很多人论"信",如西汉时期杨雄认为,"信"就是"不食其言"(《法言·重黎》)。东汉末年刘熙所著的《释名》——这一专门考察事物得名缘由的著作,认为:"信,申也,相申述使不相违也。"宋代的宋采对"信"作了很精细的界定:"有所许诺,纤毫必偿,有所期约,时刻不易,所谓信也。"(《袁氏世范·处己》)曾经的许诺、约定的时间,

---

[1] 周才珠、齐瑞端译注:《墨子全译》,贵州人民出版社1990年版,第359页《经上第四十》。

[2] 周才珠、齐瑞端译注:《墨子全译》,贵州人民出版社1990年版,第415页《经上说第四十二》。

[3] 周才珠、齐瑞端译注:《墨子全译》,贵州人民出版社1990年版,第143页《兼爱下第十六》。

[4] 周才珠、齐瑞端译注:《墨子全译》,贵州人民出版社1990年版,第544页《耕柱第四十六》。

都要遵守，就是“信”。[1]

虽然传统社会中“诚”与“信”大部分时间里含义不同，但是鉴于二者的不可分割性，早在先秦时期，就有很多人将此二者放在一起作为一个词使用。“诚信”作为一个词最早见于《商君书·靳令》，“诚信、贞廉”与“礼、乐，诗、书，修善、孝悌，仁、义，非兵、羞战”并称“六虱”[2]，即“六害”之意。这虽然是以商鞅为代表的法家对儒家墨家宣扬的礼仪道德的鄙称，但是也从一个侧面说明“诚”与“信”的紧密联系性。

据学者研究，在先秦时期，比较早的将“诚信”作为一个词组相连使用的文献记载主要包括如下几个：《逸周书·官人解》：“父子之间观其孝慈，……乡党之间观其诚信。”《管子·枢言》：“先王贵诚信，诚信者，天下之结也”。《礼记·祭统》：“是故贤者之祭也致其诚信，与其忠敬。”《孟子·正义》：“故诚信而喜之，奚伪焉。”《荀子·修身》：“劳苦之事则争先，饶乐之事则能让，端悫诚信，拘守而详，横行天下，虽困四夷，人莫不任。”[3] 此后还有东汉时期的班固认为，“信者，诚也，专一不移也”（班固《白虎通义·性情·论五性六情》。同在东汉的许慎《说文解字》中，“诚”与“信”

---

〔1〕转引自陈延斌：“《袁氏世范》的伦理教化思想及其特色”，载《道德与文明》2000 年第 5 期。

〔2〕转引自田义双：《诚信场域论——中国社会发展中的诚信问题研究》，中央党校 2003 年博士学位论文，第 22 页。在他的论文中，田义双博士将诚信分为三种基本类型，一为红色诚信，意味着对人类社会发展有益，与历史进步方向一致。二为灰色诚信，意味着该种诚信导致的结果与人类历史发展的相关性比较模糊，不能确定正负相关性。三为黑色诚信，意味着该种诚信与人类历史发展方向相反。详见其论文第 25 页相关论述。

〔3〕转引自付子堂、类延村：“诚信的古源与现代维度之辨”，载《河北法学》2013 年第 5 期。

可以互训："诚，信也，从言成声""信，诚也，从人言。"汉代时期，佛教传入中国，据查，"诚信"作为一个词，即使在佛经里面，如《大正藏》和《新纂续藏经》文献中的使用次数就已经达467处，"言必诚信"、"诚信不欺"、"诈伪无诚信"多处可见。[1] 北宋理学家张载认为："诚善于心谓之信。"《张载集·正蒙·中正》北宋的哲学家程颐说"夫欲上下之信，惟至诚而已"《周易程氏传》卷二)、又说"诚则信矣，信则诚矣"（《河南程氏遗书》卷二十五）等。因而，可以归结认为，千百年来，在中国社会中，虽历经沧海桑田，朝代更替，但对"诚"与"信"的解释基本没有变化。"诚"与"信"的基本含义就是言语实在，言行一致，不欺骗他人，也不自欺欺人。"诚"是"信"的基础，"信"是诚的外在表现，只有诚于内方能信于外。鉴于"诚"与"信"的紧密联系性，它们还被很多学者看作同义词，在词典里可以互训，"诚信"可以作为一个词来使用。

二、国外文化对"诚信"的理解

诚信，不仅仅是中华民族的美德，也是全世界全人类的美德。这里我们主要透过外国文化中的经典著作予以简要透视。

外国文化，就人数方面来看，主要是伊斯兰教文化和基督教文化。据1996年的统计，基督教徒19.55亿，伊斯兰教徒11.27亿，各占世界人口总数的33.7%和19.4%。其他教徒人数比此二者人数明显要少。[2] 这里，本研究不是讨论宗教信仰，而是要从文化角度来谈论"诚信"。伊斯兰教文化于公元7世纪兴起于阿拉伯半岛，兴起人为麦加的穆罕默德。现在的

---

〔1〕 转引自白鸽：《佛教诚信思想初探》，山西大学2010年硕士学位论文，引言第1页。

〔2〕 张志刚：《宗教学是什么》，北京大学出版社2002年版，第11页。

麦加已经成为全世界穆斯林朝圣的圣城。伊斯兰教文化兴起后，主要传播于亚洲、非洲，以西亚、北非、西非、中亚、南亚次大陆和东南亚最为盛行，有几十个国家信奉伊斯兰教。在伊斯兰教文化中，《古兰经》是伊斯兰教的经典、圣本。

《古兰经》，据称是先知穆罕默德受真主安拉的启示而写成的启示录，是真主的话。共30卷，114章。一部《古兰经》确立了以"信真主安拉"为头等要义的信仰体系，该信仰体系包括"信安拉"、"信天使"、"信经典"、"信使者"、"信末日"、"信前定"等六大信仰。诚信是这个信仰体系的基础。〔1〕据《古兰经》称，人类始祖阿丹和好娃没有听从真主的话，偷吃了禁果，被真主惩罚撵出了乐园，到地上生活。〔2〕但是大地上生活的信真主和行善的人有一天都会进入彼岸，生活在天园（又叫乐园）中。而不信真主和使者的人、不信道的人、多神崇拜的人、作恶的人以及伪信者都将生活在火狱里。〔3〕乐园里，人们过着无忧无虑的生活，有圣洁美丽的伴侣作陪，穿着绫罗绸缎，相互为兄弟，没有怨恨，吃着可口的食物，听着不断的祝福。而火狱里，充满着毒风和沸水，烈火熊熊，黑烟笼罩，恐怖至极。〔4〕

根据《古兰经》的描述，世界有一天会毁灭，到这一天，群星陨落、天崩地裂，所有已经死去的人被复活，然后接受真主安拉的审判，为善者顺利进行乐园，为恶者堕入火狱，彰显

---

〔1〕陈一新:《〈古兰经〉中的诚信思想述论》，新疆师范大学2013年硕士学位论文，第6页。

〔2〕尚九玉:"简析宗教的人性论"，载《宗教学研究》2001年第1期。

〔3〕陈一新:《〈古兰经〉中的诚信思想述论》，新疆师范大学2013年硕士学位论文，第13页。

〔4〕马海成:《伊斯兰慈善思想与制度研究》，上海外国语大学2012年博士学位论文，第26页。

诚信和正义。[1]

现在，让我们将目光转向基督教文化。基督教文化是发源于公元1世纪巴勒斯坦的耶路撒冷地区犹太人社会，起始于耶稣在该地区宣传福音。在两千多年的发展中，基督教文化已经遍布英国、美国、德国、俄罗斯等众多国家，且教派林立，成为世界上影响最大、信奉人数最多的宗教文化。

《圣经》是基督教文化中的最高教义，包括《旧约全书》和《新约全书》，以“创世纪”上帝造世界万物包括人类开始，以“启示录”预示耶稣必再来结束。《圣经》虽未具体解释什么是诚信，但却以各种事例体现着“原罪”文化和诚信的重要作用。

在《圣经》中，《创世纪》记载了人类违背诚信受到上帝惩罚的故事。上帝造万物的时候，用尘土造了亚当并将他安置在了伊甸园里，然后又使亚当沉睡，从其身上取下一根肋骨，用此肋骨造了一个女人夏娃作为亚当的伴侣，共同快乐地生活在伊甸园中。上帝为亚当和夏娃定下了规矩，告诉他们说，伊甸园中其他树上的果子都可以吃，惟有当中那一棵树不可以摸，树上的果实也不可以吃，否则会死。蛇引诱了夏娃，告诉她当中那棵树上的果实可以吃，上帝之所以不让他们吃那棵树上的果实，是怕他们吃后会变得如上帝一样有智慧，知道善恶。于是夏娃自己吃了那棵树上的果实，还让亚当也吃了，于是知道了羞耻，用无花果的树叶为自己编了裙子遮羞。上帝知道后大发雷霆，将他们赶出伊甸园，惩罚蛇终生用肚皮走路，以吃土为生。惩罚女人受生孩子之苦。惩罚亚当需终生劳作，

---

〔1〕 马海成:《伊斯兰慈善思想与制度研究》，上海外国语大学2012年博士学位论文，第26页。

才能有吃的，生于尘土归于尘土。[1]

在《圣经》中，《启示录》以隐喻的形式描述了世界审判日上帝再来的宏大情景，[2] 描述了魔鬼“撒旦的下场”、“死人受审判”以及新世界再造的过程。世界审判日来临即是世界末日的来临，这与《古兰经》所描述的世界毁灭真主安拉审判所有人的情况类似，大致情形首先是被描述为耶稣受难前告诉弟子们的：“日头就变黑了，月亮也不放光，众星要从天上坠落，天势都要震动。”(马太福音 24：26)[3] 借世界审判日，《圣经》显示了上帝审判的正义。[4] “我又看见一个白色的大宝座与坐在上面的，从他面前天地都逃避，再无可见之处了。我又看见死了的人，无论大小，都站在宝座前。案卷展开了，并且另有一卷展开，就是生命册。死了的人都凭着这些案卷所记载的，照他们所行的受审判。于是海交出其中的死人，死亡和阴间也交出其中的死人。他们都照各人所行的受审判。死亡和阴间也被扔在火湖里，这火湖就是第二次的死。若有人

---

〔1〕《圣经》，中英对照，中文和合本，中国基督教协会 2007 年版。《创世纪》2：15；2：16；3：17；3：18。

〔2〕在美国，我曾经与一位美国人进行过关于基督教文化所说的世界审判日的有趣的讨论。我的问题是，佛教讲究轮回，佛教也讲究审判，一个人一世的行为会决定他下世能否成为人。如果一个人经常为善，那么死后便不会进入地狱，而是会轮回成人。基督教讲究审判，则是为善，则进入天堂，为恶则进入火湖。试想，千百年来，《圣经》总是在说耶稣必快来，日子近了，但是还没有来，而到目前为止，一代一代的人们已经不在人世了，这些还没有受到审判的人到哪里去了呢？显然是在阴间。但是阴间是否能装得下如此众多的全世界各国的人呢？友人的回答是，这些不在人世的人或许已经没有肉身了，或许是以其他什么形式而存在着，所以有再多的人也无所谓。而且整个宇宙都是上帝控制的，有谁敢说没有足够的地方可以让那些人住呢！由于时间关系，我们的讨论没有能够进行下去。

〔3〕《圣经》，中英对照，中文和合本，中国基督教协会 2007 年版。

〔4〕《圣经》，中英对照，中文和合本，中国基督教协会 2007 年版。

名字没记在生命册上，他就被扔在火湖里。”（启示录20：9）在《圣经》看来，各人所行都会被记录在案，信上帝的人以及诚实守信、行善无恶的人还会被记录在生命册上。上帝审判日里，行恶的人会被扔进火湖里，行善的人将得到上帝的眷顾而永生。一向行恶的撒旦也被扔进火湖里。“那迷惑他们的魔鬼被扔在硫磺的火湖里，就是兽和假先知所在的地方。他们必昼夜受痛苦，直到永永远远。”（启示录20：9）而在新的世界里，“看哪！神的帐幕在人间。他要与人同住，他们要作他的子民；神要亲自与他们同在，作他们的神。神要擦去他们一切的眼泪；不再有死亡，也不再有悲哀、哭号、疼痛，因为以前的事过去了。”“惟有胆怯的、不信的、可憎的、杀人的、淫乱的、行邪术的、拜偶像的和一切说谎话的，他们的分就在烧着硫磺的火湖里，这是第二次的死。”（启示录20：9－21：26）这是一个新的圣洁、幸福的世界。

可见，从《创世纪》人类违背诚信受罚开始，到《启示录》人类按各自所行受审判为止，《圣经》，除却宗教的信仰外，都在昭示着诚信的作用，并以“耶稣必快来”的警示予以加强。“看哪，我必快来！赏罚在我，要照个人所行的报应他。我是阿拉法，我是俄梅戛；我是首先的，我是末后的；我是初，我是终。”（启示录21：27）“不可封了这书上的预言，因为日期近了。不义的，叫他仍旧不义；污秽的，叫他仍旧污秽；为义的，叫他仍旧为义；圣洁的，叫他仍旧圣洁。”（启示录21：27）意即，叫人依据各自的心各行其是，上帝很快就要审判他们的是与非。整部《圣经》显示，上帝是诚实守信的人，兑现他自己对人类的各种承诺，包括赏罚。人类的历史就是人类犯罪和救赎的历史，犯罪是因为丢失了诚信，没有遵守上帝的规矩。救赎是基于各自在生命历史中的所行，善者可得救赎，恶者永下火湖。这是上帝的诺言。这个火湖与《古兰经》中所描述的火狱没有实质的不同，还可以说也类似于佛教中所说的“地狱”，都是惩罚恶者之所。《圣经》还在最后用赌咒的方式表明了预言是被以诚实的态度诚实地记录下来的，是可信的。“我向一切听见这书上预言的作见证，若有人在这预言上加添什么，神必将写在这书上的灾祸加在他身上；这书上的预言，若有人删去什么，神必从这书上所写的生命树和圣城，删去他的分。”（启示录22：21）

《圣经》中还有很多故事在颂扬诚信的价值。其中，最为人所知的就是《摩西十诫》。《圣经》的《旧约全书》中记载了公元13世纪先知摩西带领犹太人离开埃及返回故乡的故事。离开埃及后，他们到达西奈山，在山上，上帝出现，借摩西之口，为这些犹太人立下十条律法，即《摩西十诫》。《摩西十诫》中第9条为“不可作假见证陷害人”就是对诚信的要求。《圣经》中还有很多上帝坚守诚信和教导人要诚信的话语，[1]如“耶和华要保护诚实人，足足报应行事骄傲的人。”（诗篇31：14）“说出真话的，显明公义；作假见证的，显出诡计。”“口吐真言，永远坚立；舌说谎话，只存片时。”（箴言12：5）“说谎言的嘴，为耶和华所憎恶；行事诚实的，为他所喜悦。”“义人恨恶谎言；恶人有臭名，且致惭愧。”（箴言13：8）“你们的话，是，就说是；不是，就说不是，若再多说，就是出于邪恶者。”（马太福音6：4）“莫想我来要废掉律法和先知；我不是要废掉，乃是要成全；我实在告诉你们：就是到天地都废去了，律法的一点一画也不能废去，都要成全。”（马太福音5：19）“耶和华造天、地、海，和其中的万物；他守诚实，直到永远。”等（诗篇146：6）

[1] 《圣经》，中英对照，中文和合本，中国基督教协会2007年版。

可见，诚信在伊斯兰教文化和基督教文化中也都是一种被崇尚的重要品德。无论表达的方式有多么不同，不欺骗，言行一致都是其基本含义，与中华文化对诚信的理解是一致的。也许正是鉴于人类文化的共通性，才使得美国芝加哥大学教授霍普金斯总结出中国儒家文明与基督教文明之间具有三个共同点：和平、富足与和谐。[1] 正是有了文化之间的共通性，不同文化之间的对话和相互融合才成为了可能。从文化角度说，谁妄自尊大，谁固步自封，谁就会走向单一和消亡。

第二节　诚信何为

理解一个概念，有两个基本维度。一个是概念的内涵，另一个则是概念的外延。就诚信而言，我们已经在第一节中解释了其内涵，这里我们要解释其外延，即诚信何为的问题，这是本章要讨论的第二个问题。

诚信何为，即诚信的作用与功能问题。深受儒家文化浸染、素以礼仪世界闻名的中国，一直将诚信看作是人在社会中做人做事的重要原则。西汉儒家代表人物董仲舒将“信”与“仁义礼智”并列，构成儒家“五常”，成为儒家伦理思想核心之一，在传统中国社会发挥了极为重要的作用，是天道、人道之合一。从世界范围内来看，诚信也都是被极为看重的德性。有学者从词源学的角度分析“诚”的内涵的时候认为诚有三个方面的含义：其一，“诚”是社会之人的一种德性规范，着重于自律和内在修养；其二，“诚”是一种政治修养，是实现政治抱负的基础；其三，“诚”是万物运行的规律，是宇宙

---

〔1〕［美］霍普金斯：“儒家文明与基督教文明、和平、富足与和谐”，载《文史哲》2011 年第 6 期。

的本体和运行法则。[1] 而本研究更倾向于认为这三个方面的含义其实都是“诚”的外延，所解释的是其功能和作用。本研究认同其第一个方面的含义，但是将其作为“诚”的外延，并由此扩展，总结“诚信”的重要功能与作用主要包括三个方面。

一、“诚信”乃人之立世之本，是个人良好品德

《易传·系辞》中说：“人之所助者，信也。”[2] 没有诚信，一个人就得不到他人的帮助。《周易·乾·文言》中讲“君子进德修业，忠信，所以进德也；修辞立其诚，所以居业也。”君子进德修业也必须讲究诚信。《吕氏春秋·贵信》中说，“凡人主必信，信而又信，谁人不亲？”又说，“言非信则百事不满也”，意即，人们只会亲近讲信用的人，不讲信用的人什么事情也做不成。还说：“可与为始，可与为终，可与遵通，可与卑穷者，其唯信乎！”唯有诚信之人，可以与之共始终。墨家学派认为“言不信者行不果”、“行不信者名必耗”，[3] 不讲信用的人名誉受损，行动也不会果敢，可以判定没有什么事情可以做成。

儒学创始人孔子一生都非常重视诚信，曾经多次为学生们解释诚信的重要性。《论语·学而》中说，“信近于义，言可复也；恭近于礼，远耻辱也；因不失其亲，亦可宗也。”这很好地说明了“信”对于“仁”的重要性。孔子的得意门生之

---

〔1〕 付子堂、类延村：“诚信的古源与现代维度之辨”，载《河北法学》2013 年第 5 期。

〔2〕 王锐：“中国古代对诚信的理解”，载《昭通师范高等专科学校学报》2009 年第 1 期。

〔3〕 周才珠、齐瑞端译注：《墨子全译》，贵州人民出版社 1990 年版，第 12—13 页（《修身第二》）。

一颜回远游前曾经问过孔子，何以立世，孔子回答：“恭敬忠信可以为身。恭则免于众，敬则人爱之，忠则人与之，信则人恃之。人所爱，人所与，人所恃，必免于患矣。”（《说苑·敬慎》）“人而无信，不知其可也。大车无輗，小车无軏，其何以行之哉。”（《论语·为政》）对孔子而言，一个人为人处世是必须要讲诚信的，“无信则不立”。在回答子张问仁的问题的时候，孔子回答说能做到五种事情就是仁了：“恭、宽、信、敏、惠。恭则不侮，宽则得众，信则人任焉，敏则有功，惠则足以使人。”（《论语·阳货》）

儒家学派的荀子也非常重视诚信，《荀子·不苟》中说：“君子养心莫善于诚，致诚则无事矣，唯仁之为宗，唯义之为行，诚心守仁则形，形则神，神则能化矣；诚心行义则理，理则明，明则能变矣。变化代兴，谓之天德。”《荀子·大略》中说：“口能言之，身能行之，国宝也，口言善，身行恶，国妖也。”《荀子·不苟》还说：“言无常信，行无常贞，唯利所在，无所不倾，若是则可谓小人矣。”《左传·成公十七年》中说：“君子之言，信而有征。”《左传·昭公八年》说：“孝敬忠信为基德；盗贼藏奸为凶德。”而《中庸》十三章中说：“言顾行，行顾言。”即，人要言行一致。

《中庸》二十章说：“诚者，天之道也；诚之者，人之道也。诚者不勉而中，不思而得，从容中道，圣人也。诚之者，择善而固执之者也。”认为，“诚”乃圣人的德性。《中庸》二十五章：“诚者自成也，而道自道也。诚者物之终始，不诚无物。是故君子诚之为贵。”认为，“诚”为自我的完善，所以是君子之德。

《中庸》二十二章中说：“唯天下至诚为能尽其性，能尽其性，则能尽人之性；能尽人之性，则能尽物之性；能尽物之性，则可以赞天地之化育，可以赞天地之化育，则可以与天地参矣。”又说：“故至诚无息，不息则久，久则征，征则悠远，悠远则博厚，博厚则高明。博厚，所以载物也；高明，所以覆物也；悠久，所以成物也。博厚配地，高明配天，悠久无疆。如此者，不见而章，不动而变，无为而成。”“天地之道，可一言而尽也：其为物不贰，则其生物不测。”大意是说，诚，是天地的法则，能使得人道德完满，达到天人合一的状态，所以也只有“诚”的人才可以去治理天下。正如《中庸》三十二章中所说，“唯天下至诚，为能经纶天下之大经，立天下之大本，知天地之化育夫焉有所倚？肫肫其仁，渊渊其渊，浩浩其天，苟不固聪明圣知达天德者，其孰能知之？”《左传·成公九年》也记载了范文子的一段话：“不背本，仁也。不忘旧，信也。无私，忠也。尊君，敏也。仁以接事，信以守之，忠以成之，敏以行之。事虽大，必济。”表明了诚信对于成大事的重要作用。而《左传·成公十七年》中说：“人所以立，信、知、勇也。”与孔子所称的“无信不立”乃一脉相承。

北宋时期的周敦颐认为，“诚，五常之本，百行之源也。”(《周子全书·通书·诚下》)，而同时期的程颐则从反面说明了诚实的重要性，他认为，“学者不可以不诚，不诚无以为善，不诚无以为君子。修学不以诚则学杂，为事不以诚则事败；自谋不以诚，则是欺其心而自弃其忠；与人不以诚，则是丧其德而增人之怨。”(《河南程氏遗书》卷二十五)[1] 清朝石成金所编的(《传家宝》二集卷一）中强调“人不信实，诸事不成”，即无论做什么，没有诚信，什么也做不成，同是清代时期的黄宗羲则将诚信看作是人与动物的根本区别，说“诚则是人，伪则是禽兽”(《孟子师说·卷七》)。这与《春秋谷梁

〔1〕 转引自赵爱玲：“21世纪以来的社会诚信建设：成就与问题”，载《中国伦理学三十年——中国伦理学会第七次全国会员代表大会暨学术讨论会论文汇编》2009年4月16日，第401—405页。

传·僖公二十二年》中说的“人之所以为人者，言也。人而不能言，何以为人？言之所以为言者，信也。言而不信，何以为言？”含义相同。

伟大的古希腊哲学家亚里士多德曾经专章论述过诚实，他认为，虚伪是可谴责的，而诚实则是高尚的和可赞美的。一个诚实的人被看作是一个有德性的人，尤其是在一个人没有特殊目的的时候所表现出来的诚实，“因为，他在无关紧要的时候都爱讲真话，在事情重大时就更会诚实。他会拒绝不诚实的行为，认为那是耻辱，因为他以往不论后果怎样都不曾做事不诚实。我们所称赞的正是这样的人。”[1]《圣经》中说，“诚实人必多得福；想要急速发财的，不免受罚。”（箴言 28：20）[2]德国 18 世纪的古典哲学创始人伊曼努尔·康德（Immanuel Kant）曾经说过“诚实比一切智谋更好，而且它是智谋的基本条件”。法国的文学家巴尔扎克认为“遵守诺言就像保卫你的荣誉一样”。英国的戏剧家莎士比亚说“对自己真实，才不会对别人欺诈”。英国的哈伯特说“失掉信用的人，在这个世界上已经死了”。美国的总统罗斯福说过“信用胜过有名气”。美国的富兰克林说“失足，你可以马上恢复站立；失信，你也许永难挽回”。美国诺贝尔经济学奖获得者 R. 科斯认为，社会诚信的缺失是导致企业在生产环节以外增加交易费用的一个重要原因。[3] 所以“以信取利”其实就是在降低交易成本，等等，这些都是对诚信的赞美和看重。

不仅历代鸿儒大家伟人先知们对诚信非常重视，在社会实际生活中，诚信也是被极为看重的。广为人知的曾子杀猪的故

---

〔1〕［古希腊］亚里士多德著，廖申白译注：《尼各马可伦理学》，商务印书馆 2003 年版，第 119—120 页。

〔2〕《圣经》，中英对照，中文和合本，中国基督教协会 2007 年版。

〔3〕刘小干、高登云：“论诚信的当代价值”，载《东岳论丛》2003 年第 3 期。

事就是一个极好的例子。春秋时期，曾子因为妻子许诺赶集回来给孩子杀猪吃，而安抚了哭闹的孩子。曾子则遵守妻子的诺言，杀了猪给孩子吃，以身作则，为孩子立下言而有信的榜样(《韩非子·外储说左上》)。秦朝时期楚地的季布“一诺千金”的事，也是很好的例子。季布，为人侠义，极讲信用，不但赢得世人赞扬，还免遭了后来的杀身之祸，留下了“得黄金百斤，不如得季布一诺”的美名(《史记·卷一百季布栾布列传第四十》)。同样，春秋时期吴国的“季札挂剑”也是一个彰显诚信的榜样。史书记载，季札出使晋国，路过徐国，徐国国君看上了季札所带的宝剑，虽没有说出来，但被季札看了出来。季札在心里答应要将此宝剑送给徐国国君，但是还要出使他国，所以当时并没有相赠。等季札出使回来再次路过徐国，徐国国君已经病死，于是季札将它的宝剑挂在徐国国君墓地边上的树上离去，践行了心里许下的诺言，被史学家司马迁赞为“见微而知清浊”的人(《史记·吴太伯世家》)。几百年之后的明朝时期的“徽商”[1]，清朝时期的“晋商”就以重承诺守信誉而闻名于世。[2]

我们所熟知的“程门立雪”的成语则是“诚”的一个体现。《河南程式外书》中记载：“游、杨初见伊川，伊川瞑目而坐，二子侍立。既觉，顾谓曰：贤辈尚在此乎？日既晚，且休矣。及出门，门外之雪深一尺。”宋代理学家杨时同游酢一起去拜望程颐，在程颐睡觉之时，不去打搅，而是侍立在旁，等出门时已经是门外雪深一尺了。[3] 表明一心求学之诚。同

---

〔1〕 即使到了清朝，“徽商”也仍然遵循着诚信的经商原则，如著名红顶徽商胡雪岩就将“戒欺”的牌匾挂在其在杭州胡庆余堂药店中。

〔2〕 电影“白银帝国”中“三爷”在大清灭亡后用自己所有积蓄去兑现穷苦百姓存入银号中的纸票子，展现了晋商群体的诚信，让人敬佩。

〔3〕 转引自张岱年：“辨程门立雪”，载《群言》1992 年第 8 期。

处宋代的词人晏殊，将考试中自己练习过的事实说出来，为广大学子树立了诚实的榜样[1]，北魏史官司徒崔浩和中书侍郎高允奉命写《国书》，秉持严谨的史学态度，秉笔直书，遭到北魏贵族的谴责。史官高允奉命觐见北魏太武帝拓跋焘，负责解释原委，他没有曲意逢迎，而是据实直陈，即使杀头，也不瞎说，诠释了“信史”的精神。[2] 这些都为“诚信”做了最好的注解。而现代“狼来了”的寓言故事，则从反面佐证着诚信的功能。

从国际范围来看，美国第一任总统乔治·华盛顿小时候用父亲给他的崭新的斧头砍倒小樱桃树后向发怒的父亲承认错误的故事也早已被视为讲诚信的典范之一。[3] 我在美国生活的一年中，见到和听到了许多家门口的邮筒不上锁、行人很少闯红灯、商场买回来东西不喜欢可以在未使用前退回商场、网站邮寄错了东西会根据你的描述自动赔偿而不会看你的证据、邮递员把东西就放在物主的家门口、挑选陪审团成员过程中人们会把自己几十年前与某人吵过架惊动警察的事告诉法庭等等事情。很多事情都是小事情，但是事情虽小，需要的是诚信作为支撑。

被誉为“世界第一商人”的犹太人，是一个有宗教信仰的民族，他们对待诚信的态度来自于他们的信仰。犹太人在经商中表现出来的诚信有口皆碑。犹太人信奉《圣经》关于诚信的话，信奉诚实人必多得福，想要急速发财的，不免受罚的道理（箴言28：20），[4] 所以犹太人做生意，依靠的是诚实，

---

〔1〕 尹成荣：“诚实的晏殊”，载《教育导报》2010年12月4日，第4版。

〔2〕 “由《论语》谈诚信做人”，载 http：//zhaohaixiaoxue2010. blog. 163. com/blog/static/163083165201041944936626/，访问日期：2014年7月12日。

〔3〕 刘玉凤：“乔治·华盛顿和樱桃树”，载《中学生英语》2005年第11期。

〔4〕 《圣经》，中英对照，中文和合本，中国基督教协会2007年版。

对自己诚实对他人诚实，口头承诺同书面合同一样有约束力。一旦定下契约，允下诺言，“神听得见”，因此无论发生什么事情，犹太人都不会毁约。如此诚信的态度，守信的精神，如同中国传统社会中的商人一样，为犹太人赢得了世人的信赖。

据资料记载，一个犹太人先祖商人到集市上买了一头驴，给驴洗澡的时候，从驴脖子上掉下来一颗钻石，家人很高兴，但是这个商人却认为“我们买的是驴子，不是钻石”而将钻石还给了卖给他驴子的人，声明“我们只能拿支付过金钱的东西，所以钻石必须还给你”。这样的诚信精神，为犹太人赢得了财富和名誉。在美国，犹太人仅占据美国总人口的2%，但是在《福布斯》400 富豪排行榜中，最富有的富豪中 45% 是犹太人。美国 1/3 的百万富翁是犹太人。获得诺贝尔科学奖的美国人中，犹太人占 31%，在所有诺贝尔奖获得者中，犹太人占据 25%。[1] 这与犹太人诚信做人做事分不开。

而在德国，许多待售物品都摆放在书店和花店外，人们可以自由挑选自觉进屋付账。[2] 没有人监督下的行为，自然需要诚信作为行动的逻辑。

日本，这个与我们一衣带水的国家，诚信状况又是如何呢？早在德川幕府末期，正司考祺在《家职要职》中强调“以信义为本、以智术为用”的经营之道。[3] 在日本的民间故

〔1〕“3. 15 从‘世界第一商人’犹太人的商道看诚信要诀”，载 http：//www. christiantimes. cn/news/4665/3. 15% E4% BB% 8E% E2% 80% 9C% E4% B8% 96% E7% 95% 8C% E7% AC% AC% E4% B8% 80% E5% 95% 86% E4% BA% BA% E2% 80% 9D% E7% 8A% B9% E5% A4% AA% E4% BA% BA% E7% 9A% 84% E5% 95% 86% E9% 81% 93% E7% 9C% 8B% E8% AF% 9A% E4% BF% A1% E8% A6% 81% E8% AF% 80，访问日期：2014 年 5 月 1 日。

〔2〕向征：“德国如何建设社会诚信”，载《中国党政干部论坛》2013 年第 4 期。

〔3〕徐娟：“诚信教育视域中日本对儒家诚信观念的借鉴及其对中国的启示”，载《吉林省教育学院学报》2010 年第 3 期。

事中也流传着很多关于诚信的故事。如《浦岛太郎》，讲述浦岛太郎不讲信用，打开了龙女送给他的梳妆匣，由青年变成白发苍苍的老头的故事；《亲蛇子蛇》，讲述村民违背与雄蛇达成的约定，提前烧荒，烧死雌蛇，被雄蛇恐吓的故事；《仙鹤报恩》，讲述的是丈夫违背诺言，偷看了仙鹤化身成人的妻子织布而使得妻子变回仙鹤飞走的故事。[1] 故事虽有不同，但都说明了诚信在日本社会被看重的事实。

二、"诚信"乃政府取信于民的德性

儒家学说是入世学说，讲究内圣外王，诚信是进行国家管理的一个基本原则，是政府取信于民所必备的德性。

《吕氏春秋·贵信》中提到："君臣不信，则百姓诽谤，社稷不宁；处官不信，则少不畏长，贵贱相轻；赏罚不信，则民易犯法，不可使令。"可见君王和大臣们的诚信对百姓、江山社稷的重要作用。如果讲诚信，则可以很好地治理国家，是谓"信而又信，重袭于身，乃通于天。以此治人，则膏雨甘露降矣，寒暑四时当矣"《吕氏春秋·贵信》。墨子将诚信当作明王圣人得以称天下匡正诸侯的原因之一，墨子说："古者明王圣人，所以王天下，正诸侯者，彼其爱民谨忠，利民谨厚，忠信相连，又示之以利，是以终身不餍，殁世而不卷。"[2] 意即，君主如果能爱民、利民、忠信待民，那么民众必然会拥护君主，天下归一了。

孔子也不止一次地提到"信"在治理国家中的作用。《论语·学而》中说："道千乘之国，敬事而信，节用而爱人，使

---

〔1〕 雍文婧："日本民间故事中的禁忌与诚信及其影响"，载《天水师范学院学报》2013年第1期。

〔2〕 周才珠、齐瑞端译注：《墨子全译》，贵州人民出版社1990年版，第196页《节用中第二十一》。

民以时。”在回答子贡问如何治理政事的时候，孔子说：“足食，足兵，民信之矣。”在重要程度上，则是“民信”第一，“足食”第二，“足兵”第三，因为孔子认为：“自古皆有死，民无信不立。”（《论语·颜渊》）一个国家不讲诚信，就不会得到老百姓的支持。而“上好信，则民莫敢不用情”（《论语·子路》）。官员讲诚信，老百姓就不敢不说真话了。

荀子认为，“诚信”能够“化万物”、“化万民”，《荀子·不苟》中说，“天地为大矣，不诚则不能化万物；圣人为知矣，不诚则不能化万民。”又说：“夫诚者，君子之所守也，而政事之本也。”因而荀子认为，“古者禹汤本义务信而天下大治，桀纣弃义背信而天下大乱”（《荀子·强国》）。也就是说，讲诚信，则天下大治，不讲诚信，则天下大乱。所以，“故为人上者，必将慎礼义、务忠信然后可，此君人者之大本也”（《荀子·强国》）。“政令信者强，政令不信者弱。”（《荀子·议兵》）春秋时期的商鞅，虽然将“诚信”列为六虱之一，但是他本人却在推行秦国新国政的时候“立木为信”而取信于民，终于强大了秦国。而且商鞅本人也非常重视诚信在国家管理、国家律法中的重要作用，说：“国之所以治者三：一曰法，二曰信，三曰权。”“民信其赏，则事功成；信其刑，则奸无端，惟明主爱权重信，而不以私害法。”〔1〕而晋国的晋文公也说：“信，国之宝也，民之所庇也；得原失信，何以庇之？所亡滋多。”〔2〕《左传·成公八年》中说，“君命无贰，失信不立”。在一个君主就代表国家的时代里，君主的信誉就是国家的信誉。君主如果对大臣或者民众失信，那么这个国家就没有什么

〔1〕 付子堂、类延村：“诚信的古源与现代维度之辨”，载《河北法学》2013年第5期。

〔2〕 左丘明：《春秋左传·僖公二十五年》（诸子百家之十三经），中华古典精华文库。

信誉而言了。《左传·襄公二十七年》中也记载，“君失其信，而国无刑。不亦难乎！”《左传·昭公七年》中说：“不信，民不从也。”不让老百姓信服，老百姓就不会服从。

在唐朝谏议大夫魏征主编的《隋书》[1] 中记载了一个叫辛公义的官员，在并州（今山西太原）任职时，案子处理不完，就住在公堂。百姓对之信任有加，以至于百姓之间有了纠纷，首先想到的是忍让调节，因为“此类小事怎能忍心劳苦使君？”（《隋书·循吏传》）。[2] 而在唐太宗处理国事说话不算数的时候，魏征就批评太宗“陛下每云，‘我之为君，以诚信待物，欲使官人百姓，并无矫伪之心。’自登极已来，大事三数，皆是不信，复何以取信于人？”[3] 还说“言而不行，言不信也；令而不从，令无诚也。不信之言，无诚之令，为上则败国，为下则危身，虽在颠沛之中，君子所不为也”。[4] 作为君主，不能朝令夕改。“臣窃闻，天之所辅者仁，人之所助者信。今陛下初膺大宝，亿兆观德。始发大号，便有二言。生八表之疑心，失四时之大信。纵国家有倒悬之急，犹必不可。”[5]

北宋时期的王安石也非常重视政府诚信，他曾经写过一首诗《商鞅》说：“自古驱民在信诚，一言为重百金轻。今人未

---

〔1〕关于《隋书》的作者，因为参与编写的才俊很多，所以比较有争议，有人认为是魏征等人，有人认为是颜师古、李淳风等人，但是魏征是第一任主编，所以这里采用魏征是主编的说法。

〔2〕“古代官员怎样让百姓相信政府”，载新民网，http：//news. xinmin. cn/roll-news/2013/09/13/21900712. html，访问日期：2014 年 3 月 1 日。

〔3〕《贞观政要》卷二《纳谏第五》，第 117 页。转引自苏士梅：《唐代诚信思想研究》，河南大学 2008 年博士学位论文，第 63 页。

〔4〕《旧唐书》卷七一《魏征传》，第 2555 页。转引自苏士梅：《唐代诚信思想研究》，河南大学 2008 年博士学位论文，第 63 页。

〔5〕《贞观政要》卷二《纳谏第五·直言谏诤附》，第 116 页。转引自苏士梅：《唐代诚信思想研究》，河南大学 2008 年博士学位论文，第 62 页。

可非商鞅，商鞅能令政必行。"[1] 指出，诚信比金钱要贵重得多，治理国家，非取信于民不可。

千年以后，在2013年3月17日，国务院总理李克强和副总理张高丽、刘延东、汪洋、马凯，于17日上午应十二届全国人大一次会议新闻发言人傅莹的邀请，与采访两会的中外记者见面，并回答记者的提问的时候强调指出："用简朴的政府来取信于民，"如何评估结果？唯一的标准就是看政府有没有诚信说到做到。[2]

放眼国际，让我们来看看英国。英国是责任政府理论的发源地，源于英国早期的议会弹劾程序。议会弹劾主要是由于议会的不信任。如1742年，内阁首相渥尔波因得不到议会多数信任而被迫辞职。

责任政府理论是将信任用于政府机制运转中的一种理论，其基本观点如下：①议会的信任构成政府的执政资格。②政府一旦在议会的重大表决中失败，即视为政府丧失议会的信任，政府即应辞职，或提请国王解散议会，组织议会选举，以取信于民。③政府对议会负责，而负责方式主要指向议会报告工作和在丧失议会信任后辞职。④内阁必须团结一致，接受首相控制。⑤政府采用两种形式对议会负责，即政府集体负责制和大臣个人负责制。⑥文官不对议会负责[3]。在这样的理论支持下的英国政府，在1832－1867年间，没有一届政府任满5年。这些年间有10届政府因在议会表决中遭遇失败而结束执政；

---

〔1〕 石磊译注：《商君书》，中华书局2009年版，前言第2页。

〔2〕 "李克强纵论'民生政府'：用简朴政府取信于民"，载http：//news. cnhubei. com/xw/2013zt/2013qglh/201303/t2507079. shtml，访问日期：2014年6月21日。

〔3〕 蒋劲松："传统责任政府理论简析"，载《政治学研究》2005年第4期。

其中有8次首相辞职，有2次提请解散议会。[1] 可见，诚信对一个政府的重要性。

再让我们看一看德国。德国在世界上享有较高的信用信誉，德国的法律使用了客观诚信和主观诚信。[2] 在德国的《民法典》中，第242条明确指出，“债务人有义务按照诚信（treu und glaube）要求，并参照交易习惯，履行给付”，以法律的形式展示了诚信的地位和重要作用。[3]

《圣经》中说：“君王若听谎言，他一切臣仆都是奸恶。”“君王凭诚实判断穷人，他的国位，必永远坚立。”（箴言29：20）可见，诚信对国家安定、取信于民的重要作用，在不同文化中都有高度的一致性。

三、诚信是处理民族关系、国际关系的一大准则

虽然民族关系、国际关系纷繁复杂，需要谨慎灵活地处理，但是“诚信”却始终是处理民族关系、国际关系的一大准则。

《春秋左氏传》（常称《左传》），据传为鲁国史官左丘明所编的一部史学名著。该书以编年手法，记载了春秋时期的社会状况，记录了很多关于“诚信”的话语和事件，涉及诸侯之间或者国家之间的关系，是一部极为有益地了解春秋时期群雄奋起、诸侯争霸的史实以及诸侯之间如何处理复杂关系的史书。虽然孟子说：“春秋无义战”（《孟子·尽心下》），但是，透过此史学名著，我们可以很好地看出“诚信”在处理民族关系和国际关系中的重要作用。

---

〔1〕 蒋劲松：“传统责任政府理论简析”，载《政治学研究》2005年第4期。

〔2〕 徐国栋：“主观诚信与客观诚信的分合与更名问题比较法考察——兼论中国的诚信立法向何处去”，载《社会科学》2013年第1期。

〔3〕 向征：“德国如何建设社会诚信”，载《中国党政干部论坛》2013年第4期。

《左传·隐公三年》记载了周郑交质的事情，说明了诚信的重要作用。周平王与郑庄公为了互信而交换人质，但仍然没有保持双方的互信，所以“君子曰：‘信不由中，质无益也。明恕而行，要之以礼，虽无有质，谁能间之？苟有明信，涧溪沼沚之毛，苹蘩蕴藻之菜，筐筥锜釜之器，潢污行潦之水，可荐於鬼神，可羞於王公，而况君子结二国之信，行之以礼，又焉用质？《风》有《采蘩》、《采苹》，《雅》有《行苇》、《泂酌》，昭忠信也。’”[1]《左传·桓公十二年》中记载了鲁桓公攻打宋国之事，“公欲平宋、郑。秋，公及宋公盟于句渎之丘。宋成未可知也，故又会于虚。冬，又会于龟。宋公辞平，故与郑伯盟于武父。遂帅师而伐宋，战焉，宋无信也”。不讲诚信，因而引发国家之间的战争，很是可悲。因为“苟信不继，盟无益也”（《左传·桓公十二年》）。不讲信用的结盟，没有任何益处。

《左传·僖公十四年》中晋大夫庆郑与虢射辩论，试图说服晋惠公卖给饥荒中的秦国粮食的时候说：“弃信背邻，患孰恤之。无信患作，失援必毙。”意即，与邻国相交，如果不讲诚信，那么一旦遭到灾难，便不会有人援助，没有援助，必然灭亡。见解深刻。

《左传·僖公二十三年》中记载，晋国重耳（日后的晋文公）逃亡在楚国时，受到楚王的热情招待。当楚王问重耳将来何以为报的时候，重耳答：“若以君之灵，得反晋国，晋、楚治兵，遇于中原，其辟君三舍。若不获命，其左执鞭弭、右属櫜鞬，以与君周旋。”[2] 重耳成为晋国国君后，真的要与楚

〔1〕 左丘明：《春秋左传·隐公三年》（诸子百家之十三经），中华古典精华文库。

〔2〕 左丘明：《春秋左传·僖公二十三年》（诸子百家之十三经），中华古典精华文库。

王交战，交战之时，晋文公遵守信诺，把军队后撤了九十里。[1] 如此，晋文公赢得了良好的“国际”信誉，成就了一代霸业。

《左传·文公元年》中还记载了楚穆王继位后所做的外交事务，他派出使者们出使各国，继续友善各邻、团结外援的事情，认为这符合“忠信卑让之道”。认为，“忠，德之正也；信，德之固也；卑让，德之基也”。

《左传·成公元年》中所载的“王师败绩于茅戎”的故事，也是不讲诚信，背盟而败的事实。“元年春，晋侯使瑕嘉平戎于王，单襄公如晋拜成。康公徼戎，将遂伐之。叔服曰：‘背盟而欺大国，此必败。背盟，不祥；欺大国，不义；神人弗助，将何以胜?’不听，伐茅戎。三月癸未，败绩于徐吾氏。”趁议和之际，背盟而进攻，如何能打胜仗呢！而且不但不能打胜仗，恐怕再也不能号令诸侯。《左传·成公六年》记载了晋国的夏阳想去袭击卫国被伯宗制止的事情，正是说明了这个道理。当夏阳说“虽不可入，多俘而归，有罪不及死，”伯宗制止说：“不可。卫唯信晋，故师在其郊而不设备。若袭之，是弃信也。虽多卫俘，而晋无信，何以求诸侯?”于是没有袭击卫国，而是班师回朝了。可见，诚信对于号令诸侯有多么重要，不可因小失大。

《左传·成公八年》记载了季文子评论盟主与诸侯之间关系维持的一段话，同样表明了诚信对于处理大国与诸侯之间关系的重要性。季文子说，“信以行义，义以成命，小国所望而怀也。信不可知，义无所立，四方诸侯，其谁不解体?”大国凭借信义来号令诸侯，如果没有信义，则诸侯涣散。而讲诚信

---

〔1〕 左丘明：《春秋左传·僖公二十八年》（诸子百家之十三经），中华古典精华文库。

的诸侯之间的盟约，甚至可以得到神灵的护佑，正如襄公九年，楚共王攻打郑国时候，郑国的子驷、子展说的“盟誓之言，岂敢背之？且要盟无质，神弗临也，所临唯信。信者，言之瑞也，善之主也，是故临之”（《左传·襄公九年》）。

《左传·襄公二十七年》中记载了各诸侯国代表在宋国西门外边结盟而楚国人在外衣里边穿上皮甲所引发的关于信用问题的讨论。伯州犁说：“合诸侯之师，以为不信，无乃不可乎？夫诸侯望信于楚，是以来服。若不信，是弃其所以服诸侯也。”又说：“求逞志而弃信，志将逞乎？志以发言，言以出信，信以立志，参以定之。信亡，何以及三年？”召集诸侯前来会盟而不讲信用，那么就丢掉了使诸侯顺服的东西。叔向说：“何害也？匹夫一为不信，犹不可，单毙其死。若合诸侯之卿，以为不信，必不捷矣。食言者不病，非子之患也。夫以信召人，而以僭济之。必莫之与也，安能害我？且吾因宋以守病，则夫能致死，与宋致死，虽倍楚可也。子何惧焉？又不及是。曰弭兵以召诸侯，而称兵以害我，吾庸多矣，非所患也。”意即连普通人做出不守信用的事，都不得好死。一个召集众诸侯的卿也做出不守信用的事，那么就必然不会成功，口称消除战争来召集诸侯的同时又发兵来危害他人，给别人造不成危害。可见，一国失信，众国不信，连威胁他国的威严也都丢掉了。

《左传》中还有其他很多论述诚信的话语和涉及诚信的历史事件，但是无一不是在说明，遵循诚信原则，则人神恭敬，背离诚信原则，则人神共愤，遭致死亡或灭亡。正如著名的历史故事“烽火戏诸侯”，西周时期周幽王为博取宠妃一笑而点燃代表战争的烽火之类的故事所表达的道理一样。

春秋时期以后，在中国历史上，也发生过很多以诚信成功处理民族关系和国际关系的实例，当然也有背信弃义而引发的

“事故”。我们选对世界文化影响巨大的唐代而观之。

唐朝太宗时期，太宗悔婚薛延陀，唐代大臣褚遂良之后上疏，认为，“信为国本，百姓所归，是以文王许枯骨而不违，仲尼宁去食而存信”。从诚信的重要作用出发劝太宗履行婚约，将诚信看作国家的根本。

太宗之后的唐朝武则天时期，突厥默啜兴起，于公元698年，主动攻击唐朝，借口是武则天的五大罪状。这五大罪状分别是：“与我蒸谷种，种之不生，一也。金银器皆行滥，非真物，二也。我与使者绯紫皆夺之，三也。缯帛皆疏恶，四也。我可汗女当嫁天子儿，武氏小姓，门户不敌，罔冒为昏，五也。我为此起兵，欲取河北耳。”[1] 归结五条罪状，主要是数落武则天不讲诚信，谷种蒸过、金银器假冒、缯帛质地差，连天子女儿都假冒。虽然或许突厥罗列的五大罪状不是真的，只是出兵的借口，但是却可以使我们看到，不讲诚信就可以成为出兵引起战争的理由，这从反面可以证实诚信的国家价值。

唐宪宗于元和十四年（819年）正月发布《放归蕃使论矩立藏等制》的诏书，说：“朕临御万邦，推布诚信，西戎纳款，积有岁时，亦尝包贷。我有殊德，宁不是思，重译贡珍，道途相继，申恩示礼，曾无阙焉。……”还说：“其国失信，其使何罪！”于是放吐蕃使者回去，显示出唐宪宗的博大胸怀。正是在其“推布诚信”的思想指导下，虽然唐朝与吐蕃之间在边境上还时有互相猜忌，但是比较而言，二者之间的关系尚属平稳友好。[2]

中国崇尚诚信，使中华文化绵延几千年不绝。回首世界各

[1] 朱建华：“武则天圣历元年唐与突厥战役考”，载《赤峰学院学报（汉文哲学社会科学版）》2012年第4期。

[2] 转引自崔明德：“唐宪宗时期及其之后的民族关系思想”，载《烟台大学学报（哲学社会科学版）》2005年第2期。

国，也不乏讲究诚信的国家。这里让我们对一个国家的历史观进行分析，因为我们认为一个国家的历史观最能反映一个国家的诚信。

让我们来看美国对待历史的态度。美国是一个移民国家，当最初的移民们到达美国之后，开始在美国扎根生活。这些移民们曾经受到过当地美国土著的热烈欢迎和热情帮助，但是，当这些移民们渡过生活的难关之后，[1] 开始大肆掠夺美国土著的土地和物产。在美国历史上，有一个西部大开发时期，历史书称“西进运动”，开始于殖民地时期，一直到第二次世界大战结束，其实，也可以说，到现在也还在进行。美国的西进运动就是美国土著的血泪史，为了保护自己的土地和家园，土著购买枪支进行过大大小小无数个战斗，且战且退，涌现出很多催人泪下的故事。几百年过去了，美国政府是如何对待这段历史的呢？看美国中学的历史教科书，可以看到，“西进运动”很明确地被记录在课本中，土著的战斗和挣扎也被记录在课本中，一代一代地讲给美国人，这是对自身历史的一种诚实，表明了一种诚恳反思历史的态度。[2] 美国第一任总统乔治·华盛顿说：“仁慈和诚实，不仅提高了人的品质，也提高了国家的国格。”也许正是这种认识，才使得美国认真诚实地对待自己的过去，不掩盖“西进运动”中对美国土著的侵害和掠夺。

在美国的华盛顿特区，有一座以英国著名科学家、英国皇家学会会员詹姆斯·史密斯命名的大型博物馆群。这些博物馆来源于史密斯先生捐赠给美国政府的遗产。美国政府也曾经没有遵照史密斯先生的遗愿，挪作他用，但是后来还是连本带息地恢复了遗产，成立了史密斯学会，还成立了以美国最高法院

---

〔1〕 美国土著帮助这些移民们渡过难关，被这些移民看作是上帝的帮助，由此形成了美国的感恩节。

〔2〕 在美国访学期间获得的材料。

首席大法官为首的学会董事会，做到开明与诚信。后来又从意大利将史密斯先生的遗体运到美国，放在史密斯学会大厦，供全世界的游客瞻仰。[1] 实事求是的说，美国在这一个事情上是讲了诚信的。

反观日本，可以看到相反的现象。日本在第二次世界大战期间对全人类犯下了滔天罪行。但是日本却拒不承认二战期间曾经的慰安妇问题，篡改历史教科书，拒不承认二战期间公然侵略中国是国家侵略，还拒不承认南京大屠杀等等。日本政府还要求中国撤销慰安妇档案申遗申请[2]，企图抹杀历史，弃诚信于不顾，无反省意识，遭到国际社会强烈谴责，甚至遭到二战时期的友邦德国的谴责。德国因为二战时期的屠杀而几次道歉，而日本则是否认罪行。连日本本国学者都公开谴责日本政府的这种行为。2014 年 1 月，山田朗，日本历史学者、明治大学教授，在“继承和发展村山谈话会”举办的第一次公开学习会上认为，忘记历史就是罪恶，必须把日本侵略、殖民统治的真实历史传达给下一代，只有这样才能与亚洲各国建立共同的历史认识。[3]

一个人如何看待自己的过去，他就会如何看待自己的未来，因为一个人的自我认同具有一定的连续性。同样，一个国家如何对待自己的过去，这个国家就会如何对待自己的未来，因为一个国家的自我认同也会具有一定的连续性。而一个人、一个国家是否讲诚信，决定了这个人、这个国家能在事业上、

〔1〕 张翔：“一个国家的诚信”，载《文苑》2008 年第 5 期。

〔2〕 “日本政府要求中国撤销慰安妇档案申遗申请”，载 http：//world. people. com. cn/n/2014/0624/c1002 - 25194378. html，访问日期：2014 年 6 月 23 日。

〔3〕 “日本学者反对安倍美化历史 称忘记历史就是罪恶”，载 http：//www. chinanews. com/gj/2014/01 - 20/5753570. shtml，访问日期：2014 年 6 月 25 日。

在国际声誉及国际事务号召力上走多远！不承认历史，修改历史，自然是为了建构想象中的未来，但是这种基于修改历史基础上的建构很大程度上都是一种虚构和幻想而已。著名的法国社会学家皮埃尔·布迪厄（pierre Bourdieu）曾经说过："心智图式不是别的，正是社会划分的体现。随着个人不断接触某些社会状况（这种接触的结果也因此日积月累），个人也就逐渐被灌输进一整套性情倾向。这种性情倾向较为持久，也可转换，将现存社会环境的必然性予以内化，并在有机体内部打上经过调整定型的惯性及外在现实的约束的烙印。"[1] 换句话说，一个人的过去已经以一种结构性的烙印的形式打印在了一个人的身体里。一个国家过去的历史也同样会以一种结构性的烙印的形式打印在一个国家的身体里，它时时"在场"，不断抗争着后人对它的修改。

〔1〕［法］皮埃尔·布迪厄、［美］华康德著，李猛、李康译，邓正来校：《实践与反思——反思社会学导引》，中央编译出版社 1998 年版，第 14 页。

第三章　诚信——教之所得

“人之初，性本善，性相近，习相远。”

——《三字经》

诚信在我们的生活中是如此之重要，在国家机制正常运行中是如此之重要，在国际关系处理中是如此之重要。那么诚信又是怎样得来的呢？它是人类自身先天就有的，自身自有的，还是人类后天习得的？这是本章所要讨论的问题。

第一节　人性之善恶

如果我们认为，诚信来自于人类先天自有，那么诚信就与人性分不开。如果我们认为诚信与人性分不开，那么我们就要追问，诚信来自于人性中的什么东西的问题。从大的方面来说，我们通常认为关于人性，一共有三种说法：一种是人性本是善的；一种是人性本是恶的；还有一种说法是，人性本无善无恶。那么诚信与哪种人性紧密相关。所以，要搞清楚诚信的来源，让我们先来讨论人性之善恶。

关于人性之善恶，古今中外，都是一个讨论不休的问题。由此而生发了关于个人修为、结交友邻乃至于治理国家的策略的讨论，这些都已经不是新鲜的话题。这里主要是在做总结而且主要是在总结中国文化的基础上表明本研究的观点。

一、人性本善论

在中华文化中，持人性本善观点的当然是中国传统显学——儒学的鸿儒大家们。但是系统提出人性善论的却不是儒学创始人孔子，而是孟子。孔子论人性的地方比较少，仅有“性相近也，习相远也”，[1] 认为人的本性是差不多的，而学习使人不同。但是孔子并未明确地说明人性之善恶。而孔子之后的儒学大家孟子则系统的提出“人性善”的学说，主要体现在其书《孟子·告子上》与《孟子·告子下》里。有人根据新出土的一些文献，从历史的角度来谈论孔孟对人性的研究，提出，将孟子的人性善之说与孔子的言论作融合，有强辩之意。[2] 也就是由孔子的言论推不出孟子的性善论，所以可以推知后代朱熹对《论语》中孔子的话从人性善的角度出发做解释有点牵强。对此，本章并不做深入分析。但是，可以明确的是，孔子提出过人性相近的说法，而孟子确实系统地提出过人性善的观点。

孟子，春秋时期孔子之后的儒学代表人物。《孟子·滕文公》中记载，“滕文公为世子将之楚，过宋而见孟子。孟子道性善。言必称尧舜”。孟子对作世子的滕文公讲人性善。当滕文公怀疑，出使回来又去见孟子的时候，孟子说：“世子疑吾言乎？夫道一而已矣。”告诉世子，不用怀疑，道理只有一个。孟子再说为滕文公说善，也表明人性善是其一贯坚持认为的，而不是一时兴起之谈。

孟子认为，人性是人行为的本原，而探求本原则要顺乎自然。“天下之言性也，则故而已矣，故者以利为本。”（《孟

---

[1] 杨伯峻译注：《论语译注阳货篇第十七》，中华书局 1980 年版，第 1702 页。

[2] 李锐：《孔孟之间“性”论研究》，清华大学 2005 年博士学位论文，第 61 页。

子·离娄下》）孟子以自然界的水为喻来解释人性之善，认为，人性之善，就像水往低处流一样的自然。“人性之善也，犹水之就下也。人无不善，水无不下。”（《孟子·告子上》）而孟子所认为的“善”是人人皆有的“恻隐之心”、“羞恶之心”、“恭敬之心”和“是非之心”（《孟子·告子上》），这“四心”是人所固有的，就像人有四肢一样。“人之有是四端也，犹其有四体也。”孟子还将这“四心”看作是“仁义礼智”的发端，是仁政的基础，没有这“四心”的就不是人了。以孟子所言：“由是观之，无恻隐之心非人也，无羞恶之心非人也，无辞让之心非人也，无是非之心非人也。”因为每个人都有这些“善”性，通过学习可以扩大这些善性，所以孟子认为“圣人，与我同类者”“人皆可以为尧舜”（《孟子·告子上》）。

孟子还认为：“乃若其情，则可以为善矣，乃所谓善也。若夫为不善，非才之罪也。”即，人性本善，但人若不善，并不是天生不好的缘故，而是后天环境使然或者利欲熏心，使人的本性受到了逼迫和损害的缘故。如孟子所言，“今夫水，搏而跃之，可使过颖；激而行之，可使在山。是岂水之性哉？其势则然也。人之可使为不善，其性亦犹是也”（《孟子·告子上》）。还说，“富岁，子弟多赖，凶岁，子弟多暴，非天之降才尔殊也，其所以陷溺其心者然也”。

孟子曾经以“牛山被伐”为例子说明后天环境对人的本性影响之大。孟子说：“牛山之木尝美矣，以其郊于大国也，斧斤伐之，可以为美乎？是其日夜之所息，雨露之所润，非无萌蘖之生焉，牛羊又从而牧之，是以若彼濯濯也。人见其濯濯也，以为未尝有材焉，此岂山之性也哉，虽存乎人者，岂无仁义之心哉？其所以放其良心者，亦犹斧斤之于木也，旦旦而伐之，可以为美乎，其日夜之所息，平旦之气，其好恶与人相近也者几希，则其旦昼之所为有梏亡之矣。梏之反覆，则其夜气不足以存，夜气不足以存则其违禽兽不远矣。人见其禽兽也，而以为未尝有才焉者，是岂人之情也哉？故苟得其养，无物不长；苟失其养，无物不消。孔子曰‘操则存，舍则亡，出入无时，莫知其乡’，惟心之谓与！”（《孟子·告子上》）本性虽善，但是环境不好也是不行的。

又说，“万钟则不辨礼义而受之，万钟于我何加焉？为宫室之美、妻妾之奉、所识穷乏者得我与？乡为身死而不受，今为宫室之美为之；乡为身死而不受，今为妻妾之奉为之；乡为身死而不受，今为所识穷乏者得我而为之，是亦不可以已乎？此之谓失其本心”（《孟子·告子上》）。本性虽善，但迫于情势也会做非善的行为，这就是丢失了本心。

自汉代儒学大家董仲舒提出“罢黜百家、独尊儒术”并受到采纳后，儒学独尊，成为中华几千年文化的主体，孟子的性善论也得到了传承。不论是宋代的朱熹理学还是明代的王阳明心学，都是持性善论的。

朱熹的性善论在其对孟子的言论解释上可见一斑。朱熹提出：“孟子之言性善，始见于此而译具于《告子》之篇。然默识而旁遁之，则七篇之中无非此理。”（《孟子集注》）[1]《孟子集注》中，朱熹还引述林氏的话来说明人性之善可信。滕定公去世了，滕世子欲行儒道受到阻力而求教于孟子，然后滕世子反躬自省，调整自己的行为，得到百官的赞同，于是朱熹认为“林氏曰：‘孟子之时，丧礼既坏，然三年之丧，恻隐之心，痛疾之意，出于人心之所固有者，初未尝亡也。惟其溺于流俗之弊，是以丧其良心而不自知耳。文公见孟子而闻性善尧舜之说，则固有以启发其良心矣，是以至此而哀痛之诚心发

〔1〕 朱熹：《孟子集注·滕文公章句上》。

焉。及其父兄百官皆不欲行，则亦反躬自责，悼其前行之不足以取信，而不敢有非其父兄百官之心。虽其资质有过人者，而学问之力，亦不可诬也。及其断然行之，而远近见闻无不悦服，则以人心之所同然者，自我发之，而彼之心悦诚服，亦有所不期然而然者。人性之善，岂不信哉？'"[1]（朱熹《集注》引林氏说）

明代心学代表人物王阳明也是该行列中的一员。《传习录》中记载了其学生徐爱与王阳明之间关于朱熹论善的一段对话。徐爱问："'知止而后有定'，朱子以为'事事物物皆有定理'，似与先生之说相戾。"王阳明回答："于事事物物上求至善，却是义外也。至善是心之本体。只是'明明德'到'至精至一'处便是，然亦未尝离却事物。本注所谓'尽夫天理之极，而无一毫人欲之私'者得之。"此处表明，至善是心的本体，不应像朱熹那样于外物求得，而是反求诸心。[2] 又说："至善者，心之本体。"[3] 反复强调，人性本善。

佛教文化，从人性本善的角度讲"一切众生皆有佛性"，只要能破我执，放下心中各种欲念，皆能成佛。而成佛就能圆满至善，回归人的本性。一部《圣经》，虽是全篇都是说人类有罪，早在人类之初就背弃上帝之约，受蛇的诱惑，偷吃了智慧

---

〔1〕 朱熹：《孟子集注·滕文公章句上》。

〔2〕 于民雄注，顾久译：《传习录全译》，贵州人民出版社 1998 年版，第 6 页。

〔3〕 于民雄注，顾久译：《传习录全译》，贵州人民出版社 1998 年版，第 259 页。《传习录全译》中的《传习录下》也记载了王阳明晚年对自己思想的总结——即四句教："无善无恶是心之体，有善有恶是意之动，知善知恶是良知，为善去恶是格物。"表明对于人性的基本看法，认为，无善无恶乃心之本体。从而引发了王阳明人性观的众多讨论。这里大胆揣测一下，或许王阳明先生的思想经历了转变，从早期的人本性善论转到了晚年的人性无善无恶论了。四句教虽是王阳明先生对自己的思想的总结，但是已到其晚年，所以我们仍然认为他是人性本善论者。见本书第 313 页。

果，从而开始了终生赎罪的过程。但是我们看《圣经》里的叙述，可以发现亚当和夏娃被上帝创造出来的过程。《创世纪》中叙述：“神说：‘我们要照着我们的形像，按着我们的样式造人，使他们管理海里的鱼、空中的鸟、地上的牲畜和全地，并地上所爬的一切昆虫。’”“神就照着自己的形像造人，乃是照着他的形像造男造女。”(创世纪 1：17)〔1〕与之相关的叙述还有：“在耶和华神造天地的日子，乃是这样，野地还没有草木，田间的菜蔬还没有长起来，因为耶和华神还没有降雨在地上，也没有人耕地，但有雾气从地上腾，滋润遍地。耶和华神用地上的尘土造人，将生气吹在他的鼻孔里，他就成了有灵的活人，名叫亚当。”“耶和华神将那人安置在伊甸园，使他修理看守。”“耶和华神说‘那个独居不好，我要为他造一个配偶帮助他。’”“只是那人没有遇见配偶帮助他。耶和华神使他沉睡，他就睡了；于是取下他的一条肋骨，又把肉合起来。耶和华神就用那人身上所取的肋骨造成一个女人，领她到那人跟前。”(创世纪 2：16)〔2〕就此，可以看出，上帝是按照自己的形象来造人的，而上帝则是至善的，所以说在人类之初，人也是至善的。只是在后来受到了蛇的诱惑才偷吃了智慧果，开始了救赎之旅。《古兰经》中也记载了类似的故事，人类是按照至善的真主的意志被创造出来的，而正是人类始祖阿丹和好娃违背真主规定偷吃了智慧果，才被真主赶出乐园，到大地上生活。所以人类在违背真主规定之前也是善的。所以，人类的本性在上帝或真主创造出人类的时候就已经存在了，是良善的。〔3〕

---

〔1〕《圣经》，中英对照，中文和合本，中国基督教协会 2007 年版。

〔2〕《圣经》，中英对照，中文和合本，中国基督教协会 2007 年版。

〔3〕对人性善恶的看法，即使基于同样的故事和材料也会得出不同的答案。比如在尚九玉的文章“简析宗教的人性论”（《宗教学研究》2001 年第 1 期）中认为，《圣经》和《古兰经》里的故事使得人们认为人性本恶。

即使是有《圣经》文化的影响，但是西方国家对人性的看法也还是有性善论者和性恶论者之分，正如在儒家文化的熏染下，中国从古至今也都有人性本善和人性本恶的区分一样。坚持人性本善的人中，当代人本主义心理学家卡尔·罗杰斯（Carl Ranson Rogers，1902 - 1987）是一个代表性人物。罗杰斯说："多少年来，我尽自己所能在治疗中提供一种带有安全感，没有威胁，使当事人完全自由地做他（她）自己的关系，在这种最深入的关系中我认识了人。……当他们生活在这种关系之中，本真地做自己、表现自己的时候，我发现，人像狮子一样，也有一个本性。"[1] 罗杰斯提出"以人为中心"的治疗方法，就是基于他对人性的认识，他认为，人的本性不是敌意的、破坏的、邪恶的；相反，人的本性是善良的、积极向上的，具有建设性、创造性的。"我的经验告诉我。人都具有一个基本上是积极的方向。从我的治疗中，从和我有最深刻接触的受辅者，包括那些带来最多困扰的人，那些行为最反社会的人，那些具有最不正常感觉的人在内，我发现上述的信念都很真确。"[2]

二、人性本恶论

中华文化中，持人性恶的观点的当首属荀子。荀子，战国末期的思想家。荀子的性恶论主要体现在《荀子·性恶》篇中。有历史学学者认为，《性恶》篇是所有现存荀子著作中仅有的论人性恶的一篇，其他的篇章在论述人性的时候基本都是以性善论为基调的，加之其他佐证，从而怀疑《性恶》篇非

---

〔1〕 转引自江光荣：《迷失与复归——罗杰斯的人本主义心理学》，湖北教育出版社 1989 年版，第 53 页。

〔2〕 江光荣：《迷失与复归——罗杰斯的人本主义心理学》，湖北教育出版社 1989 年版，第 54 页。

为荀子亲自所作，或许是其弟子所做，提出一个与孟子性善论相对立的学说。但是鉴于这样的说法得不到确凿的证据证明，也如该学者所说，自汉代以来，古代儒生们都相信荀子的主张是“性恶”论，20 世纪 20 年代以后的学者们也基本上是这个基调，虽间或有质疑者，但是证据不充分。[1] 因此本章也采用大众的说法，仍然将《性恶》篇看作是荀子所作，并将荀子归入性恶者主张行列。

在《荀子·性恶》篇中，荀子开宗明义说：“人之性恶，其善者伪也。”人的本性是恶的，所以表现出善，是因为后天环境作用的结果。接着对此进行大段论述，“今人之性，生而有好利焉，顺是，故争夺生而辞让亡焉；生而有疾恶焉，顺是，故残贼生而忠信亡焉；生而有耳目之欲，有好声色焉，顺是，故淫乱生而礼义文理亡焉。然则从人之性，顺人之情，必出於争夺，合於犯分乱理而归於暴。故必将有师法之化，礼义之道，然後出於辞让，合於文理，而归於治。用此观之，然则人之性恶明矣，其善者伪也。故枸木必将待隐栝、烝、矫然後直，钝金必将待砻、厉然後利。今人之性恶，必将待师法然後正，得礼义然後治。今人无师法则偏险而不正，无礼义则悖乱而不治。古者圣王以人之性恶，以为偏险而不正，悖乱而不治，是以为之起礼义，制法度，以矫饰人之情性而正之，以扰化人之情性而导之也。始皆出於治、合於道者也。今之人化师法，积文学，道礼义者为君子；纵性情，安恣睢，而违礼义者为小人。用此观之，人之性恶明矣，其善者，伪也。”[2] 还说，人人都“好荣恶辱，好利恶害”。[3] 荀子认为，人生下来都是好

---

〔1〕 颜世安：“荀子人性观非‘性恶’说辨”，载《历史研究》2013 年第 6 期。

〔2〕 安小兰译注：《荀子》“劝学”篇，中华书局 2007 年版，第 267 页。

〔3〕 转引自马永庆：“荀子的荣辱思想释义”，载《哲学研究》2006 年第 12 期。原话出自《荀子·荣辱》。

利、好荣、嫉妒、好声色的，所以人从生下来，争抢掠夺、残杀陷害、好声色就产生了，而相互辞让、忠诚守信、礼仪法度等等就都消失了，所以一定要有礼仪的引导和法度的规制。

其实，持人性恶的人还应该包括战国中期的庄子和战国末期的商鞅和韩非子。虽然有学者认为，庄子和韩非子是具有性恶的思想，但不具有性恶论。[1] 但是这里我们从大的人性恶论的方面将此二人归入人性恶论者。

战国中后期，经济较之以前有巨大发展，为了自己的利益，人们之间、诸侯各国之间发生着争战，儒学的仁义不再是调节人们生活的准则。整个战国中后期，社会变动激烈，人们的思想都处于急躁混乱的状态，庄子虽然是道家学派的代表人物，崇尚“清净无为”，但是实际上却眼明心亮，无时不在关注着这个社会，以看似逍遥的世外之态过着愤世的生活。

对于人性，庄子没有像荀子那样提出“性恶”论一样的鲜明观点，但是从他的一些表述上看，还是可以看出他对于人性的基本看法。庄子引用孔子的话说，“人心险于山川，难于知天。天犹有春秋冬夏旦暮之期，人者厚貌深情”。[2] 人心险恶，而想看清其险恶却比了解上天还难。也许这就是庄子淡泊名利，坚持不入世的主要缘由。因此，当楚王派人来请他出山为国分忧的时候，庄子以神龟为喻，说明自己不愿出山。庄子说“吾闻楚有神龟，死已三千岁矣。王巾笥而藏之庙堂之上。此龟者，宁其死为留骨而贵乎？宁其生而曳尾于涂中乎？”二

---

[1] 如历史学教授颜世安，其文章“荀子、韩非子、庄子性恶意识初议”，便是此观点的表达。该文刊登在《南京大学学报（哲学、人文科学、社会科学版）》2010 年第 3 期。

[2] 孙通海译注：《庄子》，“列御寇”篇，中华书局 2007 年版，第 368 页。由此话并不能证明孔子是一个人本性恶论者，因为这里只是说人心难测而已，这里的人心已经经过周围环境的影响，而不是本性了。

位大夫回答："宁生而曳尾涂中。"庄子说："往矣。吾将曳尾于涂中。"意即，"二位大夫请回去吧，我也愿意像神龟那样在泥水中曳尾而行呢"。[1] 庄子还说："一受其成形，不亡以待尽。与物相刃相靡，其行尽如驰，而莫之能止，不亦悲乎！终身役役而不见其成功，苶然疲役而不知其所归，可不哀邪！人谓之不死，奚益！其形化，其心与之然，可不谓大哀乎？人之生也，固若是芒乎？其我独芒，而人亦有不芒者乎？"[2] 人们之间一定会相互争夺倾轧，最后走向死亡，庄子认为这是人天生就有的，不能逃脱。还说："大知闲闲，小知间间；大言炎炎，小言詹詹。其寐也魂交，其觉也形开。与接为构，日以心斗。缦者、窖者、密者。小恐惴惴，大恐缦缦。其发若机栝，其司是非之谓也；其留如诅盟，其守胜之谓也；其杀若秋冬，以言其日消也；其溺之所为之，不可使复之也；其厌也如缄，以言其老洫也；近死之心，莫使复阳也。"[3] 庄子认为，正是人类自身的贪婪、欺骗等将人们陷入相互折磨的境地。《庄子》中还记载了崔瞿问於老聃"人心"的一段话。"崔瞿问於老聃曰：'不治天下，安藏人心？'老聃曰：'汝慎无撄人心。人心排下而进上，上下囚杀，淖约柔乎刚强，廉刿雕琢，其热焦火，其寒凝冰。其疾俯仰之间而再抚四海之外。其居也渊而静，其动也县而天。偾骄而不可系者，其唯人心乎！'"[4] 人心险恶，人性使然。可见其所持人性恶的主张。

商鞅，先秦著名法家代表人物。商鞅从小就喜欢"刑名之学"，他认为人性是自私自利的："民之性：饥而求食，劳而求佚，苦则索乐，辱则求荣""今夫盗贼上犯君上之所禁，而

[1] 孙通海译注：《庄子》，"秋水"篇，中华书局 2007 年版，第 266 页。
[2] 孙通海译注：《庄子》，"齐物论"篇，中华书局 2007 年版，第 28 页。
[3] 孙通海译注：《庄子》，"齐物论"篇，中华书局 2007 年版，第 26 页。
[4] 转引自颜世安："庄子性恶思想探讨"，载《中国哲学史》2009 年第 4 期。

下失臣民之礼，故名辱而身危，犹不止者，利也。”“故曰：名利之所凑，则民道之。”[1] 人的本性都是趋利避害的，为了名利，而不惜犯所禁。自利是人的本性，不能改变，商鞅说：“民之于利也，若水之于下也，四旁无择也。”[2] 而且是自有人类就开始了：“天地设而民生之。当此之时也，民知其母而不知其父，其道亲亲而爱私。亲亲则别，爱私则险。民众，而以别险为务，民则乱。”[3] 正是在这样的思想基础之上，商鞅才确立了他的重法理论的。

韩非子，儒家学派代表荀子的弟子，但是却是法家学派的代表人物。韩非子生于战乱时期，该时期“国将不国”，因而韩非子关于人性恶的言论主要是针对国君和大臣们的。韩非子认为，“故舆人成舆，则欲人之富贵；匠人成棺，则欲人之夭死也。非舆人仁而匠人贼也，人不贵，则舆不售；人不死，则棺不卖。情非憎人也，利在人之死也。故后妃、夫人、太子之党成而欲君之死也，君不死，则势不重。情非憎君也，利在君之死也”。[4] 为了自己的利益，卖车的都希望人们富贵，卖棺材的希望人死，妃子、太子盼望君王早死。韩非子还说，“凡奸臣皆欲顺人主之心以取亲幸之势者也。是以主有所善，臣从而誉之；主有所憎，臣因而毁之”（《奸劫弑臣》）。“夫为人主而身察百官，则日不足，力不给。且上用目则下饰观，上用耳则下饰声，上用虑则下繁辞”（《有度》），[5] “夫人臣之侵其主也，如地形焉，即渐以往，使人主失端、东西易面而不自

---

〔1〕 石磊译注：《商君书》，“算地第六”，中华书局 2009 年版，第 67 页。

〔2〕 石磊译注：《商君书》，“君臣第二十二”，中华书局 2009 年版，第 186 页。

〔3〕 石磊译注：《商君书》，“开塞第七”，中华书局 2009 年版，第 78 页。

〔4〕 陈秉才译注：《韩非子》，“奸劫弑臣”篇，中华书局 2007 年版，第 79 页。

〔5〕 转引自颜世安：“荀子、韩非子、庄子性恶意识初议”，载《南京大学学报（哲学、人文科学、社会科学版）》2010 年第 2 期。

知”（《有度》）。[1] 也就是说，大臣们居心叵测，一旦有机会，就会慢慢控制君主，将国君置于危险境地。韩非子说：“且臣尽死力以与君市，君垂爵禄以与臣市。君臣之际，非父子之亲也，计数之所出也。君有道，则臣尽力而奸不生；无道，则臣上塞主明而下成私。”[2] 君臣之间的关系不是父子关系，而是利益关系。君有道，臣子就会尽心尽力，君无道，大臣们就会糊弄君主而自谋私利。而且韩非子还指出了奸臣们所用的八种控制君主的方法：同床、在旁、父兄、养殃、民萌、流行、威强、八方。[3] 指出了奸臣们利用美色、各种亲属关系以控制君主的情况。或许正是基于如此之认识，韩非子才提出要严刑峻法，融合“法术势”，使用法律管理国家和民众，意在用法律和惩罚来钳制人性之恶。

如前所言，即使是有《圣经》文化的影响，但是西方国家对人性的看法也还是有性善论者和性恶论者之分。持性善论的如前文所言的当代美国人本主义大师卡尔·罗杰斯。持性恶论的代表如精神分析学派奥地利的医生西格蒙德·弗洛伊德（Sigmund Freud，1856－1939）。弗洛伊德，将人格分为三部分，分别为：本我（Idi）、自我（Ego）和超我（super－ego）。人格的本体部分具有不同的特征。本我，由遗传的本能和欲望组成，是人格中最原始的部分，为人的本性，代表了人内心深处最原始的冲动，它按照快乐的原则来活动。那些不洁的欲望总是冲击着人的头脑，如果没有自我的控制，那么本我就冲出

---

〔1〕 陈秉才译注：《韩非子》，“有度”篇，中华书局2007年版，第17页。

〔2〕 陈秉才译注：《韩非子》，“难一”篇，中华书局2007年版，第211—212页。

〔3〕 陈秉才译注：《韩非子》，“八奸”篇，中华书局2007年版，第34—35页。

牢笼来肆虐了。[1] 可见人性之恶的程度。也无怪乎更早一些的英国哲学家托马斯·霍布斯会在其《论公民》中明确提出人性贪婪的假设，“它使人人都极力要把公共财产据为己有”，还宣称“人对人是狼”，并认为这是条公理。在霍布斯那里，公民社会以外，人的状态就是“所有人相互为敌的战争”，他认为，“假如人们没有因为恐惧公共权力而受到约束，他们就会相互猜疑和恐惧，人人都可以正当地、也必然会想办法防备别人，此乃人的自然使然”。而如果有人否认这样的说法，那么请看一下国与国之间的互防。“我们看到，所有的国家即使与邻国相安无事，仍然派兵戍边，仍然用城墙、大门和卫兵保卫自己的城市。”[2] 可见人性之恶、人性之贪婪。

三、人性无定论

人性本恶论者与人性本善论者之间的争论其实很简单，归结起来就是：说人性本善，那么恶从何来？说人性本恶，那么善从何来？围绕这个问题，二者争论不休。当然也有一部分人跳出人性或本善或本恶的二元区分，持人性无定论。

人性无定论，这里是指人性或无善无恶，或有善有恶。在中国文化中，持此观点的以告子为首。告子，战国时期思想家，据东汉赵岐称“兼治儒墨之道者勺”。[3] 在《孟子》中曾记载了告子与孟子之间以水之性来比喻人之本性的辩论，表明了告子关于人性无定论的观点。告子说：“性犹湍水也，决诸东

[1] 详见［奥］西格蒙·弗罗伊德著，杨绍刚译、高申春校：《自我与本我》，载本文博主编：《弗洛伊德文集第6卷：自我与本我》，长春出版社2004年版，第107页及以下。

[2] ［英］霍布斯著，应星、冯克利译：《论公民》，贵州人民出版社2002年版，第2—11页。

[3] 陆建华：“告子辨析”，载《孔子研究》2008年第2期。

方则东流，决诸西方则西流。人性之无分于善不善也，犹水之无分于东西也。”（《孟子·告子上》）意为，人性就如湍急的水流，没有方向，冲开东面就流向东面，冲开西面就流向西面。《孟子》中还记载了公都子曾经就告子的人性善恶观请教过孟子，公都子说：“告子曰：‘性无善无不善也。’或曰：‘性可以为善，可以为不善。是故文、武兴则民好善，幽、厉兴则民好暴。’或曰：‘有性善，有性不善。是故以尧为君而有象，以瞽瞍为父而有舜，以纣为兄之子且以为君而有微子启、王子比干。’今曰性善，然则彼皆非与？”（《孟子·告子上》）。再次明确说明告子的人性观是有善有恶，或者是无善无恶观。

除告子外，汉代儒学大家董仲舒也持人性无定论。当然也有学者将董仲舒归入“性善论者”的行列，如陈玉森，但是这里根据董仲舒在其《春秋繁露·玉杯》中的一段话，将其归入人性无定论者之列。他说：“人受命于天，有善善恶恶之性，可养而不可改，可豫而不可去，若形体之肥，而不可得革也。”[1] 人性受之于天，有善有恶，所以应归入人性无定论者行列。

明朝王阳明提出“四句教”，表明“无善无恶心之体”后，引发了长时间的关于人本性善性恶的争论，那些争论多数无定论，所以这里不作表述。

西方文化中当然也有人性无定论者，这里我们将伟大的古希腊哲学家亚里士多德归为此类。[2] 亚里士多德认为，人的本性就是人的灵魂，包括两部分，一部分灵魂是非理性的，就是情欲和欲望，另外一部分是理性灵魂，就是认识和理解。[3]

---

〔1〕 转引自马国华：“董仲舒人性观辨析”，载《人民论坛》2011年第26期。

〔2〕 当然也有人将柏拉图和亚里士多德归入人性本善者行列，这里不做辩论。

〔3〕 ［古希腊］亚里士多德著，颜一、秦典华译：《政治学》，中国人民大学出版社2003年版，第260页。

“人一旦趋于完善就是最优良的动物，而一旦脱离了法律和公正就会堕落成最恶劣的动物。”[1] 一个人一旦毫无德性，那么“他就会成为最邪恶残暴的动物，就会充满无尽的淫欲和贪婪。”[2] 还有伟大的法国启蒙思想家蒙田，他说“每一个人，在他自己身上，都带着完整的人性。但是矛盾的是，在我们身上，在我们的内心，没有东西是被禁止的，任何东西都隐藏在其中，不为人知”。[3] 德国的政治家卡尔·马克思（Karl Marx，1818－1883），我们也把他归入这一行列中。马克思分析人的本性不是从善恶的角度，而是从唯物主义的角度，认为人类的本性就是创造性的活动。还有美国的社会学家埃里希·弗洛姆（Erich Fromm），他认为，人的本性就是一种自我的意识。[4]

关于人性本善还是人性本恶的争论由来已久，我辈亦不能有定论。如果说一定有一个定论，那么与其说这个定论是争论出来的一个没有异议的定论，还不如说是一个自我选择的定论。本研究从自我出发，对孟子的人性本善论深以为然，奉行“人本性善”的人性论。

第二节 诚信之所得

虽然人本性善，但是人本性善并不等于人讲诚信。人本性

---

〔1〕［古希腊］亚里士多德著，颜一、秦典华译：《政治学》，中国人民大学出版社2003年版，第5页。

〔2〕［古希腊］亚里士多德著，颜一、秦典华译：《政治学》，中国人民大学出版社2003年版，第5页。

〔3〕Daniel Callahan, *Honesty in the Church: The Mind of the Catholic Layman*, Charles Sribner's Sons, New York, 1965.

〔4〕转引自陈智、梁伟：“弗洛姆人性论评析”，载《内蒙古大学学报（人文社会科学版）》2000年第3期。

善，是解释人的本性，而诚信是人的行为，本性并不等于行为。那么诚信来自于何处？人们又如何获得诚信？诚信有无真假之分呢？

一、诚信之真伪

当我在美国问一位法学教授，人为什么要遵守法律的时候，这位法学教授思考了一下然后说，如果不遵守法律，那么就得进监狱。我的问题其实是想问：法律是民众作为集体为自己所订立的契约，所彰显的是国家作为民众的代言人对其民众的诚信，人们遵守法律表达的是民众对自己对国家的诚信，那么民众遵守法律是源自于人自身所带有的德性，是自愿遵守的，还是因为不遵守法律就会受到国家的惩罚？有意思的是，这位法学教授选择了后者，彰显了法律的刚性。据此，我推测这位教授大概是一个性恶论者，不相信人们会自觉自愿地遵守法律。

美国人塔麻·弗兰科尔（Tamar Frankel），在其《信任与诚实：十字路口的美国商业文化》中分析了人们为什么遵守法律的问题，认为人们之所以会遵守法律，主要有六个原因，分别是：其一，害怕惩罚；其二，社区成员的互惠：赞美或批评；其三，跟着社会上其他人行为；其四，跟随美国领导人行为；其五，领导人对待法律的态度是法律被尊崇的文化的重要影响因素；其六，对法律实施者的信任。[1] 而另外一位美国学者汤姆·泰勒（Tom R. Tyler）专门用定量和定性结合的方法写了一本书叫《人们为什么遵守法律》，从道德的角度来分析日常生活中人们为什么遵守法律的问题，认为人们遵守法律

---

〔1〕 Tamar Frankel, *Trust and Honesty: America's Business Culture at a Crossroad*, Oxford University Press, 2006.

是因为惧怕受到惩罚。这样的看法是一种工具主义的分析视角，现在这种视角占据主要地位，而实际上，从道德的角度来分析人们为什么遵守法律才是更加重要的事情。泰勒认为，人们遵守法律不仅仅是因为程序正义，还因为人们认为这样的法律是正义的和合乎道德的。[1] 还有人根据诚信的动机将诚信分为因利诚信和因义诚信。基于法律的角度，又分为主观诚信和客观诚信。基于诚实对象的不同，分为公共诚实和私人诚实等等。[2]

针对人为什么遵守法律的问题，本研究提出两个相互对立的概念来进行分析和说明，即“真诚信”和“伪诚信”。所谓“真诚信”指的是一个人源于自身的德性，从内心深处自觉自愿地遵守法律，这是一种个人的自律；而“伪诚信”则是一个人源于外部的条件，如畏惧不遵守法律就会被惩罚的结果等，而遵守法律，这是一种他律，是一种以非自愿行为而达到的“诚信”结果的状态。换句话说，就是以外显的遵守法律的行为来表现出来的一种“诚信”。如上述这位法学教授所讲的因为不遵守法律就得进监狱的恐惧而遵守法律，就是一种“伪诚信”的表现。

或许有人会辩论说，且不去管什么“真诚信”和“伪诚信”，只要是能遵守法律，个人生活安稳富裕、国家安定团结不就行了吗？区分“真诚信”和“伪诚信”又有什么用呢？

实际上，区分“真诚信”和“伪诚信”不仅是必要的，而且也是非常重要的。“真诚信”使人表里如一，无论周围环境如何变化，对待事情的标准以及由此引发的行为不会有太多改

---

〔1〕 Tom R. Tyler, *Why People Obey the Law*, New Haven and London: Yale University Press, 1990.

〔2〕 Daniel Callahan, *Honesty in the Church: The Mind of the Catholic Layman*, Charles Sribner's Sons, New York, 1965.

变。翻开我们人类的历史，有多少圣人先贤为坚持真理和自己的信仰而奋斗以至献身，如文艺复兴时期意大利的自然科学家、思想家乔尔丹诺·布鲁诺（Giordano Bruno，1548—1600），勇敢捍卫哥白尼的太阳中心说，最后被教会迫害致死，表现了对科学的真诚信。还有很多实例，这里已无需赘言。而“伪诚信”则相反，它使人不是表里如一，那么一旦周围环境变化，其所隐藏的内心的真实想法便会冒出来，其对待事情的标准以及由此引发的行为就会大为改变，其变化之大有时候甚至会令人瞠目。“真诚信”是一个社会健康有序发展的黏合剂，而“伪诚信”则只能维持一时。

在我们的历史上，也有不少这样的例子。让我们来看一看明朝朱元璋时期的反腐情况。明朝朱元璋反腐，在第一章中我们就已经涉及了。本章重提朱元璋反腐，是从另一个方面来分析，使得我们的认识更加深入。

朱元璋时期，在中国历史上，可以说是一个反腐最严厉的时期之一。朱元璋是平民皇帝，曾经吃不饱穿不暖，做了皇帝后对贪腐极为痛恨，制定了《大明律》、《大诰初编》、《大诰续编》、《大诰三编》、《明大诰》等法律典籍、严酷刑法。即使如此，仍然会出现某年同榜派官364人，一年后都犯法的局面。[1] 我们此前分析认为，这主要是因为法律外在于人心，没有提高人的德性达到反求诸己的程度。这里我们进一步分析，其实法律外在于人心，就导致了人们对于法律的“伪诚信”，换句话说，就是假装相信法律忠诚于法律，所以，一旦环境改变，有了可以贪腐的条件，人的内心真实的欲望就爆发出来了。所以即便是饱读儒家圣人诗书的进士监生们，当以一

---

〔1〕“贪官为什么杀不完？——从明太祖朱元璋的困惑说起”，载《文史月刊》2010年第6期。

种“伪诚信”来指导其生活的时候，大量真实的贪腐就会发生了。因此，当我们说，要提高人的德性，使法律内在于人心中，就是说要培养人的“真诚信”，具有这种真诚信的人，不会轻易随着环境和时间的改变来改变自己为人处世的道德标准。

在外国文化中，《圣经》记载了一个著名的“伪诚信”故事，即“彼得三次不认主”。彼得是耶稣的徒弟。当耶稣告诉彼得“今夜鸡叫以先，你要三次不认我”的时候，彼得还信誓旦旦地说“我就是必须和你同死，也总不能不认你”。（马太福音 26：42）[1] 但是当耶稣被捉拿到公会受审的时候，彼得却违背了自己的话，有三次不肯承认认识耶稣。《圣经》记载，“彼得在外面院子里坐着，有一个使女前来说：‘你素来也是同那加利利人耶稣一伙的。’彼得在众人面前却不承认，说：‘我不知道你说的是什么。’既出去，到了门口，又有一个使女看见他，就对那里的人说：‘这个人也是同拿撒勒人耶稣一伙的。’彼得又不承认，并且起誓说：‘我不认得那个人！’过了不多的时候，旁边站着的人前来对彼得说：‘你真是他们一党的，你的口音把你露出来了。’彼得就发咒起誓地说：‘我不认得那个人。’”（马太福音 27：2）。[2] 在耶稣面前发誓，说会认耶稣，然后又在敌人面前发誓说不认得耶稣，话随着环境而变化，其真实的内心是对耶稣的不诚信，这就是“伪诚信”了。虽然这是一个《圣经》里的故事，但是道理却与上文所述的那些有条件就贪腐的明朝进士监生们是一样的。

---

〔1〕《圣经》，中英对照，中文和合本，中国基督教协会 2007 年版。

〔2〕《圣经》，中英对照，中文和合本，中国基督教协会 2007 年版。

二、诚信之习得

诚信既然有真假，那么诚信作为一种被推崇的德性，自然是指“真诚信”而言的，其发挥着正能量的作用，而且其实我们平常在使用“诚信”这个词的时候也是在这个意义上使用的。那么，真诚信又是来自于哪里？如何获得的呢？

本研究认为，真诚信来源于人性善，而真诚信的获得应该具有两个条件，第一个是人的本性是善的。这是前提条件，没有这个先决条件，则真诚信就是无源之水，无本之木。因为只有善的本性才有可能生发出善的行为和心灵，由善及善，而真诚信正是一种善的德性。如果没有善的本性，那么即便生发出诚信，也只会是伪诚信，不能持久，由恶最多只能及伪善。换句话说，真诚信的来源，部分地成就了真诚信的获得。第二个条件是人具有学习的能力，换句话说，人是可教的。也就是说，诚信是在人本性善的基础上通过后天环境的熏染和教化习得的。

人的本性之善，前文已经分析过，这里不再赘述。而人的可教性，应该说是不容怀疑的，无论是性善论派还是性恶论派抑或是人性无定论派的人都对此认同。

人之所以为人，之所以不同于动物，在于人可以创造性的劳动和制作劳动工具，能实现物质与精神之间的转换。那么人的创造性又是怎么来的呢？来源于人的学习性和可教性。

中国传统文化中流传着“孟母三迁”的故事，该故事就是在说儒学大师孟子小时候是如何被其母教育学习的。据西汉刘向的《列女传·卷一·母仪》记载：“昔孟子少时，父早丧，母仉氏守节。居住之所近于墓，孟子学为丧葬，躄踊痛哭之事。母曰：‘此非所以处子也。’乃去，遂迁居市旁，孟子又嬉为贾人炫卖之事，母曰：‘此又非所以处子也。’舍市，近于屠，学为买卖屠杀之事。母又曰：‘是亦非所以处子矣。’继而迁于学宫之旁。每月朔望，官员入文庙，行礼跪拜，揖让进退，孟子见了，一一习记。孟母曰：‘此真可以处子也。’遂居于此。”[1] 孟子小时候学习能力很强，而孟母为了培养孟子，就从墓地附近搬到了市场喧闹之处然后又搬到了学院附近，看到孟子学习儒生的进退礼仪才定居下来。试想，如果孟子不可教，孟母三迁，哪怕五迁又有何益！前文所述的“曾子杀猪”的故事也是教育孩子的好例子，但是曾子如果不是认为其子会从大人的言行中学习为人处世，断不会因为妻子的一句哄儿子的承诺而把猪杀掉的。儒学始祖孔子就认为人人都有学习的能力，都是可教之才，所以《论语》中记载，孔子奉行“有教无类”的传道原则，不管是谁，只要肯学，孔子就会教。孟子也曾对戴不胜说过人的学习能力与环境的重要性。《孟子·滕文公下》中记载了二人之间的对话。孟子问：“子欲子之王之善与？我明告子。有楚大夫于此，欲其子之齐语也，则使齐人傅诸，使楚人傅诸？”回答说：“使齐人傅之。”孟子说：“一齐人傅之，欢楚人咻之，虽日挞而求其齐也不可得矣；引而置之庄岳之间数年，虽日挞而求其楚亦不可得矣。子谓薛居州善士也，使之居于王所。在于王所者长幼卑尊皆薛居州也，王谁与为不善？在王所者长幼卑尊皆非薛居州也，王谁与为善？一薛居州，独如宋王何？”[2] 楚国的人要学齐国的话，要是在齐国，就有一个说齐国话的环境，那么就是想要那个人说楚国的话也不能了。学习能力和周围环境的影响是如此巨大，所以春秋时期齐国的晏子面对楚王的羞辱才有对之以“橘生淮南则

---

[1] “如今为啥多‘孟母’”，转引自《北京晚报》2011年9月8日，http://bjwb.bjd.com.cn/html/2011-09/08/content_449265.htm?div=-1，访问日期：2014年7月21日。

[2] 杨伯峻译注：《孟子译注·滕文公章句下》，中华书局1960年版，第151页。

为橘，生于淮北则为枳，叶徒相似，其实味不同。所以然者何？水土异也。今民生长于齐不盗，入楚则盗，得无楚之水土使民善盗耶？"[1]，人的行为之所以不同，正是环境使然。晋代哲学家傅玄也说："故近朱者赤，近墨者黑；声和则响清，形正则影直。"[2] 靠近红色，就会变红，靠近黑色就会变黑，无他，也正是环境使然。

性恶论学派的代表荀子，虽然认为人性本恶，但是也认同人有学习的能力，受周围环境影响巨大，于是有"蓬生麻中，不扶而直。白沙在涅，与之俱黑。兰槐之根是为芷。其渐之滫，君子不近，庶人不服，其质非不美也，所渐者然也。故君子居必则乡，游必就士，所以防邪僻而就中正也"的论断，[3] 指出，生长在什么环境中就会产生什么样的后果，所以君子一定近中正而远邪恶。荀子以人性恶的人性基础为出发点，为了遏制人的欲望，专门作《礼论》，认为"礼"可以起到"伪"的作用，即，教化人心，使恶消弭，从而使人变善。荀子认为"礼"是治国的根本，尊礼则天下兴盛，稳定，不尊礼则天下亡乱。"天下从之者治，不从者乱；从之者安，不从者危；从之者存，不从者亡。"[4] "天地合而万物生，阴阳接而变化起，性伪合而天下治。天能生物，不能辨物也；地能载人而不能治人也；宇宙万物生人之属，待圣人然后分也。"[5] 天地万物虽被生出，但是只有圣人之礼才能使人大有不同，教化之故。

---

〔1〕 陈涛译注：《晏子春秋》，"内篇杂下"，中华书局 2007 年版，第 299 页，篇名为"楚王欲辱晏子指盗者为齐人晏子对以橘"。

〔2〕 转移自于倡伟："近朱者赤 近墨者黑"，载《读与写（初中版）》2012 年第 3 期。原文出自晋代傅玄的《太子少傅箴》。

〔3〕 安小兰译注：《荀子》，"劝学"篇，中华书局 2007 年版，第 5 页。

〔4〕 安小兰译注：《荀子》，"礼论"篇，中华书局 2007 年版，第 167 页。

〔5〕 安小兰译注；《荀子》，"礼论"篇，中华书局 2007 年版，第 180 页。

可见性善论者希望良好的环境以发扬人性之善，而成圣人，性恶论者则希望良好的环境化性起伪，遏制其人性之恶，使之成为好人，总之可见环境的重要作用，也说明人学习能力之强。

不只我们中国以儒家文化为主的文化对环境的作用极为看重，对人的学习能力毫不怀疑，伊斯兰文化和基督教文化世界里也主张这样的观点。一部《古兰经》、一部《圣经》描述了人类犯罪然后救赎的整个过程，就是在以故事和隐喻的形式在向世人展示人类的各种自私自利、战争杀戮以及救赎中的各种思想斗争，就是在劝诫和教育所有人向善，回归人类纯真无瑕的本性。无论是性善论者还是性恶论者还是人性无定论者，对于人之可教，可学习性也都持不怀疑态度。亚里士多德认为，德性可以分为两种：一种是道德的德性，另一种是理智的德性。理智德性可以由教导生成，需要经验和时间，道德德性则需要通过习惯来养成。[1] 教导自然就要学习了，亚里士多德在这里明确指出学习的重要性。卡尔·马克思的观点无需再论，他认为，人之所以具有创造性，正是因为人能够学习，所以人能征服自然和改造自然。而人本主义心理学大师卡尔·罗杰斯则基于其人性善的基础创立了“以人为中心”的治疗方法，鼓励非指导性的指导，就是相信人有自我指导和成长的能力。[2] 换言之，就是一种自我学习的能力。

正是基于人的学习能力和可教性，任何一种文化都很看重对儿童的教育和培养。我们传统社会中的蒙学教材，《三字经》、《百家姓》、《千字文》、《弟子规》等都是中国传统社会

---

〔1〕［古希腊］亚里士多德著，廖申白译注：《尼各马可伦理学》，商务印书馆 2003 年版，第 35 页。

〔2〕熊韦锐：“从人性假设看‘非指导’疗法与‘无为’思想的共通性”，载《医学与社会》2009 年第 1 期。

受人推崇的儿童启蒙教材。《三字经》开篇即说“人之初、性本善，性相近、习相远”。说明了人具有学习的能力，说明人的本性都是善的，这一点凡是人都很相近，但是后天环境的影响，使人各不相同。换句话说，人与人之间的不同是人向环境学习的结果。《百家姓》和《千字文》也都是以明快上口且带有韵律的形式教授小孩子学习知识、明辨是非的好教材，这样的教材符合儿童的身心发展的特点。《弟子规》教导学生们“凡出言，信为先，诈与妄，奚可焉，话说多，不如少，惟其是，勿佞巧，奸巧语，秽污词，市井气，切戒之，见未真，勿轻言，知未的，勿轻传，事非宜，勿轻诺，苟轻诺，进退错”，也是教导学生们必须以信立人，诚实待人的道理。如果不是相信和看到人的可教性，那么就不会有这么多的蒙学教材了。

注重对儿童的教育，不仅有那么多好的蒙学教材，中国传统社会里还有一种特别的教育方式，就是“家训”。“家训”是家谱的一部分，起着修身齐家的重要作用，是对子孙为人处世之道的教育，对教育后代子女有着不可替代的作用。不同的家族有不同的家训，在中国传统社会里，很多家训都具有极为重要的学习和借鉴价值。非常有名的家训有“颜式家训”、“朱子家训”“曾国藩家训”等，我们这里择其中一二观之。

“颜式家训”为我国魏晋南北朝时期著名的文学家和教育家颜之推所著，是中国历史上第一本论述家庭教育的课本。他相信“夫圣贤之书，教人诚孝，慎言检迹，立身扬名，亦已备矣”。因而他以儒家“少成若天性，习惯如自然”作为指导思想来作此家训。颜之推重视胎教，重视幼儿教育，将教育孩子看作是父母的重要责任。在其家训“教子”中，颜之推写道：“子生咳提，师保固明孝仁礼义，导习之矣。凡庶纵不能尔，当及婴稚，识人颜色，知人喜怒，便加教诲，使为则为，使止则止。比及数岁，可省笞罚。父母威严而有慈，则子女畏慎而生孝矣。吾见世间，无教而有爱，每不能然；饮食运为，恣其所欲，宜诫翻奖，应诃反笑，至有识知，谓法当尔。骄慢已习，方复制之，捶挞至死而无威，忿怒日隆而增怨，逮于成长，终为败德。孔子云：‘少成若天性，习惯如自然。’是也。俗谚曰：‘教妇初来，教儿婴孩。’诚哉斯！”对教育孩子之看重，对孩子成长之盼望，跃然纸上，对于该如何做父母，也有明指，即“威严而有慈”。对于孩子，有时候也要使用惩罚性措施，但是是在不得已的情况下，即“凡人不能教子女者，亦非欲陷其罪恶；但重于诃怒。伤其颜色，不忍楚挞惨其肌肤耳。当以疾病为谕，安得不用汤药针艾救之哉？又宜思勤督训者，可愿苛虐于骨肉乎？诚不得已也”。

颜之推还专门写了一卷“勉学”，以举例的方式论述学习对人成长成才的重要性，“梁朝全盛之时，贵游子弟，多无学术，至于谚云：‘上车不落则著作，体中何如则秘书。’无不熏衣剃面，傅粉施朱，驾长檐车，跟高齿屐，坐棋子方褥，凭斑丝隐囊，列器玩于左右，从容出入，望若神仙。明经求第，则顾人答策；三九公燕，则假手赋诗。当尔之时，亦快士也。及离乱之后，朝市迁革，铨衡选举，非复曩者之亲；当路秉权，不见昔时之党。求诸身而无所得，施之世而无所用。被褐而丧珠，失皮而露质，兀若枯木，泊若穷流，鹿独戎马之间，转死沟壑之际。当尔之时，诚驽材也。有学艺者，触地而安。自荒乱已来，诸见俘虏。虽百世小人，知读论语、孝经者，尚为人师；虽千载冠冕，不晓书记者，莫不耕田养马。以此观之，安可不自勉耶？若能常保数百卷书，千载终不为小人也。”梁朝贵族子弟不学无术，到了乱世，则无求生之技能，只能转死沟壑，而读书之人，什么时候都不是平常百姓。颜之推还写到读书的作用，即“本欲开心明目，利于行耳”，就是明辨是非，有助于为人处世。正是由于“颜式家训”内容丰富而又平实，自立训以来即被世人所看重、所推广，流传至今。在今天的眼光看来，此家训仍然在为人处世方面给世人很多启发。

继《颜式家训》之后，宋代袁采的《袁氏世范》又是一部值得一提的家训。“袁氏世范”内容虽是家训，但是却并不是袁采为自己一家所作，而是在其任温州乐清县县令时有感于有必要美化风气而为世人所作。该家训并共三卷，分“睦亲”、“处己”、“治家”三卷。在“处己”卷中，袁采提出君子的行为应该“言忠信，行笃敬，乃圣人教人取重于乡曲之术。盖财物交加，不损人而益己，患难之际，不妨人而利己，所谓忠也。不所许诺。纤毫必偿，有所期约，时刻不易，所谓信也。处事近厚，处心诚实，所谓笃也。礼貌卑下，言辞谦恭，所谓敬也”。即言论要讲究忠信，行动要讲究笃敬。待人接物要热情厚道诚实，与人许诺要讲究信用。但是对于小人，也不必苛责，因为“忠信二事，君子不守者少，小人不守者多”“若君子自省其身，不为不忠不信之事，而怜小人之无知，及其间有不得已而为自便之计，至于如此，可以少置之度外也”。此外，《袁氏世范》还指出，兄弟之间是否和睦也会影响孩子们之间以后的和睦与否，身教更加重于言传，教育孩子要趁早，“幼而有所分别，则长无为恶之患”等这些思想都对培养孩子的健康成长有极大的教育意义，对我们当下的教育有极为有益的价值。

南宋理学集大成者朱熹著有“紫阳朱子家训”，俗称“朱子家训”，很简短，以儒家思想为指导，朱熹阐述了朱家子弟应奉行的为人处世之道。家训中有“事师长贵乎礼也，交朋友贵乎信也”、“有德者，年虽下于我，我必尊之；不肖者，年虽高于我，我必远之”等明言要以诚信交友、尊敬有德者之道。家训中还引用佛家用语“勿以善小而不为，勿以恶小而为之”阐明扬善避恶之道。这些话语，对于当下的我们的教育，也仍有极有益的价值。朱家后世中有名的家训还有明末理学家和教育家朱柏庐撰写的“朱子家训”，实际名称为“朱柏庐治家格言”，也很简短，仅有524字，以诵读朗朗上口的方式教导自己的子孙“黎明即起，洒扫庭除”、“一粥一饭，当思来处不易”以及“轻听发言”、“当忍耐三思”、“读书志在圣贤”等立身立言，成为当世之“治家之经”，时至今日，也还在熠熠生辉，为当下之家庭教育提供助益。

中华文化源远流长，值得一提的家训还有很多，这里仅摘如上几个加以审视，以下让我们将眼光再次转向“他者”，看一看国外的文化中是如何教育孩子的。

早在远古的古希腊时期，伟大的哲学家柏拉图在其《理想国》中基于其对于理性的认识，就设立了富有特色的课程体系。他认为，男女儿童的教育从音乐和讲故事开始，歌词、故事、小说、乐调等要经过严格审查。再经过2—3年的体育训练。此后，所有男女孩子都要受教育，学习算术、几何、天文、音乐和体育。20岁时，要对学生们进行一次筛选。被挑选出来的人“在幼年的教育中所学到的没有什么次序的学科现在需要融会贯通一下”，[1] 以看清各门学科之间，科学的真实存在之间的天然联系。30岁时，再进行一次挑选，并进行辩证论的考试。通过挑选和考试的人，要用5年时间专门学习辩证法。35岁的时候，这些青年人要被放到实际工作中，让他们担任适合青年人的事或者其他的职务，收获各种经验。[2] 通过这样的教育，一个有德性的人便被培养出来了，自然诚信

〔1〕［古希腊］柏拉图著，刘勉、郭永刚译：《理想国》，华龄出版社1996年版，第287页。

〔2〕［古希腊］柏拉图著，刘勉、郭永刚译：《理想国》，华龄出版社1996年版，第七卷“知识与幻想”，第255—290页。

等品质也就被培养出来了。

柏拉图的学生，同样是古希腊哲学家的亚里士多德也基于其对人性的看法，结合儿童的身心发展观察，开出了从怀孕到青少年时段的教育课程。亚里士多德认为，怀孕期的妇女要注意保养自己的身体，不要流于疏懒，要注意保持好的心情，因为孩子会遗传母亲的性情。孩子从生下来到5岁，都是主要以发展身体为主，要保持营养，要注意锻炼身体，不要有任何学习任务和强制性的劳动；5岁到7岁，主要是观看期，要让孩子观看以后他们所要学习的东西；从7岁到青春期以及从青春期到21岁，主要是培养德性，儿童及青少年应该学习一些必需但不是全部的实用的知识，从科目上说，需要学习音乐、读写、体育、绘画等。[1] 同理，通过这样的教育，一个诚实守信，有德性的人也就培养出来了。只有这样的人才可以管理国家。

近代以后，在美国20世纪30年代的经济大萧条时期，美国人也没有忘记对儿童的培养和教育。有一本当时非常流行的儿童小册子，名叫《与迪克和杰恩一起长大》，讲述了美国中产阶级温暖一家的故事。故事中，父母慈爱，哥哥迪克与妹妹杰恩都是孩子们成长过程中的道德模范，他们共同在玩耍中学习如何诚实互助互爱，如何尊敬长辈等。该故事影响了整整从20世纪30年代到60年代的美国8500百万儿童。有的小孩子长大后回忆起这本书来，认为这本书让人根本意识不到还有经济上的大萧条，还有贫穷和饥饿以及战争。[2] 本研究认为，该书的意义不在于让孩子们忘记饥饿和贫穷，而是要表现无论

---

〔1〕［古希腊］亚里士多德著，颜一、秦典华译：《政治学》，中国人民大学出版社2003年版，第263—278页。

〔2〕Carole Krismaric, Marvin Helferman, *Growing up with Dick and Jane*, Collins Publishers San Francisco, 1927，重印于1996年。

身处何种境地，孩子们都应该生活在快乐中，应该健康成长的一种关怀。美国的教会很注重对儿童的《圣经》教育，针对儿童的年龄特征，教堂将《圣经》故事制作成不同的画册，美丽的图案配以不同的故事情节，分别讲述不同的圣经故事，如“创世纪”、“摩西十诫”等来教育儿童，就连某些教堂里的墙上都画着各种圣经故事，供小孩子们感官体验和认识，在教育孩子全面发展上可谓煞费苦心。

即使在最原始的部落里面，为了种族的延续，也注重对孩子的教育，只不过方式不同而已。原始部落里孩子的教育不是以静坐诵读的方式进行，而是以亲身参与与体验的方式进行，是以一种动态的方式进行。在美国人类学家鲁斯·本尼迪克特的《文化模式》中，记载着新墨西哥的原始部落——祖尼人部落的孩子们参加部落仪式的过程，“这四个男孩鞭笞那些曾打他们的人，打右臂四次，左臂四次，右腿和左腿也各四次。接下去所有的男孩子就轮流以同样的方式来打这些卡其纳。同时祭司们给他们讲了一个很长的神话，讲的是一个把卡其纳只是一些模仿的事泄漏出去的男孩被那些假扮的神杀害了的故事。他们割下了这个男孩的头，而且一路踢着到圣湖。而他的身子被他们丢在广场上。这是让这些男孩绝对不能泄密。他们现在成了祭礼的成员，而且也可以扮演这些假扮的神了”。〔1〕《文化模式》中还记载了北美太平洋沿岸温哥华岛上的克瓦基特尔人的孩子们的成长过程。每个人，无论其身份和地位，无论其性别，当他还是一个孩子的时候就加入一种经济战争中。婴儿时期，他的家族会赐给他一个只标明其出生地的名字。然后到了一定年龄，应该接受另一个表示更重要身份的名字了，

〔1〕［美］露丝·本尼迪克特著，王炜等译：《文化模式》，生活·读书·新知三联书店1988年版，第72页。

家里的老大会给他一些铺垫去发售。这个孩子一接受该名字，便马上到亲戚家去发售这些铺垫，而那些亲戚们在接受这些礼物的时候，都要当场付款并附加利息。此后还要经过一次公众交易，收到礼物之一的某个首领要在出售财产的同时，给予这个孩子多于所受礼物的双倍的财产。到年底，这个孩子要偿还那些资助过他的亲戚们。还要留下一些财产，在以后几年中出售，直到准备好偿还最初被命名的费用为止。费用备好后，当着所有亲属和长者的面，父亲会给予这个孩子另一个名字，该名字标明了这个孩子在部落中的地位。从此，这个孩子就算在部落有地位的人中间占据了一个地位。此后，这个孩子还会获得一些名字，标明他所拥有的各种头衔。〔1〕

正是在这样冗长庄重的仪式操练中，在“古老的东西总是受到尊敬。谁否认祖先的智慧，谁就会受到正人君子的冷落”的社会氛围中，〔2〕孩子们学会了对于其日后生活极为有意义的各种技能，这样的教育严格说不是靠圣人的话或者圣人的故事，而是靠自己的模仿和亲身实践，通过仪式来表达成长中的各种转变。但是也许我们可以说，这些孩子们对那些祭司所代表的神的尊敬与那些读圣贤书的孩子们对传说中的圣人的尊敬是类似的。在对仪式一丝不苟的践行中，对仪式所代表的过去的尊敬中，诚实和守信是必须的品质。英国著名社会学家安东尼·吉登斯曾经在其《现代性与自我认同》一书中论述传统社会里仪式对于个人成长的重要意义。他认为，传统社会里，一个人的成长是在公众的注视之下，通过仪式进行的，这样的成长代代之间很少改变。“个体生活中的变换总是需要心

---

〔1〕［美］露丝·本尼迪克特著，王炜等译：《文化模式》，生活·读书·新知三联书店1988年版，第173页。

〔2〕［美］玛格丽特·米德著，周晓虹、周怡译：《文化与承诺——一项有关代沟问题的研究》，河北人民出版社1987年版，第8页。

理重组，它在传统文化中常常以过渡的仪式（rites de passage）被仪式化，在这样的文化中，集体层面上的事情代代之间少有改变，而改变了的认同清楚地处于监视之下，如当个体从青春期迈向成年的时候。"[1] 这完全不同于在现代性社会里，仪式已经缺场，生命的进程已经变成了一系列的过渡的情景。[2]

同样是美国著名人类学家玛格丽特·米德，曾经写过一本专门讲述原始部落儿童成长的著作，即《新几内亚人儿童的成长》，讲述了她到南太平洋马奴斯岛上的田野调查的过程。在该书中，米德写道：为了孩子的快乐成长，父母首先要注意自己的价值观。[3]

另外，米德还在其另外一本书《三个原始部落的性别与气质》，描述了阿拉佩什部落的孩子教育，在这个原始部落中，“孩子的责任就是成长，而每一个男人和女人的责任则是守护这些规律，以使孩子们靠着食物的养育而长大成人”。[4] 米德讲述了一个阿拉佩什部落的孩子是如何从生下来长成一个成年人的，在此期间，父亲和母亲的作用是同等重要的，而且伴随着有特殊意义的仪式，培养孩子的各种包括信任、热爱等的品格。米德写道“孩子们学着信任、热爱及依赖每一个他所遇到的路人，他可以称任何一个人为叔叔、兄弟、表兄或给任何一个女人冠以类似尊称。”[5]“在这个世界上所有关系都

---

〔1〕［英］安东尼·吉登斯著，赵旭东、方文译：《现代性与自我认同》，生活·读书·新知三联书店1998年版，第35页。

〔2〕［英］安东尼·吉登斯著，赵旭东、方文译：《现代性与自我认同》，生活·读书·新知三联书店1998年版，第90页。

〔3〕转引自丁苏安：“玛格丽特·米德列传”，载《民族论坛》2013年第9期。

〔4〕［美］玛格丽特·米德著，宋践等译，冯钢校：《三个原始部落的性别与气质》，浙江人民出版社1988年版，第13页。

〔5〕［美］玛格丽特·米德著，宋践等译，冯钢校：《三个原始部落的性别与气质》，浙江人民出版社1988年版，第41页。

带有相互信任、交流情感的色彩，带有赋予食物、合作、共享生活的信念。自然，孩子们也就很难对各种关系作出精确的区分”。[1] 孩子们还可以被大人带着走亲戚，在亲戚家住上几天，这就扩大了孩子们对周围的信任而不淡化他们的情感。等到孩子们长大到七八岁的时候，人格就形成了，“无论男孩还是女孩，都学会了用一种幸福、信任、自信的态度对待生活”。[2] 青春期到来后，孩子们开始遵守一些禁忌，当然男孩子和女孩子所遵守的禁忌不同，然后就是成年礼。这样的成长过程同样是一种遵循仪式的亲身体验式的过程。[3]

可见，无论今古，无论中外，无论文化模式是什么，无论教育方法是什么，无论种族肤色语言是什么，对孩子的教育和培养都以一种不用怀疑、不用讨论的方式进行着。而且对于诚信，亦是如此，不会因为身处古老的部落中还是处于城邦国家中有什么不同，诚信始终是人格品质中不可分割的一部分，发挥着正向的道德的作用。

---

〔1〕［美］玛格丽特·米德著，宋践等译，冯钢校：《三个原始部落的性别与气质》，浙江人民出版社 1988 年版，第 42 页。

〔2〕［美］玛格丽特·米德著，宋践等译，冯钢校：《三个原始部落的性别与气质》，浙江人民出版社 1988 年版，第 55 页。

〔3〕［美］玛格丽特·米德著，宋践等译，冯钢校：《三个原始部落的性别与气质》，浙江人民出版社 1988 年版，第 37—89 页。

第四章 当今中国诚信——矛盾统一体

“一举一动，都是承诺，会被另一个人看在眼里，记在心上的。” ——《悬崖上的金鱼姬》

在日本，面包、蔬菜、水果的包装物上可以打上生产者的名字，以表示质量可以保证；在德国，要卖的物品放在花店或书店的门外供人自选；在美国，网站邮寄错了东西根据买者描述进行赔偿而不看证据；送包裹的邮递员将包裹在住户不在家的情况下就放在住户的门口。这些都是生活中的诚信，那么我们中国当下的诚信状况又是怎样的呢？当下中国社会诚信现状是否还繁荣着诚信本应有的含义？或者说，当下之诚信状况与诚信原本的含义是否有距离？如果有，那么距离会有多远？这是本章所要解决的问题。

法国著名的社会学家皮埃尔·布迪厄（Pierre Bourdieu，1930－2002）运用独特的社会学方法，调查了法国名牌大学群体的社会出身、选拔制度、获奖作文、优胜者的出身、生活状况和理想等、预备班和名牌大学的生活经历、1972 年法国的经济权力场域、权力场域中的位置与政治立场、精英人物平凡的一天等翔实的材料和数据，运用场域的概念分析了国家精英与名牌大学之间的深刻而复杂的关系，揭示了文化资本在社会分层中的重要性，揭示了生产国家精英的教育制度逻辑。[1]

受此启发，本部分用调查问卷的方式对我国的诚信状况进行深入的分析。此后，我又看到了美国汤姆·泰勒的书《人们为什么遵守法律》。该书运用了采访和回访的方法。作者首先采访了芝加哥 1575 名市民。1 年后，被采访过的市民中的 804 名市民被重新就相同问题再进行采访。基于此，泰勒分析了日常生活中的人们是为什么遵守法律的。可见，方法只是服务于目的的手段，以解决问题为主旨即可。

对于用统计方法进行的定量研究，也有不少质疑之声，大部分是因为数据有时候并不精确。面对着众多质疑，一名社会学统计学家保尔·阿·拉达姆心平气和地说："有人可能会责备我们不算细账，我们的回答是，细节并不重要，关键在于抓住数量级。"[2] 数量级其实就是一种概率、大致趋势。确实，我们的统计目的不是要精确地数一下问卷的数量，不是要精确地计算问卷所反映出来的细节性的数据信息，而是要用这些问卷揭示出诚信之状况，以及之所以如此的原因。兵书云"知彼知己者，百战不殆"。[3] 只有了解了他人对诚信的看法，我们才能针对情况探究原因，找出改进措施。

根据研究需要，我在几个朋友的帮助下随机对北京市在校的大学生、研究生、教师及社会人员（包括律师、私营企业家等）进行了问卷调查（该问卷为半结构自填式），剔除无效

---

〔1〕［法］皮埃尔·布尔迪厄著，杨亚平译：《国家精英——名牌大学与群体精神》，商务印书馆 2004 年版。

〔2〕［法］费尔南·布罗代尔著，顾良、施康强译：《15 世纪至 18 世纪的物质文明、经济和资本主义》，第一卷《日常生活的结构：可能和不可能》，生活·读书·新知三联书店 1993 年版，第 37 页。

〔3〕骈宇骞、王建宇、牟虹、郝小刚译注：《孙子兵法 孙膑兵法》，"谋攻篇"，中华书局 2006 年版，第 22 页。原文为"故知彼知己者，百战不殆；不知彼而知己，一胜一负；不知彼不知己，每战必殆"。

问卷，有效问卷共计332份，以管中窥豹。与此同时，我们也对北京、河北、兰州等地的一些律师、学生、教师、企业家、政府官员等进行了结构化访谈和非结构化访谈，总计人数17名。在国外的考察中，很幸运的是，在取得被访问者的同意后，我也对三十多人进行了访谈，结果会呈现在随后的章节中，以作对比之用。通过问卷调查及访谈，我想要探究社会成员们是如何看待生于斯长于斯的社会的诚信问题的。我们中的大部分人是不是“如入芝兰之室，久而不闻其香”、“如入鲍鱼之肆，久而不闻其臭”了呢?〔1〕

社会中的任何人都是以个体历史的方式而存在的。法国著名的年鉴学派第二代掌门人、年鉴学派的集大成者费尔南·布罗代尔在其名著《菲利普二世时期的地中海和地中海世界》中认为人类的历史其实有三种。一种是人同周围环境的关系史。另外一种叫社会史，或者叫群体或集团史，节奏缓慢。还有一种就是个人规模的历史。布罗代尔将个人规模的历史认作是“表面的骚动”，将其比作“是潮汐在其强有力的运动中激起的波涛”，认为“是一种短促迅速和动荡的历史。……这是所有历史中最动人心弦、最富有人情、也最危险的历史。……它们……对历史的深层只是蜻蜓点水，就像最轻捷的小船在激流的表面飞驶而过。……”〔2〕布罗代尔自己承认在历史观上他是一个历史悲观主义者。从个人与社会的关系理论来分析，布罗代尔属于社会决定论者，轻视了社会中个体对历史的作用。但在英国著名的社会学家安东尼·吉登斯的结构化理论那

〔1〕 王国轩、王秀梅译注:《孔子家语》，“六本第十六”篇，中华书局2009年版，第136页。

〔2〕 [法] 费尔南·布罗代尔著，唐家龙、曾培耿等译，吴模信校:《菲利普二世时代的地中海和地中海世界（第1卷）》，商务印书馆1996年版，出版说明第3页。

里，个人的行动与社会的结构之间存在着相辅相成的关系，认为结构是一种虚拟的秩序，具有二重性，它“同时作为自身反复组织起来的行为的中介与结果”。[1] 而在安东尼·吉登斯的自我认同理论中，个体的能动性是巨大的，认为个体依靠本体安全，经历过磨难，就可以达到自我的解放。[2] 而德国辩证唯物主义哲学家卡尔·马克思的名言更加振聋发聩，“人们自己创造自己的历史，但是他们并不是随心所欲地创造，并不是在他们自己选定的条件下创造，而是在直接碰到的、既定的、从过去继承下来的条件下创造。一切已死的先辈们的传统，像梦魔一样纠缠着活人的头脑。当人们好像只是在忙于改造自己和周围的事物并创造前所未有的事物时，恰好在这种革命危急时代，他们战战兢兢地请出亡灵来给他们以帮助，借用他们的名字、战斗口号和衣服，以便穿着这种久受崇敬的服装，用这种借来的语言，演出世界历史的新场面”。[3] 这是一种能动观的历史观。确实，每个人都活在当下，当下历史的意义对于个人而言具有重要意义，谁能否认这些当下的历史对组成和慢慢改变社会历史的作用呢？那么蕴含在看似熙熙攘攘纷繁复杂，而又习焉不察的社会生活表面下我们是怎样感受和期待社会的诚信呢？他们受到了什么样的影响才具有了这样的想法和行为呢？这样的想法和行为又对社会产生什么样的影响呢？

---

〔1〕［英］安东尼·吉登斯著，李康、李猛译：《社会的构成》，生活·读书·新知三联书店 1998 年版，第 522 页。该书是体现吉登斯结构化理论的代表作。

〔2〕详见［英］安东尼·吉登斯著，赵旭东、方文译：《现代性与自我认同》，北京三联书店 1998 年版。

〔3〕［英］安东尼·吉登斯著，李康、李猛译：《社会的构成》，生活·读书·新知三联书店 1998 年版，第 41 页脚注。

第一节　矛盾的统一体

本部分根据问卷调查分析而成。根据研究的需要，经过反复思考，我从如下几个方面对社会诚信状况进行考察：关注诚信问题的程度、对社会诚信状况的判断、对学校诚信教育状况的判断和态度、对自我诚信的判断、对社会诚信建立和完善的价值和态度。根据此几个要素，将问卷进行分类并分析，从而可以管中窥豹，映现我们这个社会的诚信状况。

近年来，社会诚信问题屡屡出现，“老人摔倒被扶起反讹施救者”、“毒胶囊事件”、“毒奶粉事件”等等，这些发生在远距离地点的事件其实都关系着每个人的切实生活，挑战着传统的人伦道德和价值底线，牵动着每个人的心，每个人都不能脱之于外，科学技术的发展使得大众媒体传播各种信息加快，生活中随处可见“蝴蝶效应”，因而我以“您关心毒胶囊的事情吗?”这样一个被媒体曝光率极高的事件为切入点来探查人们关心社会诚信的入口。问卷结果符合常理，也符合我的期待。问卷结果表明，高达95%的人都关注毒胶囊事件，而且大部分人都选择“关心并关注着事件的发展”，也有部分人因为忙而没有关注事件的发展。这样一个简单的问题及答案其实就蕴含着我们的社会还没有成为一个“冷漠”社会的深刻道理。然而，在问卷分析过程中，我发现了蕴含在问卷答案中的矛盾和张力，每个人似乎都是一个矛盾的统一体，这在本部分行文过程中会被揭示。

一、统计数据分析

本次调查问卷由两部分组成，结构性问题和开放性问题。我们先对结构性问题的统计数据进行分析。

（一）是否关心诚信现象，关注诚信问题

问题1：您关心毒胶囊的事情吗？

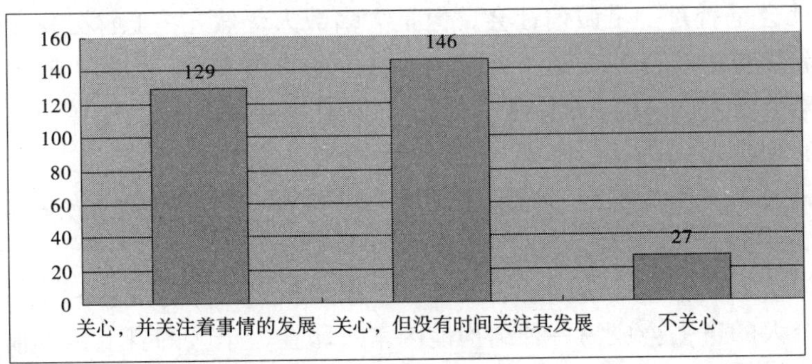

（二）社会诚信的判断

在对社会诚信状况的判断上，问卷问题的回答出现了分歧，几乎一半的人认为现在的社会不是一个讲诚信的社会，也有极少数人的答案是“不知道”，对这个社会不能判断或不作任何判断。这就说明，在对待我们这个社会的诚信状况的态度上，社会整体的态度是暧昧的，既有人认为“是”或“基本是”诚信社会，也有人认为“不是”诚信社会。我们说诚信是一种道德价值，表达的是一种道德的判断。这样一种明显的如此不统一的答案就透露出这个社会整体的道德困惑，说明，生于斯长于斯的社会个体在道德上出现了价值的混乱，社会在整体上成为了一个矛盾的统一体。

虽然如此，但是对于社会中的每个人是不是都应该讲诚信的问题，答案又出现了一边倒的情况，超过95%的人认为我们每个人都应该讲诚信，而且“对于社会上假冒伪劣商品等不诚信行为”，被调查者最想表达的态度是“深恶痛绝”，80%的人持这种态度，排第二的态度是“觉得悲哀，是社会的倒退”，排第三位的是少部分人的“无所谓，现在社会就这样”。这里出现了应然与实然之间的冲突。也就是说，虽然社会上出现了暧昧的态度，也使得社会整体判断不清楚现在这个社会是否是一个诚信社会，但是大多数人仍然在内心深处保留着道德的操守，表达了人们内心深处的价值关切。诚信，在有着几千年文明，以奉行“仁义”为道德逻辑的伟大中国，具有根深蒂固的社会基础，它深入到每个人的内心深处。作为一种过去文明的积淀，诚信已经成为中国人心理结构和行为结构的一部分。

如前所言，法国著名的社会学家皮埃尔·布迪厄认为，一个人的过去会成为一种结构性因素打印在一个人的身上，以惯习的形式按照实践逻辑运行。[1] “惯习是含混与模糊的同义词，作为一种生成性的自发性，它在与变动不居的各种情境的即时遭遇中得以确定自身，并遵循一种实践逻辑，尽管这种逻辑多少有些含混不清，但它却勾勒出了与世界的日常关联。”[2] 中国五千年的道德底蕴也已经成为一种结构性因素打印在了中华民族的躯体里，在社会的最深处以惯习的方式发挥着作用，轻易不能除去。

问题7：您认为现在的社会是一个讲诚信的社会吗？

---

〔1〕 布迪厄的理论请详见［法］皮埃尔·布迪厄、［美］华康德著，李猛、李康译，邓正来校：《实践与反思——反思社会学导引》，中央编译出版社1998年版。

〔2〕 郭凯：“文化资本与教育场域——布迪厄教育思想述评”，载《当代教育科学》2005年第16期，第33－37页。

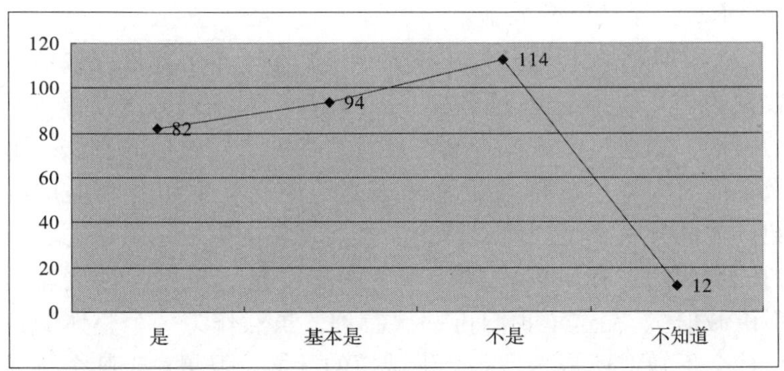

问题2：您认为，在现在这个社会，我们每一个人都应该讲诚信吗？

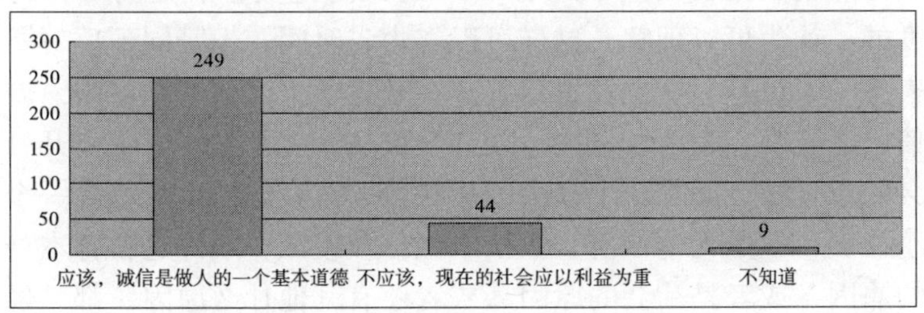

问题10：对社会上假冒伪劣商品等不诚信行为，最能表达您的态度是什么？

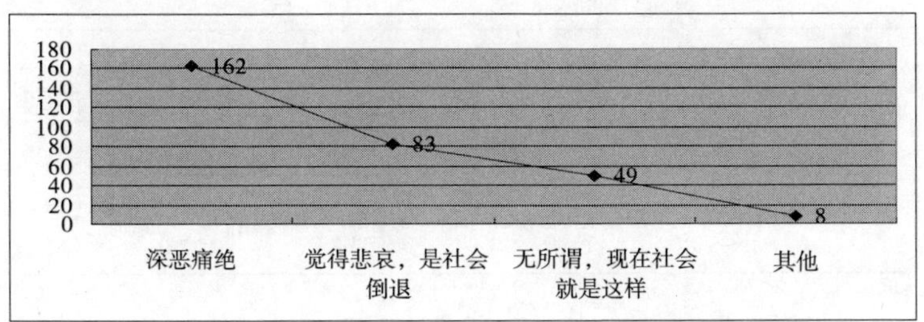

（三）学校诚信教育

本次调查者有部分为在校大学生，鉴于本书要探究诚信与教育的相互运作逻辑，问卷中特意设计了对学校诚信教育考察的因素，意通过此来探查站在教育塔尖的人对诚信的看法。那么，面对大学生的毕业论文——这一涉及学生切身利益的问题，大部分人又是如何看待论文抄袭现象的呢？结果是符合我们的预期的。有60%的被调查者的态度是“反对，抄袭就是不讲诚信”。在这里我们再一次看到，虽然作为一个整体的这个社会不知道还是不是一个讲诚信的社会，但是对于某个具体的不讲诚信的个案事件而言，众人的表达是一致的。然而同样不可忽视的是，调查中还有40%的人对论文抄袭是持赞同态度的，认为可以理解，这样可以省力省时间，不赞同不反对不表态的人也有，这也就意味着，在教育学生诚信的场域中，诚信已经被某些东西所侵蚀。或许学校从来就不是一个脱离开社会的象牙塔，而是一个社会的反映区，或者学校本身就是一个小社会，但是无论如何，学校中诚信被侵蚀，或许是教育本身的原因，或者是社会的原因，或者还有其他什么原因，都已经足以引起我们的警醒。

问题9：您怎样看待现在学生毕业论文抄袭现象？

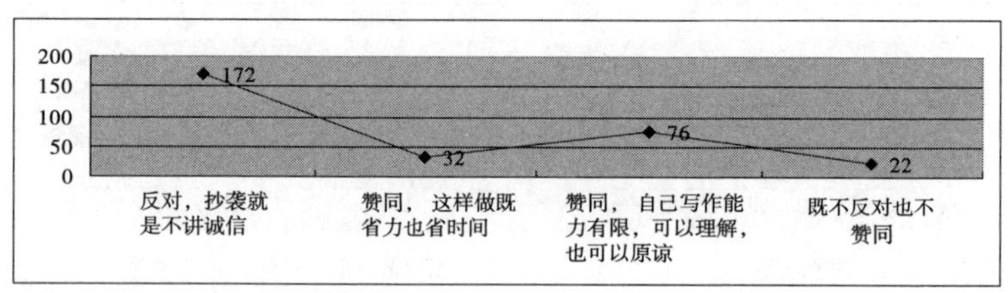

（四）个人诚信判断

对诚信的判断，从本质上涉及两个方面，一方面是对

“他者”活动的评价，另一方面是对“自我”活动的检视。以上的分析总体上则是对“他者”活动的评价。在对自我活动的检视方面，当被问到“您对朋友做过出尔反尔的事情吗?”的时候，超过60%的人回答为“没有，我总是说到做到”，另有30%的人回答“偶尔做一次”。在回答是否能够不要任何报酬地归还拾到的钱或物时，超过90%的人回答“能”，在回答别人不讲诚信的时候，自己是否还能讲诚信的时候，依然有超过90%的人回答“能”，表现了我们这个社会的正面的声音，让人欣慰。

然而矛盾和问题也正出在这里，占绝大多数的人都能在涉及具体的他人和自我的活动事件中明确表达出除恶扬善的基本价值观，即使在别人不讲诚信的时候自己还能做到讲诚信，但是，为什么会出现社会整体的暧昧呢？为什么会有一半的被调查者认为这个社会是不讲诚信的社会呢？我们知道，社会是由生活于其中的众多活生生的个体组成的，称之为社会成员，众多社会成员的想法就汇集成整个社会的想法，而这里居然出现这样一个矛盾的现象，简单讲，即同一个社会的90%以上的众多个体都说自己是讲诚信的，即使别人不讲诚信，自己也还会遵循讲诚信的原则行动，可是同一群人中的50%的人却又认为这个社会是一个不讲诚信的社会，那么那些不讲诚信的人来自于哪里？换句话说，其中有人在说谎。

然而如何理解这一撒谎现象却是令人深思的社会问题。文献显示，西方对谎言的研究已有三十多年的历史，形成了很多研究理论，突出的研究理论有泄露理论、信息操控理论、真实监控理论、人际欺骗理论。其中泄露理论认为，非言语行为更能成为暴露谎言的线索。信息操控理论认为，个体在人际交流过程中经常要权衡自己知道的信息，在权衡过程中，因为操控信息而说了谎。真实监控理论则认为，有真正体验的记忆与虚构记忆是不同的，真实记忆与捏造出来的事件的记忆性质不同。人际欺骗理论认为，具有较高社交技能的说谎者更能表达虚假信息。[1] 这些理论都是对现实生活中的撒谎原因或如何识别谎言进行的研究，新历史主义则是对历史是否为真的研究，很遗憾的是，新历史主义的历史观认为“设定历史并非为过去发生史实的真实性记录，述史者的主观个人偏见会影响对过去的再现，所谓历史文本不过是权力的‘谎言’”。[2] 林林总总的谎言研究活跃于现实生活的舞台上，测谎的仪器也随着产生用之于特殊领域，但是撒谎，不管是善意的还是恶意的，也都还在继续中。

为什么要撒谎？结合我们的问卷所显示出来的现象与问题。本研究对此的理解是，这恰恰印证了我们这个社会整体的暧昧态度和个人心中的犹豫。一方面，改革开放以来，伴随着市场经济而来的各种思想思潮，冲击着国人原有的价值体系，过去一些“合适”的道德原则已经不再在社会上通行，道德的困惑由此产生。另一方面，我们几千年的文化传统并未完全消失，长时段的文明沉积而成的结构还在以一种结构性因素的

---

〔1〕 孙武：“西方谎言研究理论综述”，载《国外社会科学》2008 年第 2 期，第 25—31 页。

〔2〕 卓雅：“记忆谎言与历史符号——新历史主义历史观的符号学阐说”，载《西南大学学报（社会科学版）》2010 年第 6 期，第 131—135 页。

方式起作用。[1] 另外，我们可以看出，这里的撒谎同样还是一种自我保护。英国著名的社会学家安东尼·吉登斯认为，现代社会是一个风险社会，每个人都是靠着婴儿时期所经过的习惯和实践所培养出来的一种本体安全感来正常地活着，以达到其稳定的自我认同，但是其实存在性焦虑从来没有离开过我们的内心。[2] 如安东尼·吉登斯本人所说："一旦基本的本体安全体系建立起来，焦虑就会侵犯自我的核心。"[3] 面临着焦虑和困惑，谎言有时候就是一个得力的自卫武器。所以面对着对整个社会是否诚信的判断时，被调查者是在给出一个模糊的整体性判断，这个判断不涉及任何人，个人隐没在群体背后，而面对着个人是否诚信的问题的时候，一个个个体被清晰地划出来，也就是说，个人显露在群体面前，如果个人清晰地表明自

---

〔1〕 在历史研究领域，法国年鉴学派第二代掌门人费尔南·布罗代尔在其名著《菲利普二世时期的地中海和地中海世界》中指出，人类的历史有三个层面，前文已经涉及。布罗代尔认为，第一个层面是由长时段的地理时间所表现出来的历史。这是"一种几乎静止的历史——人同他周围环境的关系史。这是一种缓慢流逝、缓慢演变、经常出现反复和不断重新开始的周期性历史。"第二个层面的历史是社会史，由社会时间所表现，又叫群体和集团史，是一种节奏缓慢的历史，以几个十年为周期而改变着社会的历史。第三个层面就是个人规模的历史，以个人时间来表达。"这是表面的骚动，是潮汐在其强有力的运动中激起的波涛，是一种短促迅速和动荡的历史。"这是传统的历史，也被称之为"事件史"，这样的历史眼花缭乱，新奇繁盛，但对于历史发展方向而言，这样的个体事件作用不大，真正起作用的第一个层面的这种几乎世代不变的历史，详见布罗代尔著，唐家龙、曾培耿等译，吴模信校：《菲利普二世时期的地中海和地中海世界》，商务印书馆 1996 年版。

〔2〕 关于英国社会学家安东尼·吉登斯的现代性与自我的理论，请见其书《现代性与自我认同》，赵旭东、方文译，生活·读书·新知三联书店 1998 年版。

〔3〕 [英] 安东尼·吉登斯著，赵旭东、方文译：《现代性与自我认同》，生活·读书·新知三联书店 1998 年版，第 50 页。

己站在不诚信的一列，那么就会面临着假象中的道德上的批判，[1] 因而隐瞒真实想法给出一个合乎道德的回答是以安全为原则给出的一种安全的回答。

问题5：您对朋友做过出尔反尔的事情吗？

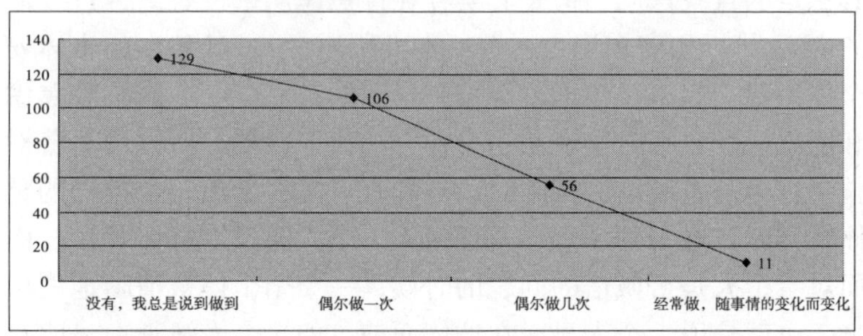

问题12：假如你拾到钱或物也能归还失主时，您能做到不要任何报酬地归还吗？

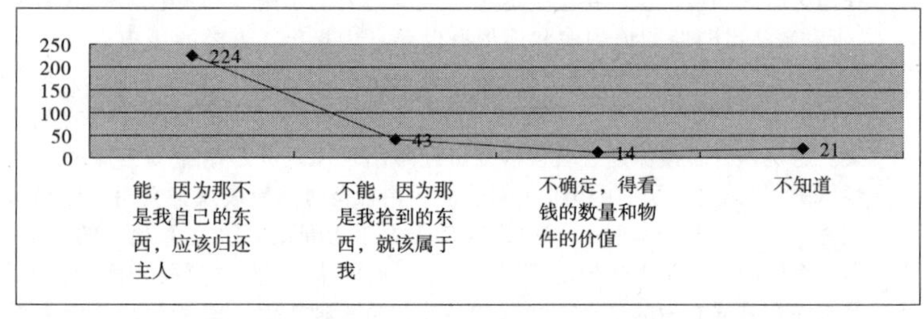

〔1〕 说假想，是因为我们的问卷是无记名调查。即使有人赞同不诚信，我们也不知道是谁，不可能对某个清晰的个人进行评价。

问题 13：当别人不讲诚信时，您讲诚信吗？

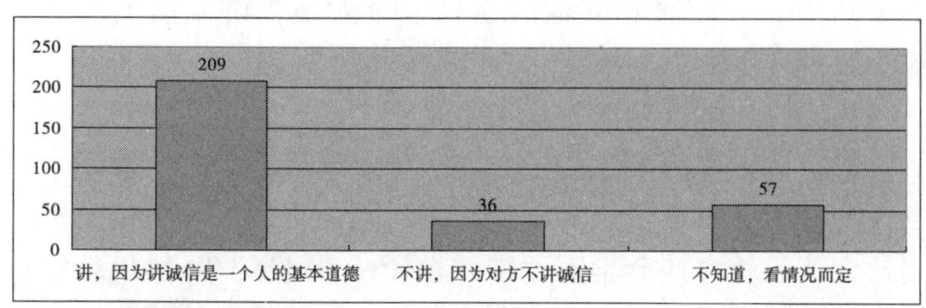

（五）如何建立诚信

美国著名的人类学家玛格丽特·米德曾经说过：“世界是我的田野，一切都是人类学。”[1] 法国年鉴学派创始人马克·布洛克（Marc Bloch，1886－1944）曾经说过：“优秀的历史学家好像传说中的食人魔。哪里闻到人的气味，哪里就有他的猎物。”[2] 这是著名的人类学家和历史学家对待自己从事的工作的要求和学术热情。这样的学术热情不仅仅是田野调查和历史中的新鲜事物的一种热情，更是对其中所蕴含的问题和现象进行探究、分析原因和解决问题的热情。我认为，这种学术热情不仅仅是那些历史著名人物所具有的，也是我们这些平常的学术人对待自己的工作所应该具有的。基于努力向这些著名学术人学习的愿望，本研究所进行的调查不仅仅是要了解现象和问题，还要找到问题和现象的原因，而且还要贡献行动和建设意见，因而本研究在如何建立健全社会诚信方面，发出了很多问题，希望采集集体的智慧。

问卷中问到“最能影响一个人是否讲诚信的因素是什么？”近 2/3 的人回答是家庭因素。社会因素的影响排在了第

〔1〕 转引自丁苏安：“玛格丽特·米德列传”，载《民族论坛》2013 年第 9 期。

〔2〕［法］马克·布洛克著，黄艳红译：《历史学家的技艺（第 2 版）》，中国人民大学出版社 2011 年版，第 46 页。

二位，占 20%，而学校的影响则排在了第三位，令人吃惊，占不到 20%。政府和其他因素在一个人是否讲诚信上的影响很小，令人不解。

我们说，学校是教育机构，是一个人进行社会化的主要场所，每一对父母都希望望子成龙、望女成凤，都对学校寄予了巨大的希望，以至于认为学校承担无限的责任。对学校的责任问题，著名教育社会学家谢维和教授在 20 世纪 90 年代就曾分析过基础教育中学校的“有限责任”，[1] 虽然这从理论上可以说的清楚，但依然挡不住家长内心赋予学校的责任和期望。每一年的高考都是考生及父母最为焦心的事情，高价私立幼儿园的出现、严禁不止的择校热等等都在演绎着学校在培养人，在使一个人社会化的过程中的重要作用，那么学校为何在影响一个人是否讲诚信上却不是第一位重要的呢?

再来看我们的政府。政府是一个被民众给予信任的国家管理者，指导着一个国家的发展方向，这样一个举足轻重的机构为何在影响一个人是否讲诚信方面的作用为何也如此的小呢?这些现象与其自身所应具有的社会功能都是矛盾的。正是小小的问卷反映出大的问题和道理。

那么家庭的作用又是怎样的呢？家庭是个体一生的出发站和第一环境。每一个人一生下来就降生在一个不可选择的命定的家庭中，在家庭港湾里，个体收获亲情和温暖，学会生存基本需要的知识和能力，建构了“每个人主观上的第一个世界”。[2] 英国著名的社会学家安东尼·吉登斯从自我认同的角

---

〔1〕 谢维和：“简论基础教育的价值和学校的责任”，载《教育研究》1997 年第 5 期，第 50—52 页。

〔2〕 [美] 彼得·伯格著，邹理民译：《社会实体的建构》，巨流图书公司 1991 年版，第 150 页。转引自谢维和:《教育活动的社会学分析》，教育科学出版社 2000 年版，第 145 页。

度认为家是培养一个人本体安全感的地方，而本体安全感就是一种基本信任，是存在的勇气和特定希望的核心。“在正常的环境中，儿童投射到看护者身上的信任，可以被看作是一种抵御存在焦虑的情感疫苗，这是一种保护，以抗拒未来的威胁和危险，这种保护使得个人在面对让人消沉的境遇时还能保有希望和勇气。”〔1〕如果失去了基本信任，缺乏本体安全，那么“我们成为了我们曾当作自己的家园的世界的陌生者。在意识到我们不能信任我们对‘我是谁’、‘我属于何处’等等问题的解答时，我们体验到焦虑……伴随对信任的周期性的冲击，我们重新成为一个异己的世界中不能确定自身的儿童”。〔2〕虽然家庭结构和状态随着社会的变化已然发生了变化，有的地方由传统的大家庭变成了小家庭，还出现了丁克家庭，出现了空巢家庭，出现了农村留守妇女和儿童，甚至在国外的某些地方出现了同性家庭，〔3〕但是家庭的基本功能并没有改变，因而对一个人的生活和成长所具有的重要性和深刻性是毋庸置疑的。

而我们学校的功能和作用，在人们的认识中也发生了极大的变化。市场经济体制下，学校已经不再是一个给人以身份和地位的保险箱，毕业的大学生已经不再是干部和天之骄子而是普通的劳动者。按照法国社会学家皮埃尔·布迪厄早期的分

---

〔1〕［英］安东尼·吉登斯著，赵旭东、方文译：《现代性与自我认同》，生活·读书·新知三联书店1998年版，第44页。

〔2〕［英］安东尼·吉登斯著，赵旭东、方文译：《现代性与自我认同》，生活·读书·新知三联书店1998年版，第73页。

〔3〕在美国，有些州已经在法律上肯定同性家庭，但是大多数州还没有通过。当然，同性家庭是否合法，一直是一个热烈讨论的复杂话题。在我们的英语课上，30人左右的课堂上，就已经出现很多不同的声音，可见该问题的复杂性，因为同性家庭合法，不仅关涉到结为家庭的两个人，还关涉到财产的继承、孩子的收养等很多问题。

析，一个人的社会地位是由三种资本决定的：一为经济资本；二为文化资本；三为社会资本。经济资本可以直接兑换成货币。文化资本以教育资格的形式被制度化。社会资本是指一个人拥有某种持久性的关系网络。三种不同的资本形式在一定的条件下可以相互转换。[1] 那么，我们的学校已经变成一个只给予学生文化资本以供其跟社会其他资本交换的场域，而不再像过去那样同时给人以准社会身份和社会地位，学校经历仅仅是一种生活经历而已，失去了特殊的意义。而且，由于学校教育内容本身整体的滞后性使得学生由毕业到熟练工作还需要一定时间的"缓苗期"，因而遭到了社会的批评，加之学校也产生了一些诸如"考试作弊"等有违诚信的现象。[2] 或许正是这些因素加在一起产生了聚集效应，学生们轻视和失望自己所受的教育和学校。

而政府，则因其某些部门和机构运行过程中暴露出来的各种问题，也降低了整体的社会威信，增长了公众对某些机构的失望情绪。这恐怕是对有些学者提出的"建设社会诚信，关键是要政务诚信"观点的一种打击。[3] 可以认为，正是有这样的情绪在其中，社会成员面临着对学校、政府的某些失望，因而转向家庭，将培养人讲诚信的重任放置于家庭中，这可以

---

〔1〕 郭凯："文化资本与教育场域——布迪厄教育思想述评"，载《当代教育科学》2005 年第 16 期，第 33—37 页。

〔2〕 2012 年 8 月，哈佛大学曝出 125 名学生集体作弊事件，可以想见，诚信问题不仅仅是中国的现象和问题，恐怕是一个世界的现象和问题。具体信息详见"哈佛大学查作弊丑闻 125 人涉案为近年最大规模"，载 http://international. dbw. cn/system/2012/09/01/054203162. shtml，访问日期：2014 年 3 月 1 日。

〔3〕 郝建臻："政务诚信是社会诚信之本"，载 http://theory. gmw. cn/2012－06/19/content_ 4379587. htm，访问日期：2014 年 5 月 20 日，原载《检察日报》。

理解为是对社会不讲诚信现象的抵御，是吉登斯意义上的本体安全感对于外在危险的一种抵御。还可以认为，这种转向其实是一种回归，是对远古原始部落方式生活的祖先们在家庭生活中培养其后代子孙方式的一种回归。我们经常科学地理性地认为，历史是以一种线性的方式在向前发展，没有转弯和回头路，但在现实的社会生活中，历史的某个节点往往会出现一种返祖式的回归。

虽然人们看重家庭在培养人诚信中的重要作用，但调查还显示，超过95%的人认为，在整个社会中，不管是因为诚信本来就该是人人都该遵守的道德还是因为目前社会上存在着许多不讲诚信的现象，都有必要提倡诚信教育，学校里也应该进行专门的诚信教育，考试开始前应该签诚信考试协议。超过40%的人认为应该在学校里树立诚信楷模。对待那些生产和出售假冒伪劣商品的厂家和商家，95%的人认为应该“立法，追究相关法律责任”，表达了对法治的依赖和信任和未来的期望。

问题6：您认为最能影响一个人是否讲诚信的因素是什么？

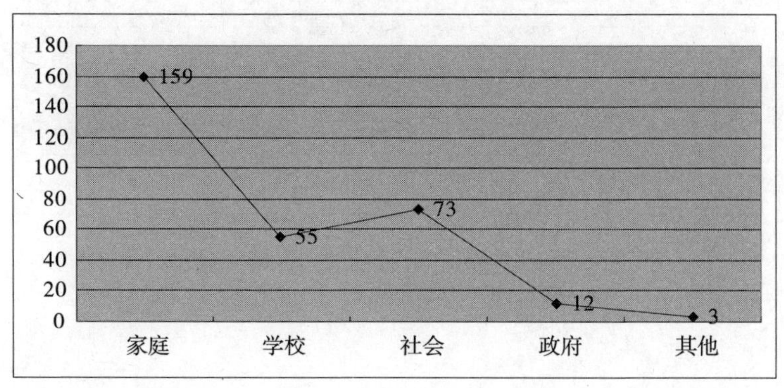

问题 14：您认为有必要提倡诚信教育吗？

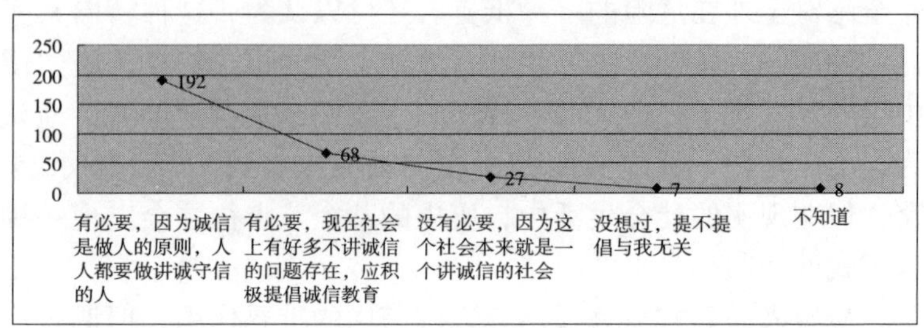

问题 3：您认为学校里应该进行专门的诚信教育吗？

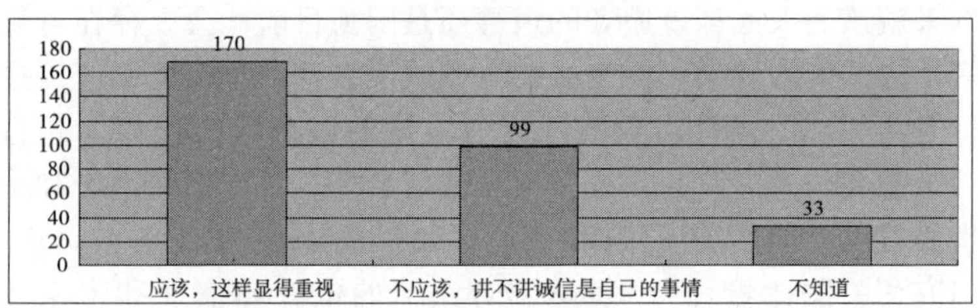

问题 4：您认为考试开始前应该签诚信考试协议吗？

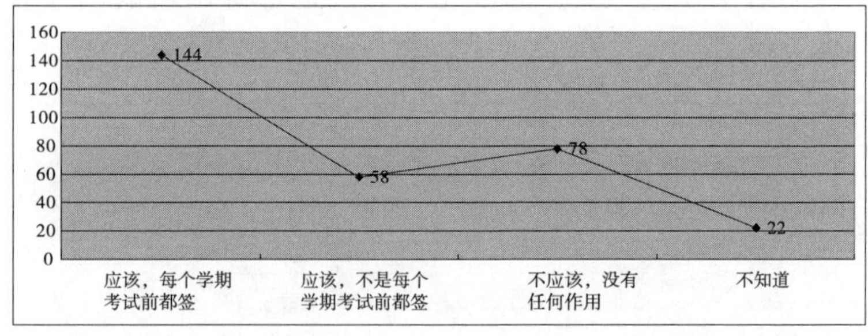

问题 11：在学校里，树立诚信楷模，您赞同这样做吗？

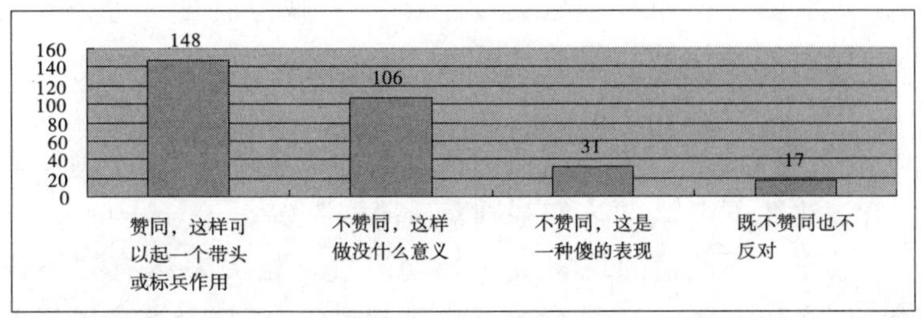

问题 15：您认为最应该怎样对待那些生产和出售假冒伪劣商品的厂家和商家？

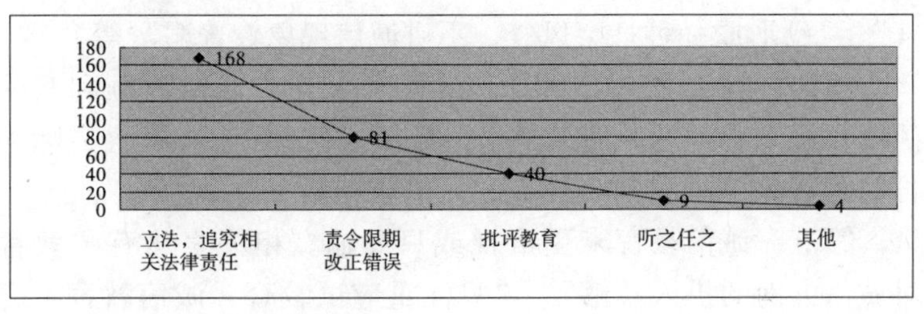

二、开放性问题的答案

当调查以开放性的问题追问“您认为我们国家进行诚信教育面临的最大问题是什么?”、“进行诚信教育的核心是什么?”、“您对国家的诚信制度建设有何期望?”时，研究收获了很多有启发意义的答案和思想。

（一）诚信教育面临的最大问题

对此问题的答案，归结起来有如下五点：

第一，诚信教育不能落实、缺乏监督。相关表达有“理论和实践的差距，嘴上说得好，但实际生活中做不到，缺乏彼此间的信任”、“空架子，难以落到实处”、“没有有效的教育方式，也没有有效的监督体制”、“教育与实际脱节”、“纸上谈兵，说一套做一套，成人正给孩子做反面教材”、“太过表面，不实际”、“法律监管力度不够”、“缺少监管”等，有人直言诚信教育就是“面子工程”。

第二，公民素质差。相关表达有“每个人都只是口头说说，付出行动的很少，惩罚不讲诚信的力度不够”、“国民素质低，法律不严”、“人们基础素质薄弱”等。

第三，不诚信的现象成为社会风气。相关表达有“不讲诚信的人数太多”、“社会风气尚未提升”、“整个社会风气的败坏，‘诚信反而吃亏’”、“问题是社会同化。如果是在一个纯粹追求利益，不讲诚信的观念中，人们只会被污染不良风气”、“已形成一种社会风气，不讲诚信现象较普遍”等。

第四，社会之追求利益。相关表达有“面对高额利润的诱惑和侥幸心理的驱使，整个民族缺乏信仰”、“ 社会人际的日益利益化”、“没有责任人，只追求利益”等。

第五，诚信教育未受重视或只灌输。相关表达有“教育对诚信方面的投入不够”、“只注重应试教育，诚信教育力度不够”、“灌输式的教育没有意义”、“教育体系存在问题”、“单纯的课堂灌输没有任何意义，应该立法严惩”、“没有一套系统的方法”等。

（二）进行诚信教育的核心

对此问题的答案可以归结为两大类，每一个大类中又有具体内容。归结如下两点：

第一，诚信教育的核心是进行诚信教育的方式方法问题。主要的方式方法有两小类，一为从小抓起，落到实处。相关表达有“落实到生活的小事”、“从娃娃抓起”、“从小教育”、“实事求是”、“真正让诚信深入人心”、“从小注重家庭教育对孩子的影响”、“教育的传授是否深入人心”等。二为言传身教、各方联合，形成良好的社会风气。相关表达有“言传身教”、“以身作则”、“教育与现象结合，有实践基础”、“标本兼治”、“个人从我做起、社会创造诚信环境、舆论引导诚信”、“形成诚信的社会氛围”等。

第二，诚信教育的核心是以诚信教育的内容问题。主要的内容包括两类，一为道德教育。相关表达有“社会责任感和个人道德问题”、“对学生进行道德教育，形成社会良好风气”、“个人道德感的培养”、“重塑公民内心的正直善良的道德标准，诚信要靠自我的约束”、“道德约束，重拾礼义仁信等优秀传统”、“人们的内心价值判断”等。二为具体的正确诚信价值观。相关表达有“将诚信思想内化，人人自觉遵守”、“在利益面前的取舍问题”、“责任意识、负责任的态度”、“责任，知晓无诚信的责任”、“人生观、价值观的问题，要树立诚信的人生价值观”、“培养一种诚信意识，不能空讲大话，即使别人不讲我也要讲的信念”、“利己与利他关系的权衡”等。

（三）对国家的诚信制度建设有何期望

在回答此问题时，答案总结如下：

第一，国家诚信制度建设要实施道德素质教育。相关表达有“加强道德素质，政府以身作则”、“道德教育为先”、“让人有起码的道德观念”、“在德治教育基础上，辅以法律的约束”、“作为一种基本道德规范而存在”、“希望可以真正让每个人心服地讲诚信”、“从立法和道德角度的根本上加以改善”等。

第二，国家诚信制度建设要实施立法保障与惩戒。相关表达有“完善法律惩罚监督机制”、“加强立法，从小培养公民诚信品质，加大惩罚力度”、“应当立法，监管诚信行为”、“立法以保障诚信建设”、“能从根本改变和纠正”、“加强法律监管，提高个人诚信意识”、“加强对失信的惩戒力度”、“立法，成年人要做的榜样，否则只会更糟”等。

第三，国家诚信制度建设要内化于人。相关表达有“诚信制度内化于个人”、“诚信成为每个人自觉的行为，不讲诚信的人有法律的严惩，不讲也得讲”、“努力推进构建一个诚信社会”、“由制度建设逐渐内化为行为者道德内的自我良知的提升”、“努力推进构建一个诚信社会”、“有则改之无则加勉”、“走向一种本真化的教育模式”等。

第四，国家诚信制度建设要落到实处。相关表达有“更加切合实际，而非建立一个理论象牙塔”、“落到实处，不敷衍，制度建设完善，有权威和约束力”、“实际可行的、一年内就有效果的”、“我国的社会诚信制度建设要着眼实际，科学立法，不能急功近利；要处理好诚信制度与其他相关制度的关系。在建立相关制度时，应根据利益主体的区别，在监管方式、治理方式上采取不同对策，使相应的制度体系更为细化，更具有针对性；同时适应于监管各市场主体的需要，科学设置政府机构的职能”、“更加加深高效的活动，而不仅仅是口号”、“增强执行力”等。

第五，国家诚信制度建设要建立国家诚信制度。相关表达有“希望国家诚信制度建立将越来越完善，能够逐渐杜绝社会上制假贩假等不诚信行为，并惩罚制假贩假恶劣行径者，希望让诚信观念更加深入人心”、“建立公民个人诚信档案，根据诚信记录给予相应等级的优惠待遇，如医疗中先治病后付款、银行诚信贷款、无抵押贷款等。根源还是要从幼儿教育抓起，从根本上树立诚信的观念”、“没有狭义的关于‘诚信’的‘制度’，根本解决问题需要建立一个良性的自身具有生命力的社会治理架构。有关问题的产生，其原因肯定在制度，但解决问题肯定不能是简单的头痛医头、脚痛医脚。我们的社会制度创立之初，存在强烈的‘设计’性。亘古未有的社会，也不是决然的设计可以建造的，其来有自，其去也不以人类意志为转移。一个矢志于追求正义与公平的社会制度，是可以慢慢建立起来的。这样的制度下，不诚信是不需要被拎出来罚站的”、“树立诚信社会信念，社会各界推崇诚信理念并实际践行之”、“建立严密的机制，不能仅停留在道德层面上”等。

第六，国家诚信制度建设，政府诚信第一。相关表达有“政府应该起表率作用，不能愚民”、“党和政府先树做诚信楷模，勿失信于民”、“希望国家能够真正成为诚信建设的榜样，立足国家法制建设层面，建立有效的惩罚机制，并监督建设透明的信用管理制度”、“建立政府诚信制度，用政府的诚信带动整个社会诚信体制的建设”等。

第七，大家对国家诚信制度建设寄予希望。相关表达有“希望能根除顽疾”、“希望诚信制度越建越好”、“希望越来越好，每个人各行业都诚实守信”、“期望越来越好”、“希望会好吧”等。

第八，部分人对国家诚信制度建设也表达了失望。相关表达有“希望社会的诚信度越来越高”、“没有期望”、“没啥期望，社会硬件高速发展，软件建设逐步减退。经济发展快、社会精神文明道德败坏”、“暂无希望，制度不改，催人不诚”、“希望不大”、“无望了”、“没有期望，我不会去扶老奶奶的”等。

还有很多有智慧的有启发性的答案。看到如上这些发人深省、带有明确取向的答案和话语，还有谁怀疑普通民众的智慧和理解力呢？什么是走过场，什么是实际行动，什么是原因，什么是结果，什么是渠道，什么是障碍，什么是希望，什么又是失望，这些表达鲜活的话语所透出的思考的力度与我们的深刻研究所得到的同样深刻。看到这些，还有谁认为自己高人一等，而社会大众愚昧无知吗？

同样，在这样情绪激昂的答案中，我们也再次感受到了人们的矛盾。一则，在我们的问卷调查中，我们看到在回答“最能影响一个人是否讲诚信的因素是什么”的时候，绝大多数的人选择了家庭，而非政府和学校。但是在同一个问卷中的开放性问题的回答中，我们看到了对政府诚信要第一的呼声，以及对学校教育实践的评价和期望。二则我们看到了人们的希望和失望同在的情景。一些人认为国家的诚信制度建设已经无望了，所以没有什么希望，而另一些人则满怀着建设国家的激情积极地为国家诚信制度建设献言献策。同一群人表达了如此清晰的矛盾，如果不是亲眼看到，实难相信。而正是在这矛盾的一体背后隐藏着民众对诚信的呼喊和对国家、政府和社会的期望。如果民众真的失望了，那么民众会选择不在乎，不屑一顾。正如昔日的恋人不再在意另外一方的时候的表现一样，你的热闹不在对方的生活世界里，因而你的生与死都不会被对方所关注。这是通过不在场的普通民众对诚信社会和诚信制度的呼喊。那么面对面的采访中普通的社会成员是如何表达他们的感受和期望的呢?

第二节　话语的艺术

话语具有象征意义，与此相关的研究很多。瑞士的语言学大师弗迪南·德·索绪尔（Ferdinand de Saussure，1857 - 1913）和美国的语言学大师诺姆·乔姆斯基（Avram Noam Chomsky，1928 - ）都是语言学研究的杰出代表。索绪尔的《普通语言学教程》和乔姆斯基的《句法结构》都曾经掀起了语言学领域的革命。而我们中国的诗词也是典型的对话语精巧使用的体现。诗人贾岛的“僧敲月下门”、诗人王维的“空山新雨后，天气晚来秋”等诗句形象地表达了宁静之夜访友和雨后秋山的黄昏景色，让读者同诗人一起感受到那份宁静。李白的“黄河之水天上来，奔流到海不复回”“长风破浪会有时，直挂云帆济沧海”让人顿生开阔和豪情。岳飞的“靖康耻，犹未雪。臣子恨，何时灭！驾长车，踏破贺兰山缺”让人由衷地为岳飞收复故土的殷切动容。文天祥的“哲人日已远，典刑在夙昔。风檐展书读，古道照颜色”所发出的正气也让人感慨万千。

产生于20世纪30年代的符号互动论认为，“人类凭借在发音和身体姿态上获得一致意义的能力使用符号彼此沟通。人们在符号性交往中，不仅使用词汇和语言符号，还使用具有一般含义和相同理解的面部表情、语音语调、辅助体态和其他象征性姿态”。[1] 因而说话需要艺术。符号互动论的代表人物——美国著名的社会学家欧文·戈夫曼（Erving Goffman，1922－1982）受戏剧的启发，在其名著《日常生活中的自我呈现》中阐述其著名的“拟剧理论”过程中就从微观互动的角度讨论过语言。他用英国著名剧作家威廉·莎士比亚的诗句，将人生比作一个大舞台，将每一个人的活动空间分成“前台”和“后台”，“前台”为表演之用，“后台”为表演做准备。一个人的日常生活就在这样的随时随地都可作的舞台上表演着自己，进行着印象管理，进行着人际之间的交往。其中，说话也是表现自我的工具和途径，我们对个人的理解就是从其言行中参透出来并随之进行相应的言行调整的。[2]

话语的艺术让生活充满表达性和象征性，法国历史学家费尔南·布罗代尔在他的两卷本的《菲利普二世时期的地中海

---

〔1〕 具体的符号互动论请见［美］乔纳森·特纳著，邱泽奇译：《社会学理论结构》，华夏出版社2001年版。

〔2〕 详见［美］欧文·戈夫曼著，黄爱华、冯钢译：《日常生活中的自我呈现》，浙江人民出版社1988年版。

和地中海世界》和三卷本的《15 世纪至 18 世纪的物质文明、经济和资本主义》中都运用了大量的当时的私人信件、对话、话语、评论等，详细而又生动地表达了当时的风土人情及日常生活状况。[1] 在法国结构主义学家列维－斯特劳斯的人类学著作《忧郁的热带》中，作者用四页的篇幅来描述海上的落日的整个过程，极富文学色彩。如作者写道："往北边的地平线望去，看见的是主要结构变得越来越狭窄，在四散的雪片中往上升，在这些后面，在很远的地方，慢慢出现一条粗线，顶端火红；最接近仍然看不到的太阳的那一边，太阳的光使这些惨败的结构显出比较明显的边线出来。北方更远处，各种不同的形状渐渐消失，只剩下一条色带，暗淡平坦，溶入海中。"[2] 书中所描述的几个原始部落：卡都卫欧族、波洛洛族和南比克瓦拉族的风土人情非常细节，也极富情趣和历险。德国著名的历史哲学家奥斯瓦尔德·斯宾格勒的《西方的没落》中，作者对世界各国文化类型的描述非常深入而又平实，对文明的思

---

〔1〕 比如在《15 至 18 世纪的物质文明、经济和资本主义》中叙述伦敦"店铺"发展状况的时候，引用了 1782 年一位旅行家写的话："在我国一般罕见的，是此间用华美明亮的玻璃装饰店铺，商品通常就陈列在玻璃后面，既防灰尘，又便于行人从各个角度看到其漂亮的外表。"见该书第 51 页；在描述欧洲私下交易的时候，引用了一个巴塞尔人安德雷奥·里夫谈论自己的话："我很少休息，几乎双腿不离马鞍。"见该书第 28 页。在《菲利普二世时期的地中海和地中海世界》中叙述"物价上涨"状况时引用了一个 1560 年的人写的话："在我父亲的年代，每天都有肉吃，菜肴丰盛，喝酒就像喝水一样。"见该书第 759 页；在描述地中海的沙漠状况时，引用了 17 世纪一位旅行家的话："从巴比伦到阿勒颇，除了沙丘、马槟榔和骆驼吃的怪柳之外，没有其他东西。我见到的动物只有野驴、野马、羚羊和鹿。它们有时成群结队而来，数量之大，竟妨碍我们的商队继续赶路。"见该书第 253 页。

〔2〕 [法] 列维－斯特劳斯著，丁志明译：《忧郁的热带》，生活·读书·新知三联书店 2000 年版，第 68 页。

考，有的时候甚至富有诗意。[1] 作者在第二卷“世界历史的透视”第一章开头就描写到：“黄昏时分，你看到花朵一朵接一朵在落日中闭合，此时，你不由得会产生一种奇异的感觉——面对着茫茫大地上这盲目而梦幻般的生存而产生的一种不可思议的恐惧感。那沉默的森林，寂静的田野，这里的一丛矮树，那里的一条细枝，它们自身并不摆动，戏弄它们的乃是那习习的微风。只有小小的蚊虫是自由的——它仍在黄昏的微光中舞动着，想去哪里，就去哪里。”[2] 这样的开头，让我们更多地把作者想成诗人或小说家，而不是历史哲学家。还有美国人类学家露丝·本尼迪克特的《文化模式》中有对原始部落的描述。如“多布人都是些蹩脚的水手，他们常贴着暗礁走，夜夜靠岸。库拉之行的季节风平浪静。他们用‘呼风符咒’，唤呼他们想要的西北风来和他们用上好的露兜树叶制成的小帆结亲，来管束她这不听话的孩子，快来别让别人从她那儿把丈夫拐走。他们相信生活中的所有事情——风也不例外——只有巫术才能召来。”[3] 这样的描述充满了画意。本尼迪克特的师妹、同为美国人类学家的玛格丽特·米德在《三个原始部落的性别与气质》中对原始部落生活及环境的描述，都非常地吸引人。比如在描述山地居民阿拉佩什部落的生活时，米德写道：“妇女们出门没人陪伴；几个男孩子逗留在山路上，用他们的弓箭射蜥蜴；小女孩独自睡在无人的寨子里。一些客人从其他地方来到这里，先是讨火，主人们立即给他

---

〔1〕［德］奥斯瓦尔德·斯宾格勒著，吴琼译：《西方的没落》（第二卷“世界历史的透视”），上海三联书店2006年版，第3页。

〔2〕［德］奥斯瓦尔德·斯宾格勒著，吴琼译：《西方的没落》（第二卷“世界历史的透视”），上海三联书店2006年版，第3页。

〔3〕［美］露丝·本尼迪克特著，王炜等译：《文化模式》，生活·读书·新知三联书店1988年版，第150页。

们，然后就开始了令人激动的交谈。男人们聚在火堆旁；女人们 在一边把又大又黑的饭锅架在大石头上烧饭；孩子们美美地睡过以后，坐着吹鼓他们的嘴唇，吮着手指，或者舔弄着他们小而尖的膝盖。只要有一个人讲述一点儿趣闻，大家都高声而满足地大笑起来，稍稍有点儿幽默就容易引起哄堂大笑。当夜幕降临时，山间夜晚湿冷的寒气逼得人们更加靠近火堆，他们围坐在篝火旁引吭高歌。歌声传向四面八方，在幽幽山谷间回荡，仿佛群山中无数的精灵在同他们对唱。"[1] 美国社会学家威廉·富特·怀特（William Foote Whyte）在《街角社会》中对意大利贫民区科纳维尔发生的种种活动的描述、所涉及相关人的话语描述非常生动翔实。在描述诺顿帮头目多克时，作者这样写道："多克发现学校的功课很容易。他在学校和专业图书馆里广泛地阅读。在读完中学三年级以后，他离开学校，到一家彩色玻璃公司去工作。艺术工作一直是他感兴趣的工作，他在公司里干得十分出色，并渴望迅速得到提升。但是后来出现了大萧条，这家公司倒闭了，多克也失业了。最初，他积极地到处找工作，并在家里继续他的艺术工作，但是，当他的一切努力都无济于事时，他不再找工作了，甚至对艺术也失去了兴趣。"[2] 法国社会学家皮埃尔·布迪厄在其《阿尔及利亚人》中描述了阿尔及利亚的卡拜耳人部落（The Kabyles）和沙维亚人部落（The Shawia）等部落的自然环境、风土人情、经济政治状况等的描述，详细记录了当地的原始住民是怎

---

〔1〕［美］玛格丽特·米德著，宋践等译，冯刚校：《三个原始部落的性别与气质》，浙江人民出版社1988年版，第5—6页。

〔2〕［美］威廉·富特·怀特著，黄育馥译：《街角社会：一个意大利人贫民区的社会结构》，商务印书馆2012年版，第25页。在本书中，还有作者记录下来多克对自己的叙述，都非常翔实生动。这种描述的翔实性，也是我们很多研究所缺乏的。

样被欧洲移民一步一步侵吞逼迫成异乡人的。在描述战争的文化意义的时候，布迪厄写道："在整个反抗的过程中，战争不仅仅具有武力征服的意义，战争还具有文化的意义。欧洲人在使用武力进行统治的时候，也将自己的生活方式展开到了阿尔及利亚人中，后者先是极力抗拒，要保持自己的文化传统，远离欧洲人的生活方式，但是慢慢地，随着欧洲生活方式的普及，原始住民的生活方式开始退却，有一些阿尔及利亚人开始选择靠近现代生活方式。在 1958 年 5 月 13 日，几个阿尔及利亚女人摘下了她们的围巾，这就是一种以'象征性地焚烧自身'的方式，宣告了对过去的决裂，欧洲生活方式，在当时代表着现代生活方式，终于取得了文化殖民的胜利。再后来就是阿尔及利亚人对于孩子接受教育的支持和需求，（教育，以前是外加在其身的东西，到后来，阿尔及利亚人自己到学校要求享受这一权利），这就是欧洲生活方式的胜利。"[1] 所有这些描述，无一不翔实丰富，[2] 让人身临其境，看这些著作就像看一本本富有故事情节的小说。在布罗代尔、斯特劳斯、米德、本尼迪克特、怀特、马凌诺夫斯基[3]、莫斯[4]、弗雷泽[5]等人的笔下，历史不再枯燥无味，而是生动活泼的，充

---

〔1〕 Pierre Bourdieu, *The Algerians*, Boston: Beacon Press, 1958, pp. 158 – 159.

〔2〕 ［美］威廉·富特·怀特著，黄育馥译：《街角社会：一个意大利人贫民区的社会结构》，商务印书馆 2012 年版，第 25 页。在本书中，还有作者记录下来的多克对自己的叙述，都非常翔实生动。这种描述的翔实性，也是我们很多研究所缺乏的。

〔3〕 ［英］马凌诺夫斯基著，梁永佳、李绍明译，高丙中校：《西太平洋的航海者》，华夏出版社 2001 年版。

〔4〕 ［法］马塞尔·莫斯著，汲喆译，陈瑞桦校：《礼物——古代社会中交换的形式与理由》，上海人民出版社 2002 年版。

〔5〕 ［英］詹姆斯·乔治·弗雷泽著，徐育新、汪培基、张泽石译，汪培基校：《金枝——巫术与宗教之研究》，大众文艺出版社 1998 年版。

满生活气息。原始的部落生活也不再是神秘而粗鄙的，而是有自己的文化逻辑，有自己的文明。街角社会也不再是淹没在主流文化中的被忽略的存在，而是活生生的人的活动场域，有自己的生活逻辑。

而以美国社会学家哈罗德·加芬克尔（Harold Garfinkel，1917－2011）为代表的常人方法学家们，始终致力于从日常生活的习焉不察中探查生活的真谛，探究社会秩序的脆弱性。在他们看来，生活不是有序的，蒙蔽在日起日落中的看似规律的下面是混乱和慌张，这种混乱和慌张只有当突发事件打破了习惯和规律的时候才能有效地凸显出来。在常人方法学家的眼睛里，生活不再是安逸和稳定的，而是处处蕴含着变化和不确定。不过，加芬克尔认为，语言也是完成现实世界建构的媒介。通过语言，个人赋予世界以意义。[1]

语言不仅在入世的世界中具有如此重要的作用，在出世的世界中也同样不可缺少，甚至沉默也是一种语言，是一种沟通的行为，有其深刻的意义。

《五灯会元》等关于禅宗的书籍中记载了很多禅宗公案，充分说明了语言在出世的世界中传道与悟道的重要性。比如在“平常心是道”公案中，“（赵州）参南泉。值泉偃息而问曰：‘近离甚处?’师（赵州）曰：‘瑞像’。泉曰：‘还见瑞像么?’师曰：‘不见瑞像，只见卧如来。’泉便起做，问：‘汝是有主沙弥，无主沙弥?’师曰：‘有主沙弥。’泉曰：‘那个是你主?’师近前躬身曰：‘仲冬严寒，伏惟和尚尊候万福。’泉器之，许其入室。他日问泉曰：‘如何是道?’泉曰：‘平常心是道。’师曰：‘还可趣向也无?’泉曰：‘拟向即乖。’师

〔1〕 有关常人方法学的理论，见宋林飞：《当代西方社会学》，辽宁教育出版社1990年版。

曰：‘不拟争知是道？’泉曰：‘道不属知，不属不知。知是妄觉，不知是无记。若真达不疑之道，犹如太虚，廓然荡豁，岂可强是非邪？’师于言下悟理。”[1] 此公案中，南泉大师用语言巧妙地说明了悟道要用直觉，不用定什么目标，吃饭睡觉砍柴挑水皆是般若，在平常生活中就可参悟佛法，“佛法无用功处”的道理。[2]

《五灯会元》还记载了“一宿觉”的公案。“（永嘉玄觉）诣曹溪，初到振溪，绕祖三匝，卓然而立。祖曰：‘夫沙门者，具三千威仪，八万细行。大德自何方而来，生大我慢。’师曰：‘生死事大，无常迅速。’祖曰：‘何不体取无生，了无速乎？’师曰：‘体即无生，了本无速。’祖曰：‘如是，如是！’于是大众无不愕然。师方具威仪参礼，须臾告辞。祖曰：‘返太速乎！’师曰：‘本自非动，岂有速邪？’祖曰：‘谁知非动？’师曰：‘仁者自生分别。’祖曰：‘汝甚得无生之意。’师曰：‘无生岂有意邪？’祖曰：‘无意谁当分别？’师曰：‘分别亦非意。’祖叹曰：‘善哉！善哉！少留一宿。’时谓‘一宿觉’矣。”[3] 此公案中，玄觉大师与慧能大师的机锋对话阐明了自性不动，万物无别的佛理。

《祖堂集》中记载了公案“自看自净”。公案说：“师（崛多三藏）天竺人也。行至太原定襄县历村，见秀（神秀）大师的弟子结草为庵，独坐观心。师问：‘作什麼？’对曰：‘看静。’师问：‘看者何人？静者何物？’僧遂起礼拜，问：

---

〔1〕 转引自季羡林主编：《禅宗公案妙语录》，中国严实出版社 2002 年版，第 88 页。

〔2〕 转引自刘松来：“平常心是道——江西禅宗佛性论的文化透视”，载《江西师范大学学报（哲学社会科学版）》2000 年第 2 期。

〔3〕 转引自季羡林主编：《禅宗公案妙语录》，中国严实出版社 2002 年版，第 58 页。

‘此理为何？乞师指示。’师曰：‘何不自看，何不自净？’僧无对。师见根性迟回，乃曰：‘汝师是谁？’对曰：‘秀和尚。’师曰：‘汝师只教此法，为当别有意志？’对曰：‘只较某甲看静。’师曰：‘西天下劣外道所习之清，此土以为禅宗，也大误人！’其僧问：‘三藏师是谁？’师曰：‘六祖。’又曰：‘正法难闻，汝何不往彼中？’其僧闻师提训，便去曹溪礼见六祖，具陈上事。六祖曰：‘诚如崛多所言，汝何不自看，何不自静？教谁静汝？’其僧言下大悟也。”〔1〕此公案中六祖慧能接着崛多三藏的话头启发神秀弟子，终于使其弟子明白，道不外求，自心不静，佛法难闻的佛理。

佛教也用“沉默”的方式来传法。《五灯会元》中记载了梁武帝请善慧大士讲金刚经的故事。“梁武帝请讲《金刚经》，士（善慧大士）才升座，以尺挥按一下，便下座。帝愕然，圣师（供奉僧）曰：‘陛下还会么？’帝曰：‘不会。’圣师曰：‘大士讲经竟。’”〔2〕这里，“沉默”起着传授佛法不可说，要自心领会的重要作用。当然，遇到这样的情景，入世大众大都会如梁武帝一样愕然，不解其意。《景德传灯录》中记载了惟俨禅师说法“上堂便归”的故事。“一日院主请师（药山惟俨）上堂，大众才集，师良久，便归方丈，闭门。院主逐后曰：‘和尚许某甲上堂，为什么却归方丈？’师曰：‘院主，经有经师，论有论师，律有律师，又争怪得老僧！’”〔3〕这样的故事，让人忍俊不禁，想到老和尚被请上堂去是要说佛

〔1〕转引自季羡林主编：《禅宗公案妙语录》，中国严实出版社2002年版，第162页。

〔2〕转引自季羡林主编：《禅宗公案妙语录》，中国严实出版社2002年版，第98页。

〔3〕转引自季羡林主编：《禅宗公案妙语录》，中国严实出版社2002年版，第164页。

法，然而老和尚却在台上沉默不语，以此特殊方法传道，台下众僧不知有无解道，但院主肯定是不解其意，老和尚都回方丈屋了还要追在后面问为什么。

当然也有因为大师的沉默而悟道的故事，《碧严录》就曾记载了这样一则公案，"外道问佛：'不问有言，不问无言。'世尊良久。外道赞欢云：'世尊大慈大悲，开我迷雾，令我得入。'外道去后，阿难问佛：'外道有何所证，而言得入。'佛云：'如士良马，见鞭影而行。"[1] 可见沉默的沟通意义有多么重要！不过由此，我们也可以看出，这里的"外道"恐怕也是修行很深的人，否则世俗如我等人，世尊再怎么"良久"，恐怕都不能令我等"开迷雾"。

本部分要做的也是从话语中来参透其微言大义，来探察生活中的切面情景，再从这个切片来透视整个社会秩序的运行。

根据研究的需要，经过反复思考，我设计了几个核心问题来考察人们心中的社会诚信状况：什么是诚信？我们这个社会是个讲诚信的社会吗？讲诚信与人的本性有关系吗？诚信与政府、法治之间的关系如何？诚信与教育之间的关系如何？诚信教育应如何进行？对我们国家的诚信制度建设有什么期望？根据这些问题的答案，我想要知道的是人们内心深处对诚信的理解和诚信制度的理解和期望。考察这些答案，可以反映出如下的思想。这些思想也许不同于前面我们所做的分析，但是事物本身就是多样性的。

一、诚信乃诚实守信不欺骗

访问中得知，大多人数认为诚信是道德问题，一个人欺骗

---

〔1〕 曾铭裕、冀培然译："文本中沉默的再现：以两则禅宗公案为例"，载《忻州师范学院学报》2005 年第 3 期。

他人，首先受到的是他人对此人的道德谴责。被访问的人表示，诚信就是“诚实守信不说谎”、“诚实就是为自己的言行负责”；“是真善美的道德标准”；就是“说老实话、干老实事、做老实人”、“言必行，行必果”。

诚信是有类别的，诚信是对自己诚实，对他人诚信，前者的方向是向内的，是面对自我的，后者的方向是外向的，是面对他人和社会的。

可见诚信的基本含义，虽历经几千年的现实磨砺，还仍然没有变化，或许我们可以说，道德具有一种自我维持的能力。

二、社会不尽然是诚信社会

虽然被访谈的人都认为诚信是道德领域中的问题，但是对现在我们这个社会的评价上却出现了矛盾。这种矛盾与问卷调查所得到的结果是一致的。有些人认为，这个社会依然是一个讲诚信的社会，但是不诚信现象已很严重。如“总体还是不错的，但是良莠不齐的现象还是存在的，而且现在社会拜金之气渐盛，一部分人为了追逐自身利益，可以把诚信弃之不顾，比如说那些做虚假广告的明星们，代言的产品的功效明明没有这般神奇，还要天花乱坠地吹捧，仅因为那些高昂的代言费，就可以放弃自己的道德底线，误导大众。”“我认为这个社会是讲诚信的。虽然有许多不诚信的人和事出现，但不能否认我们这个社会无论是从事哪一种行业，或者与哪一类人交往，都需要以诚信作为基本的做事原则。诚信是整个社会的大潮流”。

而有的人则认为现在这个社会已经是一个不讲诚信的社会了，认为，“尔虞我诈，老实人吃亏”。“我们这个社会从本质上看不是一个讲诚信的社会。因为说话不算数、撒谎、欺诈的事情太多了。主要问题是因为不诚信没有成本。”“在社会快速发展的过程中，诚信虽然还是存在的，但是在利益的面前已经渐渐的退居幕后，很多时候所谓的‘君子协议’在这个社会已经不适用了，可能大家都会在心底对诚信划上一个问号。”

社会公众对诚信的怀疑，导致了人们心态的整体变化。这样的访谈结果与中国社会科学院的调查结果一致。2013 年 1 月，中国社会科学院发布《中国社会心态蓝皮书》指出，根据调查，“总体信任指标在 2012 年进一步下降，已经跌破及格线。”“社会出现反向情绪，值得警惕”。[1]

三、诚信与人的本性有关

诚信，从本质上看，是如何形成的？其与人的本性是否有关？如果人本性是善的，如孟子所言，每个人的内心深处均有善端，那么诚信则是顺本性之结果，如果人之本性是恶的，如荀子所言，“人性本恶，善则为也”，那么诚信则是逆本性之结果。在这个问题上，大多数被访的人均表示，诚信与人之本性有关。但是如何相关，是正相关还是负相关，则众说纷纭。有的人认为：“人性本善，人之初都是很纯洁的，也很诚信，所以大人们总说‘小孩子不会撒谎’。但是当我们长大后，在各种取舍之间，当诚信与利益成为鱼翅与熊掌时，有的人会忍不住诱惑而舍弃诚信。这就是人性当中的贪婪在作祟吧。”“诚信是人的本性，估计没有人不想诚信，只不过社会环境不好。”

但也有的人认为：“人的本性中有不讲诚信的一面。”“人的本性有性善与性恶两种主张，我支持的是后者。人的天性软

〔1〕“报告称中国社会出现反向情绪：本该谴责却赞美”，载 http：//news. sina. com. cn/c/2013 - 01 - 08/035925978816. shtml，访问日期：2014 年 7 月 8 日。

弱，且趋向于恶。但这并不意味着人生下来就是邪恶的。人本性恶的观点恰恰支持了诚信这样一种道德主张。我们不能说人生下来就懂得诚信，或者生下来就会实践诚信的要求，而是说，在人成长的过程中，当他在面临各种诱惑的时候，他就需要道德上的约束。这种约束从外在转化为内在，从而约束自己的本性。所以我认为讲诚信就是对人的本性的一种约束，是个人自我实现的过程。”

还有人认为：“诚信与人的本性是相关的。无论人性本善还是人性本恶，只要后天在相对正常的环境下成长，就应该对诚信有基本的认知，这与一个人的世界观、人生观和价值观是相适应的。诚信是构成一个人人格的基础要素之一，也是评价一个人基本道德素养的重要环节，因此往往能从一个人对诚信的态度、做事是否诚信来判断一个人是否是一个善良、值得交往、值得信任的人。所以，诚信与人的本性息息相关。”“我认为人性本恶。一个人从很小的孩子的时候一开始学会的其实不是诚信，而是不诚信。我们常说‘会哭的孩子有奶吃’，说的就是还不会说话的小孩子饿的时候会哭，那么妈妈就会来喂奶。但是有很多时候，小孩子哭不是因为饿，而是因为希望得到母亲的爱，以假哭的方式索取妈妈的爱，小孩子一哭，妈妈就会抱会哄，这也就助长了小孩子的假哭的不诚信。还有妈妈在哄哭的小孩子的时候常说‘宝贝，不哭，再哭，狼来了’等类似的话，小孩子被吓住了，不哭了，其实根本没有狼来，这也就从反向教会了小孩子的不诚信。”

由此可见，对于诚信来自于哪里这一问题的回答没有一致的答案，可见该问题的深刻性。每一个都是从自己的经历和认识来给出答案的。我们没有在调查问卷中涉及这一问题，但是可以想见，如果调查中也有这一问题，也不会有一个一致的答案，因为人的本性是一个亘古已久的讨论中的话题。

四、政府诚信是最大的诚信

众人对诚信与本性的关系，虽然存在着分歧，但对政府在诚信建设中所起的作用，则众口一词，认为政府应该最讲诚信，应该其带头作用。“中国不诚信最大的问题在政府，政府腐败严重，社会做事没有信仰，缺少原则。”“诚信首先是政府诚信，只有政府诚信了，公民才会诚信。所以，政府对诚信责任最大。”“诚信与政府、法治密切相关，政府要带头守信，才会有社会的诚信；法治要严惩任何组织（包括政府）与个人的不诚信行为。”“讲诚信其实就是说话算数，这就像在城市里过马路，对面绿灯亮了，两边是红灯，这就相当于，对面两边都有人在拿着喇叭喊：‘你放心过吧，我们这边的车不会开过去’，而也有个人在对面拿着喇叭喊：‘请你放心过来吧，两边的车不会动’，如此，这边的人才敢在绿灯亮的时候过马路，否则说话不算数，就没有人敢过马路。最大的说话算数就是法治，最大的说话算数者就是政府，只要政府这个带头人说话算数了，整个社会就会形成风气，统统说话算数了。”

透过这些生动传神的话语，综合考量调查问卷所揭示出的现象和问题，这里我们又看到了那对矛盾的统一体，即在社会整体上不知道是否还讲诚信的时候，一方面众人认为政府不是影响一个人讲诚信的主要因素，但是另一方面众人又对政府寄予莫大的期待，希望其带头讲诚信，以带动整个社会的诚信状况。除却上文所说这是民众对政府的一种期望和信心外，其中还蕴含着一个值得深思的问题，即，为什么我们国人在社会道德价值不清晰的时候寄希望于政府而不是寄希望于个人？这或许与我们对待历史的态度有关系，如本书中前文已经说过的那样，一个人怎样对待自己的过去，就会怎样对待自己的未来。对历史的看法其实涉及对人的理解，因为历史终究是人的历史。历史学家布洛克指出，历史学并不是以“过去”为对象的研究，而是以历史中不同时段的人，复数的人为对象的研究，[1] 这也是在持一种人的历史论而非物的历史论。

对待人的历史的观点，大概有两种，第一种是社会决定论，另外一种是个人主义论。社会决定论者如法国社会学家迪尔凯姆以及法国后来的年鉴学派等认为，社会先于个体而存在，不了解社会就不能了解个体。简言之，就是社会发展决定个人发展，个人极其弱小，只是社会洪流中的一个小石头，从来不知道洪流的发展方向。而个人主义论则认为，人是独特的、有价值的个体，个人是社会的基础和目的。简言之，就是个人是具有能动性的价值个体，个人的努力会影响社会的发展。这一阵营中有我们熟悉的伟大的辩证唯物主义思想家卡尔·马克思。对待历史的不同看法，影响着其对人的理解。

法国哲学家布莱士·帕斯卡尔（Blaise Pascal，1623－1662）在其《思想录》中说过：“克利奥巴特拉的鼻子，如果它生得短一些，那么整个大地的面貌都会改观。”[2] 还说过著名的关于人是一根会思考的苇草的一段话。“人只不过是一根苇草，是自然界最脆弱的东西，但他是一根能思想的苇草。用不着整个宇宙都拿起武器毁灭他，一口气一滴水就足以致他于死命了。然而，纵使宇宙毁灭了他，他却仍然要比致他于死命的东西高贵得多，因为他知道自己要死亡，以及宇宙对他所具

---

〔1〕［法］马克布洛克著，黄艳红译：《历史学家的技艺（第2版）》，中国人民大学出版社2011年版，第12页。

〔2〕［法］帕斯卡尔著，何兆武译：《思想录——论宗教和其他主题的思想》，商务印书馆1985年版，第89页。克利奥巴特拉，埃及女王，曾色诱恺撒大帝及恺撒的手下马克·安东尼，使得埃及免遭暂时吞并灭亡之苦。银幕上的克利奥巴特拉，无一不是貌若天仙而心如蛇蝎。

有的优势，而宇宙对此却是一无所知。”[1]

当代英国社会学家安东尼·吉登斯在其《现代性与自我认同》中详细地阐述了其自我认同的理论，认为现代性中的个人经过一系列的自我的磨难，可以达到自我的解放，表达了对于个人能动性的肯定。

本研究简单地理解，主张个人主义的人都会主张个人能动性的发挥，不是什么都靠着制度和政府，而赞同社会决定论的人则讲求规则和秩序以及政府，而我们中国人大概大多是赞同社会决定论或者从内心深处是赞同社会决定论的，所以遇到诚信谁先行的问题的时候，很自然地寻求政府的行动。

然而实际上，在具有社会影响的事务上，政府也不应该也不能负有全部的责任，我们的文化中还有“国家兴亡，匹夫有责”的道德逻辑。我们每个人都应该积极行动起来，荀子说过“不积跬步，无以至千里；不积小流，无以成江海”。[2]我们每个人都应该做一个有思想的苇草，从一点一滴做起，从小事做起，践行诚信，积少成多，建设一个美好的诚信社会。

五、诚信与法治相辅相成

诚信虽然是道德范畴，但是与法律、法治却密切相关，这一点得到了众人的肯定。“诚信与广义的法治有一定关系，法律作为一种外在制度，要提高不诚信的成本，让不诚信的人和机构付出高额的代价，才能最终保障诚信。从这个角度来说，诚信是由法律制度保障的，法治张，则诚信扬。法治不张，则诚信不扬。”“诚信与法治之间有着一种内在的关联。法治其实就是一种法律的诚信品质，只不过是对法律的要求和对人的

---

〔1〕［法］帕斯卡尔著，何兆武译：《思想录——论宗教和其他主题的思想》，商务印书馆1985年版，第179页。

〔2〕安小兰译注：《荀子》，“劝学”篇，中华书局2007年版，第7页。

要求是不一样的。对人来说，诚信意味着我们要遵守承诺，言行一致，而对于法律来说，诚信意味着法律的执行是公正的，不偏私的，同样的案件同样处理，不受人为的、不公正的干预。”“政府的行为是一个国家诚信的体现。法治也是体现国家诚信的重要方面。行政诚信，人民可以过上幸福的生活；法治诚信，人民就能够遵纪守法。”

关于法律与道德之间的关系的讨论也由来已久，这关系到法律的合法性问题。有些人认为，道德与法律没有必然联系，像那些分析实证主义法学家所主张的那样，如英国的法理学家哈特（H. L. A. Hart, 1907 – 1992）。还有些人认为法律与道德有必然联系，如美国法学家德沃金（Ronald Myles Dworkin, 1931 – 2013），还有德国的哲学家尤尔根·哈贝马斯（Jürgen Habermas, 1929 – ）。连中国古代的墨家学派也强调“法不仁不可以为法”。[1] 本研究无意在这里详述各位大家的理论，这里只用简单的话来说明道德与法律之间的关系。简言之，就是有些人认为，道德高于法律，法律是人们的最后诉求，是不触的红线，换句话说，法律是人的行为的底线，只要是不违法的事情都可以做，一旦某个人违法，那么此人就会在其人生历程中有了“污名”，[2] 名誉就会受损。另一些人认为，道德要低于法律，因为自人类在远古时期的群居时代就已经有了某些道德，但是那个时候还没有法律，及至后来为了更好地处理人与人之间的关系，才将某些道德规则转化成法律，或者在道德规则的基础上制定出法律。相关的讨论还有很多，本书的观点与被采访者们的观点相一致，认为，道德上该受谴责的不一定受到法律的制裁，但是受到法律惩罚的一定应该受到道德的谴

---

〔1〕 李小龙译注：《墨子》，中华书局 2007 年版，第 23 页。

〔2〕 “污名”一词，经美国社会学家欧文·戈夫曼（Erring Goffman，1922 – 1982）的《污名：受损身份管理札记》而成为一个社会科学中的核心名词。

责，从这一点上说，法律是最基本的道德。因而诚信与法治之间有着必然的相互促进作用。

六、诚信需要教育

在建设诚信的具体路径上，无论是人本性善论者还是性恶论者，被采访对象的口径是一致的，即教育。透过众人的话语，我们可以强烈地感受到大家对于教育的期望。“由于人的本性中有不讲诚信的一面，所以需要后天教育，树立诚信观念。”“诚信是一种美德，美德是习来的，而不是天生的。中国的古代强调‘化’，其意思就是通过教养使人得以被塑造，即‘教化’。在古希腊时代最重要的教育形式之一就是美德教育，通过各种道德品质的塑造，让人成为有道德的、负责任的人。在中世纪时期，美德的塑造主要是通过宗教信仰，人们基于对神的敬畏而忠诚于神所启示的道德观念。其实这些形式都可以被理解成教育形式，通过训导、培养而锻炼人的道德品质。因此，诚信也是一种教育的结果。”

可见，虽然有很多人对我们当下的教育明显表示失望，但是在建设诚信的路径诉求上，还是将希望寄托在了教育上。我们的教育任重而道远。

七、诚信教育要从小进行

那么诚信教育应如何实施？众人的意见也较一致。众人表示：“应该在基础教育中就开始融入诚信教育。”“从小父母就应该在孩子心中种下诚信的种子，老师在学校要谆谆善诱，长大后社会不能让孩子失望。”“从娃娃抓起。”“养成诚信的习惯，从小做起，从小事做起。”

好习惯要从小培养，符合我们中国文化中“三岁看老”的传统。

八、诚信制度要成为处理社会和个人生活的一种制度

在访谈中，我也设计了一个与问卷中的开放问题一样的问题，即，“您对我们国家的诚信制度建设有什么期望?”虽然制度是一个抽象名词，但是大家还是能够给出很好的答案。被采访的人中除一人表示“不说了”之外，其他人都给予了积极的回答，从答案中可以看到民众对诚信的肯定和对行之有效的诚信制度的渴望。如“让诚信能成为一种财富，老实人不吃亏。建立诚信档案，不诚信的受到相应的惩罚。”“希望至少能规范那些关系百姓生活质量的不诚信行为，比如地沟油、毒奶粉等等，因为我们现阶段的经济发展状况是这样的，等国民经济更发达了，可以建设更高层次的诚信制度。”“希望整个社会成为说话算数的社会，个人、机构、国家都说话算数，那就是理想的诚信社会了。”

如同我们通过调查问卷所获得的感觉一样，对于所有这些问题的回答足以彰显民众的智慧。语言的背后是每个人的内心世界和所处的社会位置。英国著名的教育社会学家巴兹尔·伯恩斯坦（Basil Bernstein，1924－2000）正是从学校中不同儿童的语言结构出发分析出不同阶层的儿童在学校中学习成绩不同的原因，并提出他著名的语言编码理论，认为儿童的编码分为两种，一种是精致性编码，一种是限制性编码，不同阶层的儿童操有不同类型的语言编码，从而与学校中教师所操有的语言编码相匹配或不匹配，从而造成学习成绩的不同。该理论为分析教育公平提供了另外一种路径。[1] 本研究不做这样的分析，本研究仅从语言所表达的内容和含义出发进行分析，因为

---

〔1〕 关于巴兹尔·伯恩斯坦的编码理论，参见其五卷本著作：《阶级、编码与控制》（*Class*, *Codes and Control*）。

不管被访问者的语言结构是什么，他们关注和需要的是什么才是最重要的。从被访问者的话语中，大家对教育的那种殷切盼望、对诚信制度的殷勤希望、对社会现实的失望等种种情绪都明显地表露了出来。很多时候，我们需要倾听。倾听是采集智慧，进行沟通，进而解决问题的第一步。

第五章　国外诚信——以学校为主的诚信建设

“知己知彼，百战不殆。”——《孙子·谋攻篇》

“他山之石，可以攻玉”，现在，让我们将眼光转向国外，进行比较研究。[1] 如前所言，借在美国威斯康星大学麦迪逊分校访学一年之机，我们饶有兴趣地体验美国文化，也因为在国内的时候已经关注诚信制度的事情，所以也细细地观察了美国的诚信制度。本章便是观察的结果，所以客观地说，它不是一个理论上的探索，而更多的是一个观察的结果，也因为此前也关注过青少年的法制宣传教育，所以在体验美国文化和诚信制度的时候，也同时观察了美国的青少年法制宣传教育是如何进行的。诚实地说，诚信品质的培养和法制意识的培养在很多时候是综合在一起进行的，一项活动具有多方面的教育意义，所以观察内容也难免交叉。严格地说，是我不知道怎么可以区分它们，所以内容也有重复，在叙述过程中，我尽量将二者分开，但是需要实事求是地事先在此说明。

观察国外诚信制度与实践的过程中，我们也不断地体验当

---

〔1〕 本章的主要内容已经在美国访学期间的“星期五习明那”（Friday Siminar）上用英文进行过演讲和讨论，受到在座的众位师生的鼓励，收到了很多的有益的建议和意见，在此表示衷心感谢！

地的文化和风俗习惯，不断追寻着美国的诚信。我们看到，超市买了东西可以自己通过自动收款机自己结算。商场里买了东西回家后不喜欢可以无条件退回。邮局的邮递员就把给住户的箱子等东西放在住户的门口而不怕丢失。网购的东西如果邮寄丢失了，商家会根据买主的描述或者重新邮寄或者全部退款。商场的用户信息被黑客攻击泄密后，商场的负责人在电视上出来道歉，冻结所有特定时段内消费过的信用卡，其后会有负责人引咎辞职，而不管盗用的是不是用户的主要信息。[1] 这些虽然都是生活中的事情，但是却足以引起我们的注意，是什么东西和怎样一种机制让人们可以做到这样相互信任？诚信为什么会如何受重视？诚信的起点在哪里？这与教育之间的关系又是怎样的？

在观察过程中，我们逐渐发现，学校教育发挥了主导性的作用，围绕着学校教育，美国诚信建设的机制共可以总结为三个：一是渗透，二是延展，三是联合。正是这样的机制培育和支撑了美国的诚信制度的建设与运行，虽然我们的观察只是观察，但是，我们把观察的结果呈现出来，让所有关注的人来评判。

一、渗透：学校内的诚信教育

在现代社会中，学校是一个人进行次级社会化的主要场所，是培养人德行，教化人心的地方。学校理应成为我们观看的重点，而且学校也确实发挥着培养人的诚信品质的能量。

2013 年，我们观看了美国的小学初中和高中生活。美国的小学、初中和高中的年级分段与我们国内不同。国内以

---

〔1〕 2013 年 12 月份美国 target 大型连锁商场的消费者信用卡信息被黑客攻击偷盗后的情况就是如此。

"六三三"模式为主，美国以"五三四"模式为主。国内的班级规模一般比较大，20几个人一个班级就是小班教学了，而在美国，20几个人是正常的规模，再大的规模，在美国人看来就不能进行很好的教育和教学了。[1]

根据我们的理解，诚信——这种德性应该是在品德课上进行培养的。但是根据我们的观察，无论是小学还是初中还是高中，美国的学校并没有类似于国内的品德教育课，而且学校里也很少有什么道德模范的雕塑或画像。在我们和当地美国人的交谈中，很多人认为，即便有这样的雕塑或画像，它们也不见得对孩子有很大的教育作用，因为几乎很少有人是完美的，被立为榜样的人在一个方面也许是好的，但是从另外一个方面看，他就做得不好，每个人都是不同的，所以教育的效果不会是很大。我们还看到，学校教室的四周墙上也很少有高大上的标语的说教，甚至学校里都不再提"道德教育"（moral education）这样的字眼，而是采用了"品格教育"（character education）这样的说法。[2] 当我们与学校老师交谈如何对学生进行道德教育的时候，大多数老师显出惊讶的神色或者要我们将问题再解释得清楚一点，或者就直接回答说没有。但是，从其教学活动或者学校组织的活动中来看，学校又确实在进行着诚信教育，而且，有些诚信教育的活动其实是有教育行政管理部门的指导的。比如在美国全国范围内推行一种项目叫"正向行为干预性支持"的项目（Positive Behavior Intervention Supports，简称PBIS），[3] 主要对学校进行学生正确行为的培训，

---

〔1〕 这是一个事实，已被写进笔者主笔的另外一个报告中。

〔2〕 在我与一个大学教授聊天的时候他也是这样说的。

〔3〕 http：//rti. dpi. wi. gov/rti_ pbis 和 http：//sms. dpi. wi. gov/sms_ homeb；http：//rti. dpi. wi. gov/rti_ pbis 2014 -2 -8，访问日期：2014年11月11日。根据资料，该项目也为在家学习的学生提供了可供参考的参数。

当然也包括讲诚信的道德行为的培训。这些培训集合了教育者、行政管理者以及父母等多个方面的力量，主要是提供一系列文化整合性的多层次支持，这些支持可以在阅读中进行，也可以在数学等知识学习中进行，总体性地为孩子们的学业和个人成长做出贡献，可以看作是一种打包性的支持系统。[1]

所以，就学校来讲，这个项目就是一个笼统的目标，即围绕学生健康成长进行的一种整合性文化教育。如何达到目标，方式方法自选、自创，教育行政管理部门并没有给出一个具体的行动计划。学校如何实施行动达到目标，就是学校自己的事情了。

除了这样的笼统性项目外，学校里自己进行的与诚信有关的活动很多，也很能体现本校的特色。

（一）小　学[2]

美国的小学生比国内的小学生在学业上要轻松得多，主要是边学知识边玩耍，寓教于乐。而不是像我们国内的小学生那样，很早就背上了厚厚的书包，奔波于各种补习班和先导班之间，并冠之以名“不让孩子输在起跑线上”。[3] 根据我们的观察，美国的小学主要是让学生在学习知识之余，发展其包括诚信在内的道德品质，这种培养是在习焉不察的学习和学校生活中进行的，体现在方方面面，根据我们的了解，主要有如下六点。

---

〔1〕 Wisconsin RtI Center 2012 - 13 Evaluation Report, http: //www. wisconsinrticenter. org/assets/files/2012 - 2013AnnualReport. pdf 2014 - 2 - 8，访问日期：2014 年 12 月 12 日。

〔2〕 该部分 1、3、4、5 的事实描述也已经被包括进笔者主笔的另外一个报告中。这里的描述被简化和改动。

〔3〕 http: //www. moe. edu. cn/publicfiles/business/htmlfiles/moe/s6073/201205/136747. html，访问日期：2014 年 12 月 15 日。

1. 宣　誓

在美国规定从1年级到12年级的学生必须每天对着国旗进行宣誓效忠。誓言的内容是："我向美利坚合众国国旗宣誓效忠，向它代表的共和国效忠，此所有人享有自由和公正的神佑之国，不可分割。"[1] 这里的宣誓是一种仪式，仪式代表了一种意义的"神圣"，这种神圣性与美国人类学家本尼迪克特在《文化模式》中所描述的原始部落里孩子们的成长所经历的仪式的意义没有本质上的不同。宣誓本身体现了对国家的忠诚，虽然也许小学生并不知道国家——这一抽象的概念的含义。宣誓也是每天必须进行的活动内容。"必须进行"，是一项规则，是学生们不能商量的，在其庄严的宣誓中，学生们与其说是习得了宣誓的内容，了解了宣誓的意义，倒不如说学生们习得了遵守每天必须进行的规矩。换句话说，学生们首先是习得了遵守规则，然后才理解了宣誓的内容和意义。这一点也像极了我们古人教人读书的方法，即"读书百遍，其意自现"，是一种从感性到理性的过程。重复，在这里，就是意义。

2. 墙上小贴士展示

小学的教室里一般没有高大上的宣传标语，而是会有很多贴心小贴士一样的带有美感的简单的小贴士，上面写了一句或两句话，或者是"做一个诚实的人"，或者是"尊重他人"，或者是"你是唯一的"等。看到这样的小贴士，会感到阵阵温暖，没有高大上的说教，没有严肃的气氛，而是用一些提醒式的话语，容易被人接受的方式，这样的教育更加能够深入人心。

---

[1] 誓言的英文是："I pledge allegiance to the flag of the United States of America, and to the Republic of which it stands, one Nation under God, indivisible, with liberty and justice for all."

3. 体育游戏规则

如果说，对着国旗宣誓效忠是一项很抽象的活动的话，那么小学里体育课上的游戏则是非常具体的培养“相信规则”、“遵循规则”意识的活动了。同时这种活动也是培养和检验个人诚信的活动。这里的规则实际上就是一种概念化的“他人”。

比如小学生会玩一种拍打软球的游戏。规则是这样的。所有的人只能用手拍打软球，把球拍向你想拍中的人，如果那个人被球击中，那么那个人就停止游戏，站到一边，其他人继续玩拍球游戏。如果另外一个人被拍中，那么这个人也要站到一边，停止游戏，这样，所有被拍中的人排成一行，形成 7 个人的一组，如果第 8 个人被拍中而不能继续游戏了，那么他就也要站到 7 个人的队伍中来，而第一个被拍中的人可以进场继续游戏，第 8 个人则排在队尾，形成队伍中的第 7 个人。所有被拍中的人都接着排在队尾，等待前面所有人都进场继续游戏了，队尾的人这时也成了队伍中的第一个，再有一个人被拍中排在队尾的时候，队伍中的第一个人才能进场继续游戏。被拍中的队伍始终保持 7 个人。

就是这样一个简单的游戏规则，体育老师事先把体育游戏的规则讲清楚，要求学生们遵守。然后在游戏中，老师却不再监管，坐在一旁观看，以便应对突发事件。游戏全靠学生们的自律。这就是考验学生们是否讲诚信的一个机会了。能否诚实地对待自己？能否相信他人会自觉地遵守规则？游戏当中自见分晓。接下来的情景往往是这样的：孩子们刚开始还不知道怎么遵守纪律，有的孩子被软球拍中了，环顾一下四周，发现没有人注意自己就继续玩下去，但被别人发现就出场。开始的一段时间里，小伙伴们相互监督，学生们一个一个出场，然后又一个一个进场，几个回合之后，大家都学会了规则，小伙伴们不再相互监督，被拍中的人自动离场，等待继续入场的机会。游戏顺利进行。这虽然是一个小小的体育游戏，但是这样的游戏却在教孩子们如何诚实地对待自己和他人。

4. 食堂秩序

中午的食堂大概是最难维持秩序的地方，但同时食堂是一个训练秩序的好地方。正如规则是一种概念化的他人一样，秩序也具有概念化他人的意义。教导学生遵守秩序，相信秩序的正确性也是培养学生诚信品质的应有之内容。

美国的小学食堂里有一种学生们根据年级分拨吃饭的现象，而吃饭的过程就体现了课堂或食堂，在场或不在场的一种结合。低年级学生吃饭的时候，不断地有学生与旁边学生说话，这时条件好的学校会有一个专门的老师在那里拿着麦克风要求学生们保持安静，让安静的孩子们伸出两个手指头，表示“安静”的意思。很多时候还会有任课教师协助维持秩序。小孩子都是争取表扬的，况且还在为自己上课的老师们面前，所以孩子们都愿意伸出手指，不再说话。可是当老师放下话筒，不一会，说话声就又充满了食堂。小孩子的自控能力还是需要训练。一会儿，老师再次拿起话筒。如此 2 次或 3 次，基本一顿饭就能吃完了。而没有任课教师参与维持秩序的食堂，则更加热闹一些。这里任课教师的出现督促着学生们在课堂上的行为要与食堂里的行为要一致，这是一种道德上无声的要求，某种程度上就是对学生诚信的要求。

5. 学做志愿者

学校里不仅仅欢迎学生家长和背景清白的人到学校做志愿者[1]，为学生们现身示范如何正确地做事和做人，还鼓励在

---

〔1〕 进入到学校做志愿者的人必须经过背景调查。学校一般喜欢接受学者们和接受过高等教育的人到学校做志愿者。

校的小学生学习做志愿者。

除了在校内小学生们可以做志愿者外，在校外，小学生们也可以做志愿者。交通规则志愿者就是一个这样的活动。每当上学和放学的时候，除了有警察站在十字路口，指挥交通，保护学生安全之外，还有一道亮丽的风景线，那就是小学生志愿者们。他们肩上斜背着特殊的极为亮丽的黄中透绿的显著标识，手中拿着小旗帜，站在十字路口，协助警察指挥交通，保护过路的学生。这种类似传帮带的教育方式，很自然地让小学生们很早就学会遵守规则了。[1]

规则是对自己和对他人的一种要求，而相信并遵守规则恐怕是人们走向法律信仰的第一步，或许还是保护生命拯救生命的一种要求。但是规则感需要时间的训练，我们不应该期望一个人或者一群人可以突然之间就相信规则或者信仰法律，这是一个长时间才可以形成的一种自动的心里反应，正如著名的法国社会学家皮埃尔·布迪厄所分析的那样，长期的训练可以使得人的某种行为固化为一种结构性的因素打印在个人的身体里，以惯习的方式对个人的行为起作用。[2] 我们平时所谓的训练有素就是这个道理，就像长期习武的人士那样，当感觉有危险时，他们的身体就会产生一种自然的反应，在想之前就已经作出了一些动作，所以习武人士在日常生活中有“注意”的需要。[3]

---

〔1〕 当我第一次看到这样的俩小学生志愿者的时候，我惊奇地跟他们打招呼，问他们在做什么，他们没有回答，其中一个小学生悄悄给另外一个小学生说：“她是陌生人……”，我想学校的安全教育也做得很有成效。

〔2〕 布迪厄的理论请详见［法］皮埃尔·布迪厄、华康德著，李猛、李康译：《实践与反思》，中央编译出版社 1998 年版。

〔3〕 习武人士由于长期的训练，身体会很自然地根据某些情景作出反应，所以习武人士也会在日常生活中非故意伤人，产生法律问题，所以习武人士有“注意”自己不要轻易出手的需要，这来自于一位律师朋友的见解。

如果没有这些训练，人就不会形成一种自然反应，会无视规则。这在很多时候也许不重要，但是在面临生命危险的时候就非常重要了。[1] 所以，2008 年四川汶川大地震期间，如果所有学校平时都有地震逃生练习训练，相信会减小很多灾难，而我们的学校教育中这样的训练比较缺乏。

6. 养成品格的各种活动

除了以上提到的教育形式外，小学里还有各种活动在培育着学生们的品格。比如有的学校设“超级英雄日”（super hero day），这一天，每个学生按照自己心目中的英雄打扮自己上学，我们看到连校长都穿上了大红衣服，戴着面具，披着红披风，昂首挺胸，在学校中走来走去。“双胞胎日”（twins day），该双胞胎不仅仅是真正的双胞胎，也指关系好的同学。当日，真正的双胞胎们、要好的同学们穿着相同的衣服上学。“特殊周”（special week），这一周，每一天，学生们都要穿不同的衣服，展示漂亮、帅气和个性。在学校里各种各样的活动

---

〔1〕对于各种规则的态度上，在外国人眼里，我们显然不同于美国人，在他们眼里，我们国人或者有规则不遵守，或者无规则可遵守。一个美国老师到中国旅游，发现自己不会过马路，一是车多人多，二是很多人不遵守交通规则，不把生命安全放在第一位。据她介绍，在飞机到达北京首都机场的时候，飞机刚一落地，还未停稳，她所在机舱几乎所有人都解下来安全带，开始拿行李准备离开，只有她一个人端坐在椅子里。她很吃惊这些人的举动，因为飞机一落地正是很危险而需要安全带的时候，如果这个时候飞机有了问题，那么安全带就是保命带了，高空中反而可以不需要安全带。在 2013 年 7 月 6 日韩亚航空的一架波音 777 在旧金山国际机场降落时坠毁事件后，她不止一次地向我们大家说起她旅游中国的时候看到的这个现象，觉得有必要告诉中国友人飞机落地的时候不要解开安全带，那正是需要安全带的时候。她说，在美国坐飞机，我没有看到过有谁在飞机落地的时候就解开安全带，拿行李准备离机的，所有人都老老实实地坐在椅子上等着，而中国人不是，这并不是说美国人比中国人更聪明，而是说美国人更珍惜生命，更怕死。

中，学生们的真诚友爱勇敢等健康的品格被培养。

（二）初　中

如果说小学培养学生的诚信品质还有着显性的外在的学校为主进行疏导的特征的话，那么进入初中，学生们的整个学习过程，都开始增加了自主性，自我培养的特征逐渐明显。学校逐渐地转到了学生的背后起支持作用。

根据了解，从初中开始，学生就有必修课和选修课了。[1]而且学生们也像个小大人了，已经完全没有小学中经常见到的那种嬉闹的情景。初中开始有选修课和必修课是为了学生们不仅仅要有学科性的知识，还要培养其广博的知识面。我们经常说要培养通才加专才，美国学校也是如此想法。如此做法，学生们很早就能发现自己的真正兴趣所在，在其进入高中后，就可以将自己的兴趣延续下去，换句话说，初中和高中是连续和衔接的。这样，高中毕业，选择大学的时候，学生们就能根据自己的兴趣来选择自己将来从事的专业了，从而在某种程度上也就选择了自己将来的工作了。

就诚信的习得而言，学校里又是如何进行培育的呢？情况是：没有说教和榜样，有的是对学生们责任感的培养，而且这种培养主要是通过两种方式进行。

1. “协商性民主”（deliberative democracy）的方式[2]

有的初中会有一种名为“某某谈话”的项目，就像一个行为规范，分一级条款，二级条款。一级条款，就是一些主要的类别，主要是“尊重”，尊重他人、尊重教育、尊重环境等，二级条款就是如何才能称得上是尊重，体现尊重的详细的教室、走廊、操场等课堂内外的表征都是什么。我们看到在尊

〔1〕　该部分对学校课程等实际情况的描述，也已经被包括进前文已述的另一报告中。

〔2〕　该部分，在前文所述的报告中亦有部分描述，这里进行了修改。

重他人这一级条款体现在教室里的行为就是：聆听他人讲话、提问举手、接受责任、使用正确的语言和好的举止、自尊自爱、成为有益和合作的人。在三类一级条款多达几十条的二级条款中，我们看到多处都是“尊重”和“接受责任”的话语。如果我们将第一级条款看作是提出的问题，那么第二级条款就是对这些问题的解决办法，非常详细，非常具有指导性。学生们自己讨论、辩论出来的道德规则都包含了学生们对道德的集体判断，很容易被遵守，这是学生们自己生发出来的道德，是一种自我的道德管理，而不是外在的世界加在学生们身上的。这与我们国内学校的行规范不同，我们的行为规范是学校制定，然后贴到墙上的，这里的各项条款的内容都是由学生们自己讨论然后形成的，然后张贴在墙上显眼处的。每隔一段时间学校还有对各个班的行为规范执行结果的评价，也都贴在墙上，这样学生们自己可以在各个班级之间进行一个横向比较，起到督促的作用。这种项目的实施体现了学生的自我管理，这种自我管理自我成长的过程带有学生很大的主动性和积极性。

2. 学校小贴士的做法

学校教育中小学里有小贴士的做法，初中也有这样的做法，该做法体现了学校在给予学生自我培养的舞台的同时，站到学生背后给予支持的态度。与在小学里的类似，学校的支持体现在一些给予小贴士的做法上。如在教室或走廊的墙上贴着一些纸张，不怎么显眼，但是都是提醒学生们学校的办学目的是什么，要保持梦想，在一张纸上很清楚地写着“想一想”，内容是：“在你说话前，请想一想，你的话是真话吗？是有益的吗？是鼓舞人的吗？是必要的吗？是友善的吗？”另外一张纸上写着“你所想要的正是我们所想要的”。另外一张纸上写的有“面对错误”、“照顾好我们的学校”等这样的话。还有一张小的纸片上写着“实现梦想”等等。这些小贴士是学校给予学生们成长的有利支撑，但它们是温馨的，不是说教的，容易被学生们接受。

就是在这样以学生为主，学校为辅的环境中，学生们的道德观念被培养着。

(三) 高 中[1]

进入高中，美国学生就像是个大人一样地被对待了，在品格的养成方面，学生的自我成长被突出，学校对学生们的教育更加注重温和的手法，就连州政府规定的每天对着国旗宣誓也都被淡化。有的学校是在课前奏国歌，有的是在课间有宣誓的电视广播，电视里播放有一群人宣誓的声音，但课堂里的学生们则是或坐或立，有的跟着读宣誓誓言，有的则不怎么在意。

高中的班级也不像国内那样按照某一个线条划分，而是提供众多的课程供学生选择，要修一定的学分，有的高中仅英语课就有包括莎士比亚、小说等在内的 23 门之多供学生选择。教会学校的课程的特色就是增加了宗教必修课。美国高中的教科书都很精致，画面极具美感。

而高中生诚信教育的进行主要通过如下三个渠道：

1. 讨论社会问题

通过讨论社会问题让学生们辨别是非，这是美国高中生诚信教育的一个重要隐形渠道，当然也是培养其法制意识的重要渠道。美国高中集中讨论社会问题的课是社会科学课。有的学校还通过一个专门的类似“政府与政治”名称的课程，让选修这门课的所有学生根据自己真实的政治意愿分成两队，一队代表共和党，一队代表民主党，对国事进行讨论，提交各种议案进行讨论，模拟真正的国会辩论议案、通过议案的整个过程。辩论当日，久有准备的学生们着正装，情绪激动，认真地

---

〔1〕 该部分，在前文说述的报中也有描述，但这里进行了修改。

进行着辩论。辩论会对外开放，有不少家长坐旁观席，心情紧张。学生们根据真实意愿选择参加共和党或民主党，表达了学生对自我的诚实。可见，这样的辩论不仅仅是一种训练辩论技巧的活动，还是表达自己真实想法的活动。

高中学生们社会科学课或者辩论课上讨论或辩论的内容涉及很多方面，包括工业文明、环境问题、医改问题、代孕问题、美国的政府与政治、堕胎问题等，很多问题都不是理论性的，而是实际生活的道德问题兼法律问题。对这些问题的深入讨论，需要学生们直面生活中的包括诚信问题在内的道德困境以及相关的法律问题，需要学生们课后研究和准备，查阅相关文件和资料，才能在课堂讨论中发表有思考性的观点。〔1〕由此我们也看出美国高中受美国哲学家及教育学家约翰·杜威（John Dewey）“做中学”以及“教育即生活”思想影响之深之大，学校中所学习的知识都与实际生活紧密相连。〔2〕

---

〔1〕所以，在这里，我认为有必要澄清国内某些人的误解，认为在美国的学生很轻闲，中国的学生负担很重。经过我们的体验，我们认为，其实美国大概只有小学生和幼儿园的学生是娱乐性质的，很轻松的，从初中开始，学生们就没有时间玩了，每天都有课后作业，第二天或一周后上课展示，很多时候这些课后作业需要团队工作，所以尽力做好自己的份内事才能保证整个团队的研究进度，而且很多作业是需要到图书馆或使用网络查阅大量资料才能做得来的。所以，美国学生其实不轻松，只是他们负担的东西与中国学生不同，可以认为，美国小学是玩耍型的，中国小学是学习型的，美国教育从初中开始着力培养学生的探究、思考和分析能力，中国从初中开始为考大学做准备，中美学生之间努力方向差异越来越大，但是到大学，因为国际化的发展，很多中国学生来美学习，二者之间的差距又逐渐缩小直至很多中国学生的探究能力超过美国学生。

〔2〕约翰·杜威（John Dewey），美国20世纪美国哲学家和教育家，是美国实用主义哲学的重要代表人物之一，对20世纪初的中国产生过重要影响。中国有一批著名的教育家包括陶行知先生等人都曾是杜威的学生。

2. 允许学生组建各种俱乐部

除体育活动外，高中还有各种在教师指导下的俱乐部的活动，比如“象棋俱乐部”、“漫画俱乐部”[1]、“男人俱乐部”(men club)、“游泳俱乐部”等。学校里多数活动都是由各种俱乐部举行的。在“男人俱乐部”中，男孩子们学习怎样做一个负责的男人，怎样建立一个积极正向的男人形象，协助解决男孩子成长中的各种问题。在美国，在双方家长都知情的情况下，高中男生就可以带女朋友出门而且晚上不回家了，那么让男孩子学习如何负责任就不仅仅是一个道德问题，还是一个很重要的法律问题。还有的俱乐部要承担每年“情人节”给学生或教师献唱表达感谢或尊敬的任务。学校的“情人节”含义更加广泛，而不再是单纯地男女之间表达爱恋的节日，而是师生之间、学生与学生之间表达喜欢和尊敬的节日。在情人节当天，任何人都可以为自己喜欢或尊敬的人点歌，而不必告诉自己是谁，学校的乐团俱乐部负责去唱歌。这一天，乐团很忙，要唱很多歌，不一定就是情歌。有的学生为老师点歌，表达对老师的尊敬和爱戴，有的人为同学（男女同学都有）点歌，表达自己的喜欢，甚至有的人为一尊哲学课上的苏格拉底小雕像（Icon）点歌，表达对哲学课的喜爱和对哲学家苏格拉底甚至他所代表的整个哲学的喜爱和尊重。每一个被献歌的老师和学生都很高兴。感受别人欢乐的同时，自己也收获欢乐。从中我们可以看到，学生俱乐部在学生正向成长中的重要作用。

3. 学校采用咨询师系统

在美国，每所高中都有一个咨询师系统，其作用大致相当

---

〔1〕 我看到了漫画俱乐部成员画的漫画，聊天的时候发现该成员对漫画的起源、国际范围内的现今状况非常了解，对各国漫画家尤其是日本漫画家的作品特点相当清楚。我问他为何知道的这样清楚，他回答说，喜欢就会投入心思。可见兴趣对一个人的影响。

于我们国内的班主任，只是比我们的班主任工作更加细致，从选课到考试到成长中的各种问题，都包含其中，每一个学生有任何问题都可以找咨询师咨询，当然也包括法律方面的问题和道德方面的问题，只要不是涉及触犯法律的事情，都可以寻求咨询师的建议和帮助。一所高中的咨询师总是很忙，总会有学生来找他咨询各种各样的问题。

学校中诚信品质的培养就是在这样一种看似只有正确做人正确做事的环境中进行的，是以一种隐形渗透的方式进行的，甚至也许学生们都不能看到蕴含于各种活动的这种教育方式。有意思的是，我的一个朋友的孩子在读书的学校里丢了新买的苹果手机，报告了学校，但提供不出什么有益的线索，学校就向全校作了通告，希望捡到手机的同学将手机交到学校。时间不久，在我们大家都觉得不可能找回手机的时候，朋友的孩子从学校里拿回了被别人捡到的手机。这可以算作对学校诚信教育的考量。

二、延展：学校活动的外溢

诚信教育的另外一个机制便是延展，学校活动的外溢，但也不是以诚信教育为名而进行。这些活动中最突出的就是学校的对外支援活动、学校的“回家日”（home coming）活动和学校的科普活动。

（一）对外支援活动

学校的对外支援活动，在高中主要由各种形式的俱乐部承担。有的学生俱乐部跟某个附近的小学形成联谊学校，相当于我们国内的对口支援学校，这些高中生们为联谊学校的小学生们读故事书或者制作故事书，讲述遵纪守法、诚信道德、勇敢美德的故事，很有成效。据我的了解，每一个高中成员，只要在这个俱乐部，不管是本国的还是来自于他国的，都在那里认真地做书，构思怎样教育小孩子在快乐中成长。[1] 当我问一个高中生为什么她会这样做时，她的回答是，我想教给那些小孩子一些道德上的东西。但是很多小孩子的书是很无趣的，我想做一本有趣的故事书，让小孩子一边笑一边学到东西。这样做很有乐趣，在制作小书的过程中，可以感受你可以做一些事情，感受到每一个人都是平等的，大家都是互爱的。有的俱乐部则与对口支援的小学生一起踢足球，传达团结和友爱，建立良好的互动关系。

（二）"回家日"活动

"回家日"活动，在高中，由俱乐部与学校一起组织。在大学里，大概是由学校组织。虽然高中和大学的"回家日"都是根据自己学校的情况定下每年的日期，但是形式与内容总体来看是一致的。"回家日"活动是学校的一件大事，非常隆重。"回家日"当天，所有已经从该校毕业的学生，无论身在哪里，无论职业如何，只要愿意，都可以回学校里来与学弟学妹们见面沟通，看看学校的变化，说说毕业后的去向和打算，鼓励学弟学妹们努力学习，或者就单纯地回来缅怀一下往昔生活。

一般"回家日"当天，学校都会举行由一个校友们和在

---

〔1〕我亲眼看到一个朋友的孩子是怎样辛勤地制作完那本故事书的。她构思了一个小狮子的故事，然后自己动手画狮子，自己动手为狮子填充颜色，还让我帮忙画了一个小狮子。当初，我还一度犹豫，因为我从来没有动手画过狮子或者其他什么复杂动物的画，这个孩子不断鼓励我，给我看狮子的图片，于是我鼓足勇气照着狮子画了一个。由于她的信任，我认真地作画，等到她上好颜色，我看到了我画的狮子，还比较激动。看来，信任很重要。

校生们一起进行的游行。[1] 第二天或者就在当天，学校还会举行校友们要与学弟学妹们之间的一场友谊足球赛，加深同学们之间的感情。校友们借“回家日”活动表达对学校的爱戴，而学校的学生们也真诚地对待这些学长们，热情地欢迎他们。相互之间的真诚是一种无声的渗透，便是对诚信的良好教育了。

（三）科普活动

学校的科普活动则主要是大学为社会所作的贡献了。在我们参观的一个科学馆内，正在举办一场科学知识普及活动，还要进行一场科学报告会，主要内容是讲述光和声音的故事。科普会上，有一些讲述地球和月球、宇宙探索的图片讲解展，感兴趣的小孩子可以在教师的帮助下自己作各种东西，比如火箭，比如太空里的植物等，甚至可以看到从月球上带回来的真正的岩石粒。科学馆内大屏幕上播放着天空的成长史。任何参观者都可以体验等离子电现象：在凳子上，手搭在一个圆球上，这个人的头发都根根直立起来了。体验者一边体验，一边可以听边上大学专业教授的通俗讲解。该活动吸引了很多大人和小孩子都饶有兴趣的体验和听讲解。科普会上，还有模拟的月球探测器的走动。在一位大学教授的操作下，该机器四处走动，机器一边走动，操作机器的教授一边讲解月球探测器的功能以及地面如何控制，机器怎么反应，怎么操控等等，都很直观明白。同时，科普会上，还有免费的杂志可以拿可以看。而在其中的一本介绍太空生物学方面的宣传册里，看到了美国的

---

〔1〕 威斯康星大学麦迪逊分校的回家日游行非常正式，盛大。早在“回家日”前几天，校园里就插上了鲜明的小旗帜。“回家日”当日，毕业生和在校生们一起举行游行，队伍前面有警察、警车开路，当中有校友们乘坐的车辆缓缓而来，当中还穿插各种学校体育队或舞蹈队的各种表演，校友们或表演者们向路边围观的人群散发糖果。游行大概会持续 1－2 个小时。

国旗，在科学成绩与美国国旗并列，很能激发人的自豪感，爱国主义教育也在顺势进行中了。

声光实验的报告由美国国家航空航天局（National Aeronautics and Space Administration）（简称 NASA）的一位老科学家同时也是一位大学的有名教授领衔主讲，报告伊始，老科学家先是声明大学历来有与该城市融合的历史，科学要用于实践，所以今天举办这个光和声的演讲报告，将科学知识奉献给大家。然后老科学家开始用一个喷火器一样的东西将一个挂着的彩色气球打爆了，发生一声巨响，伴随着耀眼的光，大家一阵欢呼。教授不断地讲下去，时不时地风趣而又幽默的插上一句有趣的话，还不断地打破气球，然后又冲着装满了不同气体的瓶子点火，发出巨响，在这样简单的实验中，大家都看到了不同的气体燃烧时发出不同颜色的光，光与声的不同。报告结束，大家都离去了，我们回过头去看，会场内老科学家和一个中年人在收拾各种仪器设备，还不时地聊着什么。这样一场报告让我们感慨的不仅仅是科学的神圣性与普通大众的结合，还有老科学家对着众多的小孩子朴实幽默的演讲与演讲之后自然地收拾仪器设备，平常人一样的离开会场的态度。这种言行传达了比单纯的诚信更多的品质。

类似的场景，我们在以后的体验中也碰到过。在一个含有“机械”二字的大学的科普活动中，我们看到了各种机械模具的复杂制作流程等，但让我们印象深刻的依然是老教授们耐心地教小孩子怎么玩小飞机的场景，认真的态度令人敬佩。对科学知识的尊重和对人的尊重，或许在很多时候是一致的，很难想象这些品质能与诚信分得开。

三、联合：学校与家庭和社会行动的一致

培养诚信品质的第三个途径是学校与家庭和社会的合作，

主要表现在家庭教育和社会教育与学校教育的性质松散但方向一致的行动上。客观说，这种一致的行动也并不都是学校的要求，而是家庭和社会的自我行动，只是这些行动与学校教育的活动所要达到的结果是一致的，所以我们仍然称之为联合。学校与家庭、与社会的联合主要是保证了给予所有人性质一致的完整的成长环境。

（一）学校教育与家庭教育的联合

无论中国还是美国，家庭教育都在一个人的成长中起着非常重要的作用。正常的家庭教育所给予人的要远远超过诚信品质的培养，它所给予人的是其健康成长所需要的所有的能量。美国著名的现象社会学家彼得·伯格（Peter Berger）认为，人的社会化过程分为两个阶段，分别是初级社会化和次级社会化，而初级社会化主要是在家庭中进行的。每个人主观上的第一世界就是在家庭中得以建立的。[1] 在观察中，我们发现，美国人很重视家庭教育，时时刻刻注意孩子的正确成长。我们经常看到，跟着母亲逛街的两个孩子中，大孩子像一个大人那样，或者负责推婴儿车或者负责推货物车，总之是要为母亲分担任务，在实际生活中学习付出、风险，正确与错误。而这，或许就是我们国内的某些“亲子班”的活动内容。我们看到，公共场所，不听话的孩子会被母亲或父亲以理论的方式进行训教等等。在所有的文化中，大概父母对孩子的期望都是一致的，最少也要做一个善良的对社会有用的人。

在我们与当地人的交谈中，有人认为，父母是应该交给孩子们价值标准的人，就是要教给孩子正确与错误的标准，而这个教育，就是在生活中进行的。教给孩子怎么做到诚信、怎么

---

〔1〕 转引自谢维和：《教育活动的社会学分析》，教育科学出版社 2000 年版，第 144—145 页。

做到负责任，不仅仅是学校的事情，还是家庭的事情。我们还了解到，不少人都能说出一套很有效果的教育孩子健康成长的方法。比如教育孩子有存钱的习惯，如果要买孩子喜欢的东西，就要用孩子自己的钱。如果买来的东西被孩子不小心弄丢了，一般不会再建议孩子再买。当然，在孩子丢了东西心情难过的时候，父母要给予安慰。较少问孩子在跟谁交往，但如果要问，会像大人对大人般提出建议和意见，而不是定规矩。在一个小孩子撒了谎，母亲知道后便跟孩子讲了她小时候撒谎如何被父母教训的事。林林总总的故事每天都在发生，孩子们每天也都在长大。这些为人为事的品质与学校教育的要求当然是一致的，但是很多时候又是父母们自觉做的。一个母亲很骄傲的告诉我们，她最大的喜悦和成功不是自己挣了很多钱，而是将自己的一双儿女都培养的诚实、善良、孝顺和乐观。这种喜悦恐怕是所有父母都会感受到的。

我们看到，学校中很多活动都需要父母的参与，如小学要举办展览会，那么学校就邀请家长参观或者直接参与布置展览。小学需要志愿者，那么学校就会首先想到那些愿意做志愿者的登记名册中挑选学生的家长。甚至小学希望孩子们多读书，于是学校就请家长为孩子们读书。一所高中要实行新的提升计划，旨在提高学生们的成绩，于是学校就邀请家长参加，校长亲自为家长们解释提升计划，征求家长们的意见。一所高中要举行辩论赛，家长只要愿意，也能旁听，此前想当然地能为孩子们出谋划策等等。

每一个人一出生便降生在一个命定的家庭中，无法改变。家庭是一个人人生开始的地方，家庭教育也从一个人生下来之后开始，甚至在母亲的怀孕期就已经开始，而且家庭教育对一个人的成长自一开始就再也没有停止过，为了孩子们的健康成长提供良好助益，终期一生。

(二) 学校教育与社会教育的联合

这里的社会教育，指的是除了学校教育和家庭教育之外的所有类型的教育，这样的教育发生在家庭和学校以外的空间里。经过体验，我们认为美国的法院、教堂、社区、政府、银行等机构都发挥着与学校教育方向一致的作用。

1. 学校与法院的联合

美国的联邦制度实行司法、行政、立法三权分立，没有像我们中国法律系统中独立的检察院。但是美国在联邦、州和市镇三级设有检察署，[1] 而检察署属于行政机关的一部分，检察官代表政府作公诉人。在美国，只有法院才是司法机关。[2]

(1) 扩大"污名"效应[3]。法院对学校教育的一致性首先表现在扩大成年人"污名"的效应上。在美国，所有成年人案件都公开审理，听证会也公开进行。法院会把所有案件的审理日期在网上公布。如果感兴趣，任何人都可以打电话或到法院网站上查询相关信息，到法院旁听，外国人一般也可以，如果是团体外国人旁听最好是跟法院相关办公室联系好之后前去。法院也会把审理的结果公开，登记上网，供所有感兴趣的个人和团体查阅。据了解，在美国，如果有人新搬到一个地方住，而邻居如果不了解这个人，就可以到网上查阅此人是否有什么不良记录。这种对过去的公开记录，大概是众多美国人比较注意自己的行为和信誉的一个重要原因，毕竟一旦有什么

〔1〕 在美国，县（county）比市（city），从行政级别上要大一级，市以下是镇（town），再以下就是诸如村（village）之类的地方。但在中国，县则比市，从行政级别上要小一级。

〔2〕 在访问中，法官告诉我们一个很值得注意的现象，即大多数，几乎所有到访的中国人，都表示自己能听懂或能用英语交流，但是几乎到访的所有日本人，均表示需要翻译，而不是自己用英语交流。这虽然是件小事，却值得深思。

〔3〕 该部分也在前文所述的共同体验的课题报告中有更加详细的论述。

“污名”，将会公布于众且永远洗涮不去。这会对其以后的生活和工作产生极大的影响。[1] 体验期间，与美国人的讨论中，可以看出，他们对此也深表同意，极其在意自己的名誉，认为，虽然法律是社会中每个人所需要的，但是法院、法律却是人们处理事情的最后诉求。

(2) 调查陪审团成员个人状况。美国属于海洋法系，采用陪审团制度。挑选陪审团成员的过程就是法院对要成为陪审团成员的诚信的拷问。预备陪审团成员是从当地市民中随机选出的，在成为真正的陪审团成员之前，要经过法院的一番仔细体验。挑选开始之际，法庭会要求，如果有人认为自己不适合作陪审团成员就请回避。此时，就会有人直接站起来说自己不懂这个案件所需要的专业知识，觉得不适合做陪审团成员，所以申请退出。挑选过程中，当法庭要求，凡有过不诚信行为的就不能进陪审团的时候，有多人向法庭提问自己的某种经历是否属于不诚信行为，有的人会将三十多年前自己与他人因为某事吵架的事情都向法庭说明了。整个陪审团的挑选大概会进行2个小时，分别由法官方、检方和被告方对陪审团成员候选人进行发问，然后定下陪审团最后成员。[2]

这样一种选人制度，是对个人诚信的一种严肃拷问，同时也是个人对社会诚信的展示。对于旁观者们来说，是一种很好的诚信教育。

---

〔1〕 美国著名社会学家欧文·戈夫曼（Erving Goffman）曾经详细分析过“污名”（stigma），将之定义为一种损害身份的丢脸的特征。其中文版《污名——受损身份管理札记》，由宋立宏翻译，2009年商务印书馆出版。

〔2〕 陪审团挑选中，由法官方和检方先提出发问，然后由被告方向陪审团候选人提问。

（3）举办参观活动[1]。法院对青少年的教育和警示作用，不仅仅是体现在无意识的行动中，法院还采取了积极的有意识的行动，开放法庭，让学生们定期来法院参观、了解和旁听。这种有意识的活动，甚至项目，以身临其境的经历，进行着法院和法律文化的自我宣传，也是对学校教育的无声的支持。这与国内的某些学校也会定期组织学生参观禁毒展等的目的一致。

另外，值得一提的是，法院本身也在践行着诚信。根据美国的法律，一个案件能让州最高法院、联邦最高法院进行听证实在是一件不容易的事情。2006 年，美国联邦法院收到的上诉案件约 8500 件，但是得到全面复审的只有约 87 件。[2] 可见联邦最高法院的权力有多么大。但是我们也可以从另外一个角度来理解，联邦最高法院是否受理上诉法院递交的案件，这不仅仅是一个体现有权力决定的事情，也是一个是否信任下级各级法院的过程，如果很多被下级法院审理过的案件都能得到联邦最高法院的受理并复审，那么下级法院的威严何在？法律的权威何在？联邦最高法院有选择的不作为恰恰是尊重和维护法律的表现。

2. 学校与教堂的联合[3]

在美国，教堂处处存在，教堂的作用也不可忽视，宗教活动已经深入到美国人的日常生活中。虽然自 1962 年著名的恩格尔诉瓦伊塔尔案（Engel v. Vitale）之后，美国的公立学校

---

〔1〕 该部分也在前文所述报告中有描述。

〔2〕 数据由西威斯康星州联邦地区法院提供。

〔3〕 该部分也在前文报告中有描述。

和教会分离，公立学校不再有祷告[1]，但是圣经在人们的心里的位置还是极端重要的，始终影响着人们的道德与行为，甚至有人还认为信仰圣经给予了一个人做事的底线（bottom line）。在美国，总统的宣誓就职还依然需要把手按到圣经上进行。

对于宗教，九十多年前，国学大师陈寅恪先生就在哈佛大学与吴宓有过关于基督教和其他宗教的谈论，认为，对于中国而言，“自宋以后，佛教已入中国人之骨髓，不能脱离”，而且大乘佛教得以流行，小乘佛教不盛行。尽管如此，因为中国人之重视实用，不重视形式，所以可以儒、佛、道以及其他各种教派兼容共存，没有如欧洲宗教那样具有排他性，宗教之间大肆战争。如果基督教传入中国，那么中国已有的教派可以宽容基督教，但是基督教却不容其他各教，“耶教若传行于中国，则中国之精神亡。”并表达了对中国人信基督教以及基督教在中国传播的忧虑。[2] 这样的声音直到现在还具有其严肃意义，理应引发相当的注意。

教堂活动，主要有如下三个部分：

（1）牧师讲道活动。这主要在周日的礼拜上进行，是教堂的主要活动。每一年，牧师都会选择一个主要主题，比如

---

〔1〕 该案件始于1958年，终于1962年，起因是纽约州拿骚县教育委员会推行在公立学校中，让学生们每天在课前诵读祈祷词：“万能的上帝，我们承认您是我们的依靠，祈求您赐福于我们、我们的父母、老师和国家。”（Almighty God, we acknowledge our dependence upon thee, and we beg thy blessings upon us, our parents, our teachers, and our country.）该措施受到斯台文·恩格尔（Steven Engel）等5名学生家长的强烈抗议，因为他们是其他教派教徒和无神论者，案件被最初驳回后，上诉到最高法院。（见任东来：“美国宪政历程：影响美国的25个司法大案”，载 http://www.beduu.com/read-4287_6.html，访问日期：2014年12月24日。据我在美国的“美国公立学校法”课上得到的资料，该案件受到全美国的关注，报纸上也连篇累牍地追踪报到和评论，“上帝受到审判”等字眼频频出现。

〔2〕 吴学昭：《吴宓与陈寅恪》，清华大学出版社1992年版，第11—12页。

“福音”，进行系列讲座。另外，系列讲座进行期间，牧师会邀请其他同类教堂的牧师前来助阵演讲，以增加讲座的效果。讲座的内容会包括爱或婚姻等方面的内容。

（2）教学活动。教堂还直接从事教学活动。每个周日，教堂里都充满着带着孩子来做礼拜的人。每一个小孩子，除了需要父母抱着的，都可以让孩子到一个专门的屋子里学习关于圣经的故事，圣经故事书充满了图画，可以让小孩子看得懂，是专门针对小孩子学习的书之一，并且有专门的人（一般是志愿者）照看、教授孩子们如何诚信友善，如何爱上帝。如小孩子会被告知，天上有一位上帝时刻在看着他/她，如果他/她不诚信不友善，上帝会很难过。这里，上帝被摆在孩子面前，成为了时刻监督孩子的人，补充了实际生活中时时不在场的父母的教育作用。

教堂还有其他一些针对初中、高中、大学生的学习项目，主要是通过圣经学习或者跟牧师交流帮助学生们处理各种成长中的问题。可见，这样的项目既针对未成年人，也针对成年人。

（3）志愿者和实习活动。教堂里还提供一些供志愿者工作或学校学生实习的“岗位”。在美国，很多学校都规定，学生如果要毕业，必须从事一定时数的志愿者活动，在社区，在教堂或者其他什么地方做都可以。志愿者的活动，就是自愿做工作，没有报酬。

教堂里的志愿者和实习岗位有多种，有的是帮助教堂清理仓库，整理（包括分类）捐赠来的衣物，有的是在信息服务台帮助来教堂的人找地方、指方向、停车，有的是在厨房里帮助做饭[1]，有的是专门帮助高中生的生活或学习，有的是专门来洗涮厨房用具，在大屏幕演播厅协助演播，有的是主持国际俱乐部等等。[2] 不管做什么活动，诚实友爱等品质都是被鼓励的。

教堂能做这些事情，除了有一些志愿者帮忙外，与其雄厚的财政有关系。教会的日子过得很滋润，很少听说过哪个教会或教堂“停摆”[3] 或破产的事情。

3. 学校与社区的联合

虽然有当代著名政治学家罗伯特·D. 帕特南（Robert D. Putnam）认为现今的美国社区（community）已经趋于衰落，[4] 但那只是相对于美国自身的发展历史而言的，就其实际作用来看，社区依然起着重要的作用，而且社区也很受美国

---

[1] 帮助做饭的人一般自己买菜。另外还有来做礼拜的人自己带过来的菜。一般以西餐、自助为主。也还有一些人会做些西方化的中国菜，带到教堂。

[2] 所谓“国际俱乐部”（international club）就是一种为美国人和外国人一起聊天交谈了解美国文化而举行的一种活动。

[3] 美国政府停摆事件发生在2013年10月1日至17日，表面原因是因为奥巴马政府的年度预算，实际原因是奥巴马号称惠及众多穷人的医疗改革方案。共和党控制的众议院和民主党控制的参议院不能在此改革方案上达成一致意见，导致政府停摆，最后以两党同意延长债务上限而恢复政府工作。但是美国民众好像对此并不怎么担心，大概是因为美国人对美国各级政府停摆并不陌生，历史上就有停摆的先例，最长的一次发生在1995年，长达21天。对此，网络上有众多报道。2013年3月份，美国的政府也因为暴风雪而关门几天，12月份，又因为美国遭受了自南部至东部的强劲暴风雪袭击，致使华盛顿等多地政府关闭、众多学校停课，所以美国民众已经对美国各级政府的停摆所造成的影响有了免疫能力。不过在对12月份的暴风雪应急中，位于美国北部五大湖区的威斯康星州其实遭受的暴雪更严重，却没有发生当地政府停摆及学校停课的事情，当地政府对于恶劣天气已有应急预案，不影响车辆和行人出行。

[4] 其观点主要体现在其著作《独自打保龄：美国社区的衰落与复兴》，北京大学出版社2011年版。该书由刘波、祝乃娟、张孜异翻译。

人重视。在一所中学对学生的欢迎词中，我们很清楚地看到"回馈社区"的字样。该欢迎词说："通过教育，我们增强理解，通过理解，我们能更好地理解我们自己。我是一个社区主义者，我坚信要回馈社区。一个社区不仅仅是一个地方，社区实际上一个价值体系。一个具有强有力价值体系的社区能为我们的年轻人在这个世界上清晰地思考和生活作准备！"而在该校校长给全校师生的公开信中也称："我们的学校致力于为学生们提供各种各样丰富的专业的学术项目，以使他们能够清晰地思考以建设一个更好的社区。"[1]

我们看到，社区对青少年的诚信教育起着即时进行的作用，一有合适的情景就进行教育。

（1）社区警察现身说法[2]。很多社区都会有社区警察，类似于我们的片警，社区警察虽然在社区工作，但是也是专业化的，负责巡逻的只负责巡逻，负责处理事情的只负责处理事情。

警官们的主要工作是负责社区的安全，针对社区内发生案件的种类对孩子们或成年居民们进行教育。比如，一段时间内，自行车被偷的很多，警官们就给社区的包括孩子们在内的居民们做相关的讲座，告诫孩子们要诚实做人，不要偷盗，抢劫。只要警官们或社区中心觉得有必要，就会请警官们来做讲座。

还有的社区，因为有大学在其中，所以就与大学合作，举办某种法制培训，从安全和法律的层面上教育尤其是年轻人正确地行事和正确地做人。

（2）社区矫正[3]。社区矫正，是社区所发挥的另外一个

---

〔1〕 http：//hamiltonweb. madison. k12. wi. us，访问日期：2014 年 3 月 15 日。

〔2〕 该部分在前文所述报告中有描述。

〔3〕 该部分也在前文所述报告有描述。

极为重要的功能。参观社区，不能不看到社区所担负的社区矫正的宣传教育意义。

社区矫正，即将罪犯不是放进监狱，而是放于社区进行教育改造的一种方式。一些人获得假释后就回到社区里生活，要在监督之下进行改造。触犯法律的少年也在社区，在监督之下进行教育改造。应该说这是一种淡化“污名”的做法。这种做法在美国现在越来越得到法院和社会的认可。这是一种不脱离生活的改造和教育。这些人和社区的人生活在一起，既是在接受他人包括警察的监督，同时也是对他人的一种警示。一个人不是需要事事都亲身经历过，才能成长和长大。人之所以不同于动物，正是因为人有学习的能力，作为一个旁观者的观察，也能使一个人获得很多知识和经验，懂得正常生活的断裂。

(3) 社区中心的服务功能。美国的社区一般会设一个社区中心，但社区中心很大意义上不是一个管理机构，而是一个服务机构。作为服务机构，社区中心通常会发布些有益于居民生活的信息，如寻找迷路孩子的父母、组织社区居民旅游购物滑雪、提供专门场地供孩子们玩耍或学习、登记车辆并发放停车证明等。

值得一提的是有的社区提供帮助社区内父母接送孩子上学的服务和协助家长教育孩子的服务。如果父母双方都要出去工作或者有其他事情没有时间精力接送孩子上学，那么父母可以到社区中心登记，社区中心便会在人手充足的情况下安排人替忙碌的父母接送孩子上学。身穿特殊颜色工作服的社区工作人员带着小学生上学和放学常常被看到。这种服务，虽然以契约的形式予以固定，但是如果没有双方之间的互信和互诚，工作当中没有付出互相信任，那么这种服务无论如何是开展不起来的。父母们还可以在社区为孩子登记，寻求社区志愿者教师的课后辅导，如此，孩子们下午放学后或者周末，就可以由家长陪同由社区志愿者教师进行各种学科的或者业余爱好的辅导，类似于我们国内的家教或者课外辅导班。父母们如果不相信教师，这样的辅导活动也不能进行。

4. 学校与社会其他机构的联合

这里的其他机构主要指的是政府、银行、商场等。

（1）政府。美国公民没有身份证，但是美国政府使用“社会安全号”（social security number）来管理着美国公民。在美国，办理“社会安全号”要到一个专门的机构，程序简单，当场办理，但是当日拿不到。一般大概两周内，会有该机构邮寄给当事人。“社会安全号”是一个由几个数字构成的号码，但与我们的身份证不同，不是印在卡片上，而是写在一张纸上。该“社会安全号”，具有唯一性，这一点类似于我们中国人的身份证，是美国公民办理银行贷款、银行信用卡、买房、买车、甚至办理大型商场的打折优惠卡等事项时的必备条件。如果该安全号丢失，被人利用，那么后果将不堪设想。该安全号与个人的所有信息相连，如果某人在归还信用卡方面或者其他方面有不良信用记录，那么，在此人使用其“社会安全号”的时候，就会被发现，从而会影响其所有的社会活动。在我们与美国人的交谈中，美国人说到“社会安全号”的时候，都一再强调其重要性，并叮嘱我们一定不要将其丢失。

（2）银行。银行是另外一个值得一提的机构。美国的银行，当然也是一个最势利的地方。根据我们的了解，任何一个人在贷款之前，都要被银行进行个人的风险评估，如果通不过，银行就不会放贷，也不会给客户办理信用卡。但是一旦办理，效率都比较高。就信用卡来说，如果银行认为可以给某客户人办理信用卡，那么就可以当场办理，而且当场开通使用，而不会让客户等上一两个月。当然，为了银行不惹麻烦，美国银行会要求雇员的忠诚。而且银行很注意对客户的忠诚，比如，如果客户自己去银行办理业务，比如取款，银行办理完业务，会给客户一个收据，写明账户余额。但是如果是别人代理，那么银行工作人员会把收据上写有余额的数字涂黑，让代理人看不出余额数字，以免引起不必要的麻烦。从这些小的细节，可以看到银行对个人所要求的诚信。

(3) 商场。商场，也是一个值得关注的地方。商家为了保证自己的信誉，顾客在美国的商场里买完东西，可以近期在东西标签还在的情况下无条件退货，甚至有的品牌衣服店看到是自己店出售的衣服后在标签已经丢失的情况下也会无条件退货。[1] 有的商场还进行网络销售，如果顾客网购买了东西，而很长时间内没有收到或者收到了有破损，那么告之商家，一般商家会再次寄出货物，不会有任何狡辩。他们知道狡辩的后果就是对自己名誉的损失。当然，网络购买了 A 物却收到 B 物的时候也是有的，这种情况下，商家会根据顾客的信件再次邮寄。在我们的体验中，我们发现，任何一个商场都非常在乎自己的信誉，当黑客偷走商场里保存的顾客信息的时候，商场会联合银行冻结所涉客户信用卡，负责人会在电视上出面道歉，并进而追责，有的负责人会引咎辞职。美国著名的塔吉特（Target）连锁超市被黑客攻击，泄露顾客信息的事件就是一个很好的说明。[2]

---

〔1〕有的人甚至在衣服已经洗过了之后，发现衣服有点变小，也不喜欢了，就去退货，也能退掉。

〔2〕当时我正在美国，住处附近就有这个大型超市，所以知道该事件。认识的朋友中有的信用卡就被冻结。在课堂上，老师还提醒我们少用信用卡，而多用支票。通过网络知道，2014 年 5 月份，该连锁超市的总裁兼首席执行长 Gregg Steinhafel 辞职。http://data.tsci.com.cn/News/HTM/20140506/970220.htm，访问日期：2014 年 8 月 20 日。

我们还看到邮递员把包裹箱子等物品堆放在住户家门口转身离去，留待住户回家自己把物品抱进自家屋子。还看到二手店里写的救助穷人的话语，看到大型活动中带着孩子们一起做志愿者的家庭，看到学校里课外活动中认真负带领孩子们操场上飞奔的志愿者足球教练，这些都是些生活中的小事，但是却是真实存在着的不能忽视的小事，因为生活大多时候其实都是由小事组成的，国家也都是由一个一个的个人所构成的。[1]

总结我们的体验，我们好像并没有看到美国的诚信制度是怎样建立起来的，看不到一个明显的宏大的逻辑，但是实际上，美国的诚信制度是在一个网络中建立起来的，在此网络中，学校教育占主要地位，家庭教育和社会教育起配合作用。学校、家庭、政府、教堂、银行、法院等都联合在一起，形成一个巨大的网络，保证了学校教育与家庭教育和社会教育的一致性。而且，美国的诚信制度也是建立以个人的生活为基础上的，尤其是在学校的渗透性诚信教育上，培养学生的正是那种无时不在的生活和未来生活所做的准备，而学校教育的外溢，还是学校与社会中的各种结构的联合，无一不是在保证个人在美国社会性中正常生活而进行的，他们为个人的诚信品质的培养提供了保障，而又把整个社会的诚信制度建立在个人的生活上。

总结我们的看法，美国不是天堂。在美国，种族差异问题、贫富差距问题也依然是大问题。根据美国威斯康星州州报(Wisconsin State Journal)，仅威斯康星州戴安县（Dane County），“种族之间的差异‘令人震惊’”、“黑人和白人之间的生活质量差距越来越大”、“一半的黑人高中生不能按时毕业，

〔1〕有意思的是，也很少听到别的国家的人，比如韩国人、巴西人、日本人等对自己国家的抱怨。或许，美国人也会有抱怨，但是不会在我们这些外国人面前抱怨。

同比，白人则只有10%”、种族差距“不是秘密”，从该报所刊数据看，戴安县贫穷的黑人儿童要远远高于威斯康星州的平均水平和美国全国的平均水平，而该县贫穷的白人儿童则要远远少于黑人，而且与威斯康星州的平均水平及美国全国平均水平的差距也小得多。[1] 当然，对于种族差异、贫富差距，也有愤怒呼喊的教授和学者。

根据威斯康星大学麦迪逊分校教育领导与政策系一位副教授彼得·M. 米勒的资料，2013年麦迪逊学校中有超过900名的流浪（homeless）学生，如何解决这个问题，答案还在寻找中。[2] 美国的政府政治也始终就是共和党和民主党之间的博弈，共和党和民主党之间的相互拆台也是世人皆知的事情，美国电视节目中共和党人或民主党人相互诘问即是明证。当世界上最大的汽车之城底特律于2013年7月18日宣布破产之后，底特律很快就几乎变成了一座废墟，如何使之再次恢复生气？没有人知道。

这就是美国，一个需要解决自己国家问题的国家。所以，每一个国家都是自己国情基础上建立起来的，国家制度的运行有自己的逻辑，国家之间可以做的仅仅是相互借鉴，而不是泯灭自己的个性，全盘吸收。20世纪美国著名的政治哲学家列奥·施特劳斯（Leo Strauss，1899－1973）就认为，一个国家就是一个以意见和差异为基础的政治社会，[3] 我们只能在借鉴他国经验的基础上走自己的路，立足我国国情去建设我们国家的诚信制度！

---

[1] Wisconsin Stare Journal，2013年10月3日。

[2] 该数据为访问期间所得。

[3] [美] 列奥·施特劳斯著，彭刚译：《自然权利与历史》，生活·读书·新知三联书店2003年版，导言第66—67页。该导言由中国学者甘阳所写。

第六章　建设诚信——回归教育

“天地有大美而不言，四时有明法而不议，万物有成理而不说。”
——庄子

在了解了诚信文化和诚信的重要作用以后，我们做了两项实地工作：一是考察我们中国当下的诚信状况，我们想知道当下中国民众对诚信原有含义的坚持还有多少，现在的诚信与我们久已奉行的诚信有何不同，距离有多远；二是以美国一个城市为个体观察美国人的诚信状况，我们想要知道我们的诚信状况与美国人的诚信状况有何不同。在此基础上，本章要解决的问题是社会诚信制度的教育学路径，换句话说就是，如何在借鉴他国的经验基础上将诚信制度生发于我们的教育上从而扬善除恶的问题。

至于为何要将诚信制度落脚于我们的教育上，前文已经分析过，再分析即是画蛇添足，简言之即，因为诚信之习得来自于教育，所以培养诚信的德行，建设诚信制度也还是要回归于教育，诉诸教育，从根本上解决问题。

诚信是一个于我们生活的方方面面都不可缺少的东西，它早已融入我们每天习焉不察的生活中，如何从这样的细致入微的诚信基础上建立起庞大的诚信制度，不是一件容易的事，所幸的是，我们的教育也是无时无刻都在进行中，也是早已融入我们每天的生活中了，不仅如此，教育也是贯穿一个人一生的过程，这就有足够的理由保证我们的诚信制度的建设可行了。

这里需要说明一个借鉴他国经验的问题。曾几何时，曾经的东方就如现在某些人眼中的“西方”一样。而美国，仅有300年的历史，大抵只有中国的一个朝代的时间，我们为什么还要考察和借鉴美国或者其他国家？还有，我们知道，他国的任何一种制度、理论、模式，哪怕方法和路径都是在他国本土上生长起来的，是适合于本国实际情况的，移植于他国，就会出现“橘生淮南则为橘，生于淮北则为枳”的局面，就会出现移植的水土不服问题。那么，我们为什么还要不远万里、不辞辛苦地去他国考察，还要孜孜不倦地借鉴呢？为什么不诉诸我们的过去，向过去的辉煌借鉴呢？

显然，我们首先要做的是摒弃一种“过去”中心论或者“历史”中心论。当代的某些外国学者也有“欧洲”中心论或者其他什么论调。这是单一文化观念或者文化自恋观念在作怪。的确，我们的历史悠久，我们的文明闻名，但是这并不意味着我们一贯会领先于世界文明，这已经被历史发展所证明。本研究虽然贸然地不赞同德国著名历史哲学家奥斯瓦尔德·阿莫德·哥特弗里德·斯宾格勒（Oswald Arnold Gottfried Spengler，1880－1936）在其著名的历史学著作《西方的没落》中表明的所有的文明具有周期性，会生，也会死的观点。[1] 但是本研究承认一种进步的文明也有休眠期，从长时段来看，历史具有连续性，一种进步的文明因为各种因素已经不是世界文明的中心了，但是文明的积淀不是可以消亡的，它以各种形式保留下来，一旦有机遇或者他力相助，进步的文明会加进当时时代的特征和因素，以这种或那种形式复兴。

---

〔1〕［德］奥斯瓦尔德·斯宾格勒著，吴琼译:《西方的没落》（第一卷“形式与现实”、第二卷“世界历史的透视”），上海三联书店2006年版。

我们的文明闻名，也并不代表文化的单一性，这也已经被历史发展和当下的现实所证明。我们需要更加开放地看问题，需要站在全球文明的角度去看问题。物种不是单一的，人种也不是单一的，文化亦然。而文化的多样性就意味着相互的可借鉴性。在我们吸收借鉴他国文化、其他文明的时候，我们的文明也在同时传向更广阔的世界，而且国门打开得越早，文明传播得越快越远。文明的传播从来不是单向度的。闭关锁国，只会导致落后，而落后则只会导致挨打。这已经被历史事实所证明。[1]

借鉴是必需的，我们需要的不仅仅是借鉴我们自己过去的优秀文明、辉煌的历史，我们还需要借鉴国外的优秀文化。但是任何借鉴都不能，也不应该是照抄照搬，像我们中国历史上某些时候的全盘西化那样，而是要有选择的借鉴，更为主要的是从一种方法论上的借鉴，像人类学家所做的工作那样。生活在现代社会的人类学家们，总是不辞劳苦地进行着“离我远去”的工作，放下当下的生活，选择到某些还处于远古或原始的人类群体中，如部落，去探察人类的发展轨迹，如前文我们所说的露丝·本尼迪克特，她跑到太平洋诸岛研究印第安人的部落、玛格丽特·米德跑到太平洋新几内亚岛上研究三个原始部落、斯特劳斯跑到亚马逊河流域和巴西高地森林里的原始部落等。这样的工作得以进行，基于一个逻辑，即，当下的人类社会是从远古或原始的部落发展而来的，我们是远古人的后代。人类学家出于对人类社会的责任感，到这些存活在现代社会的原始部落中去探察人类历史的发展及其变化，从而发现

---

〔1〕 在美国的博物馆里，经常可以看到东方的艺术品，如仕女图或者佛教徒等，但是看到作者名字，发现中国人的极少。跟历史学教授聊起来，更加明白，历史上日本要比中国向世界开放得早得多，因而其艺术也能比中国更早地传向世界。

“古时候”与“现在”的不同，试图让“过去”与“现在”同时在场，分析差异以及差异产生的原因，进而分析现在社会所存在的各种问题和现象，这也是一种借鉴。不过这种借鉴不是将现在拉回到过去，也不是将过去拉到现在，而是从方法论的角度，在分析过去与现在差异的基础上，针对现在的实际情况而发掘出解决或解释现在问题或现象的方法或论说。本研究也像人类学家那样，去考察不同的社会状态，只不过不是去考察过去的社会状态，而是同处一个时空中的社会状态，找出不同，哪怕相同，分析原因，进而针对本国实际，提出解释或解决问题或现象的方法或理论。所以，这里的借鉴无论如何都不会是照抄照搬的，无论是理论问题还是实践问题，我们都有自己的路可以走。美国不是天堂，美国有令美国自己头疼的问题，其他国家也不是天堂。[1] 我们只是应该对其他的文化采取一种本尼迪克特所说的“客观的，毫无畏惧的”态度，分析之，审视之，理解之。

基于我们的观察，基于我们对历史的继承，基于我们对他国经验的借鉴，本研究认为，诚信制度建设的教育学路径可以有好几条。但是这些路径，不是着眼于制度，却是着眼于每个活生生的个人；不是着眼于社会结构，而是着眼于个人的行动。当代法国社会学大师皮埃尔·布迪厄在其名著《国家精英》中以序言的形式着重论述了社会结构与心智结构之间的深刻而又复杂的关系。[2] 本研究的观点基于自己的研究和理解，所以当然可以讨论。本研究本着一种责任感，本着积极乐观自信的精神，更加强调个人的主观能动性，有什么样的个人

---

〔1〕 在国外，我与朋友们在课堂上或者闲暇时间聊天中都讨论过借鉴他国经验的问题。

〔2〕 ［法］皮埃尔·布尔迪厄著，杨亚平译：《国家精英——名牌大学与群体精神》，商务印书馆 2004 年版，序言第 1—11 页。

才会有什么样的社会。建设一种社会结构，必须从个体开始。诚信制度就是一种社会结构，因而建设诚信制度必须开始于个人，发挥个体的主观能动性。所有的教育路径都要从个人开始。这些教育路径，根据一个人一生的活动范围，不外乎存在于三个大的可以相对独立但又实际相互交织的领域中，第一个领域就是家庭教育领域，第二个领域就是学校教育领域，第三个领域就是除了家庭和学校外的社会教育领域。让我们先从家庭教育开始。

第一节　家庭的诚信教育

家庭，作为一个以亲密关系为纽带，可以面对面交往的环境，父母作为孩子的第一任老师，对于一个人成长的重要作用已经无需赘言。我们已经从问卷调查中得知，绝大多数的人认为，最能影响一个人是否讲诚信的因素是家庭，足可以看出人们对家庭的看重。看重家庭，并非只有中国人。我在美国访问之际，亲耳听到某位具有博士学位的老年人在对众人讲述自己的人生经历的时候，说到他曾经因为不能照顾家庭而辞掉了高薪水的工作，而在家庭附近找了另外一份工作的人生片段。这位老年人说得很自然，丝毫没有表现出那是为了家庭而做的一种牺牲的神情，听众也不觉得很突然，因为这只是这位老年人一生经历中的一个片段而已。[1] 就我的感觉，听众们对这位老年人的幽默谈吐更加感兴趣，听到幽默处，发出会意的笑声。我也时常看到我们所说的“奶爸”们，很自然的挎着孩子或者推着婴儿车在超市或商场里购物，甚至带着孩子去上课

〔1〕 我一直想与这位其实还不算老的老年人聊天，但是很遗憾，这位老年人很忙，想找他聊的人很多，没能进行。

或者和妻子一起推着婴儿车跑步。或者看到爸爸们带着几岁大的孩子在足球场上踢足球、滑雪、登山、游泳等。[1] 在美国，周末时间是属于家庭或者个人的，一般情况下，如果不是提前约好，贸然打搅是很不礼貌的。不止一个美国人说过，与他们的联系请在周一到周五的时间里，而且最好用电子邮件，周六和周日是不会回复的，他们要跟家人在一起。[2] 一位美国大学非常有名的教授对我们说过，中国男人在中国好像不怎么干家务，带孩子，觉得那都是女人们干的事情，但是，中国男人到了美国，从前不做的家务也都做了，孩子也带了，而且也不觉得那是女人们才干的事情了。他就亲眼看到过自己的课上中国男人带着孩子来上课，孩子一哭，中国男人立刻走出教室，像妈妈那样轻抚孩子后背，安慰着孩子的情绪。像中国人一样夫妇长期分居，对于很多美国人来说，是一个比较奇怪的事情。在美国我所了解到的韩国人、日本人、巴勒斯坦人、巴西人也都很重视家庭生活。[3]

本研究认为，在家庭中进行诚信教育的路径可以有如下三条。

一、要从细致处入手

无论是我们对国人的调查，还是与外国友人的交谈。无论

---

〔1〕 对中国熟悉的人都知道，在中国，尤其是在北方，爸爸一般很少带孩子，当奶爸，但是在美国，男人带孩子，这是很平常的事情。博士生爸爸有的时候会抱着孩子去上研讨课。

〔2〕 在美国，邮件联系成为主要的人际联系方式，但是在中国，电话手机联系则是主要的联系方式。一些不熟悉中国的美国朋友们有的时候不理解，为什么跟在中国的中国人发邮件联系的时候得不到回复，或者要较长时间后才能得到回复。

〔3〕 我所在的地方是一个国际学者区，可以见到不同国家的人，也可以对其进行简单的了解。

家长的职业类别、文化程度、经济状况有多么不同，也无论是什么样的家庭自然结构，本研究的调查都传达出家庭的诚信教育要从小事做起，从细致处着手，从一点一滴入手的信息，以养成良好的习惯。这确实是一个非常好的诚信教育的路径。不细致，不能深入人心，没有良好的习惯，就不可能有任何成就。

前文所言，广为流传的《颜氏家训》就是颜之推以儒家的“少成若天性，习惯成自然”精神为主旨写就的。明末清初理学家朱柏庐所作的《朱子家训》中也有如“黎明即起，洒扫庭除，要内外整洁，既昏便息，关锁门户，必亲自检点。一粥一饭，当思来之不易；半丝半缕，恒念物力维艰。宜未雨而绸缪，毋临渴而掘井”这样细致的教导，[1] 以养成一个良好的生活和为人处世的习惯。著名的古希腊哲学家亚里士多德也非常强调习惯的重要作用，他在《伦理学》中宣称：“道德德性则通过习惯养成，因此，它的名字‘道德的’也是从‘习惯’这个词演变而来的。”[2] 不但如此，亚里士多德还十分强调习惯的早日养成，在其《伦理学》中，他说，“重要的是从小培养起对该快乐的事物的快乐情感和对该痛苦的事物的痛苦感情，正确的教育就是这样。”[3] “从小养成这样的习惯还是那样的习惯绝不是小事。正相反，它非常重要，或宁可说，它最重要”。[4]

---

〔1〕 朱柏庐：《朱子家训》，载 http：//www. qnwz. net/guwen/149955. html，访问日期：2013 年 12 月 26 日。

〔2〕［古希腊］亚里士多德著，廖申白译注：《尼各马可伦理学》，商务印书馆 2003 年版，第 35 页。

〔3〕［古希腊］亚里士多德著，廖申白译注：《尼各马可伦理学》，商务印书馆 2003 年版，第 39 页。

〔4〕［古希腊］亚里士多德著，廖申白译注：《尼各马可伦理学》，商务印书馆 2005 年版，第 37 页。

生活是在特定时空中以一种习焉不察的例行方式进行的，一个人的成长也是在不知不觉中进行的，所以“细致”是一个家庭在培养人诚信德行的必要条件。要做到细致，就必须触及孩子的心灵，只有这样，才能起到“润物细无声”的效果。因为，孩子的心虽小，但它也是一个真实的世界。任何类型的教育必须要触及孩子的内心，孩子才能接受，正如大人接受一项新事物或者批评或者建议一样，而且很多时候，这需要时间和过程。我听到过一个有关美国家庭诚信教育的故事。

该故事讲述的是一个小孩子做了不诚信的事情，父母就让其自尊心适当地受损的故事。自尊心受损，对孩子心灵的触动，不亚于美国社会学家欧文·戈夫曼意义上的“污名”对一个成年人的触动。让孩子的自尊心在可接受的范围内适度受损，这样的处理方式不仅让孩子知道了要做一个诚实的人，还让孩子知道了自己要为自己的行为负责。

家庭中的诚信教育要做到细致，就必须有一个好的家庭气氛。根据调查，和睦的家庭气氛下，较之“平常”和“紧张”的家庭气氛，学生的成绩和品貌是最好的。[1] 这是家庭气氛对已经以学校生活为主的学生的影响，可想而知，这样的家庭气氛对以家庭为主要场域的孩子教育的影响，因为和睦的家庭气氛给人一种安全感和舒适感，父母的教育很容易被理解和消化。

家庭中的诚信教育要做到细致，就必须考虑到监督。我们知道很多问题之所以出现是因为缺乏监督，家庭的诚信教育亦然。正如告诉小孩子天上有一个上帝在像父亲一样随时看着他做事，无论他做什么，上帝都会看得到。除却其中的宗教色彩，有人在时刻监督孩子的所作所为是一种有效监督的方式。

---

〔1〕 鲁洁主编:《教育社会学》，人民教育出版社 1990 年版，第 506 页。

但是监督要适度。上帝对孩子的随时随地的监督是以一种看起来无处不在的“在场”而实际上却看不到摸不到的“缺席”的方式进行的，我们中国的父母多数是以一种实体上或者“在场”或者“不在场”的方式进行的。而且为了保证监督的效果，很多中国父母采取了过度监督的方式，看孩子日记、查看电话记录、甚至盯梢，这样的监督会让孩子产生厌烦和不信任感，甚至会上演“猫捉老鼠”的情景。“爱出者爱返”，除却其宗教意义，很有道理，如果放置更多的信任给自己的孩子，真实的不在场，将监督变成自我监督，效果会好得多。

二、要保持一致性

这一点非常重要。我们曾经做过调研，了解到有些家庭教育中存在着对孩子诚信教育的不一致性。有的家长教育孩子要讲诚信，要遵守交通规则，但是自己却在生活中不讲诚信，带孩子出行的时候闯红灯。父母教育自己的孩子不要吸烟，自己却在家里吞云吐雾等，这都是不一致的教育，这样的教育不会取得很好的效果，只会或者让孩子混淆了正确与错误的标准，或者让孩子觉得可以不遵行。要想让孩子养成诚实守信的品行，父母必须首先要讲诚信，要以身作则，以身示范，要如“曾子杀猪”故事里的曾子那样言行一致，不以欺骗和谎言赢得孩子的信任。诚信不仅仅是对孩子，也是对父母的要求。因为家庭是孩子进行初级社会化的首要的地方，父母是孩子的第一榜样，孩子从父母那里学到的知识和品行会随着时间的延长而延展，换句话说，这些知识和品行会作为其心智结构的一部分内化在孩子的身体里，拓展到孩子日后的社会化过程中。

家庭诚信教育的一致性进行可以有效促进孩子学校教育的吸收和适应。孩子的成长是一个连续的过程。学校是个体走出家庭的第二个主要社会化的场所，是个体进行次级社会化的场域。次级社会化的有效进行显然是以初级社会化的成效为基础的，因为孩子们是在家庭中习得了他们的语言编码和最初的道德逻辑编码，因而，家庭诚信教育的有效进行，就意味着孩子们在家庭中习得的最初的道德逻辑编码与学校教育将要进行的道德教育编码是合拍的，那么就可以让孩子顺利地理解和接受学校进行的诚信教育，孩子由此可以继续健康成长。相反，如果家庭没有给予个体诚实守信的基本教育，那么就意味着个体在家庭中习得的最初的道德逻辑编码与学校要教育的道德逻辑编码不合拍，在孩子们人生观和世界观日渐成形的过程中惨遭价值观的冲突和断裂，这是极为可怕的事情。那么学校教育就不得不退身为个体学习诚实守信的第一场所，进行一种类似重新社会化的过程，这种重新开始的教育显然要花费更多的时间和精力，会在效果上相差很多，而且还会时时受到家庭不一致的诚信教育的冲击，效果更加消减。

三、要长久进行

俗语说“十年树木，百年树人”，培养人的德性不是一朝一夕就能完成的事情。这从两个方面可以得到证明：

第一个方面就是人的心理发展特征。瑞士的结构主义心理学家让·皮亚杰（Jean Piaget）提出了儿童心理发展的四个阶段，分别是感知运动阶段（0－2 岁）、前运算思维阶段（2－7 岁）、具体运算思维阶段（7－12 岁）和形式运算阶段（12－15 岁）。认为每一个儿童的心理发展阶段都具有年龄特征，每一个阶段都是下一个阶段的必要条件，阶段之间有着质的差异。[1] 而且皮亚杰认为，儿童的思想与大人的不同，大人的道德一开始对儿童来说是他律性的，长时间之后，经过了儿童的自我了解，他律才能变成自律。在他律到自律的过程中，有儿童对行为规则的正当化过程。“好”与“坏”都是如此。[2]

以此为基础，美国发展心理学家罗伦斯·科尔伯格（Lawrence Kohlberg）进一步进行理论扩展，将人的道德发展进行阶段划分。根据科尔伯格的理论，人的道德发展共有六个阶段。第一个阶段是前习俗水平阶段（preconventional level）。该阶段是对正确与错误、好与坏等进行反应的阶段，遵循的是快乐的行为原则。该阶段又可分为两个阶段：一个是惩罚和遵从阶段（the punishment and obedience orientation），另一个是工具相对主义阶段（the instrumental relativist orientation）。第二个阶段是习俗阶段（conventional level）。该阶段中，个人将家庭、团体等放置于珍贵位置，并不在意即刻和明显的结果。该阶段又可分为两个阶段：一个是“好男孩——好女孩之间的一致”阶段（The Interpersonal concordance of good boy—nice girl orientation）。另一个是法律和秩序阶段（the Law and Order orientation）。第三个阶段是后习俗、自治或者规则阶段（Post - Conventional, Autonomous, or Principled Level）。在此阶段，道德价值规则具有清晰的定义。此阶段也分为两个阶段：一个是社会 - 契约立法阶段（the social - contract legalistic orientation），另一个是普遍道德规则阶段（The Universal Ethical Prin-

---

〔1〕 林崇德主编：《发展心理学（第 2 版）》，人民教育出版社 2008 年版，第 52—53 页。

〔2〕 Jean Piaget, *The Moral Judgment of the Child*, The Free Press , Glen - coe Illinois, 1948, 前言第 7—9 页。

ciple Orientation)。[1]

可见，从个体心理发展和道德发展上来看，在家庭中进行诚信教育也不是一蹴而就的事情，而是一个需要长久进行的过程，拔苗助长式的教育不会有好的效果。

第二个方面就是家庭教育对人的影响时间。虽然说家庭是个体进行社会化的第一场所，在一个人一生中，一个人在其父母及其他长辈身边的时间比较短，但是无论是一个人离开家庭转入学校中受教育，还是进入社会受教育，父母及其他监护人都早已成为一个人生命历程中不可抹去的结构性记忆，而且无论何时何地，父母对孩子的牵挂、教育都在进行中，都是孩子面对生活中的困惑或挫折时可以寻求帮助和温暖的港湾，是其心灵的庇护所。面对着社会上的各种不诚信现象，家庭中父母的诚信言行无论何时都是抵御不诚信的堡垒。中国传统文化中的家训式的教育就体现了对孩子教育的长期性和长效性。在原始部落中没有学校作为孩子次级社会化的地方，家庭对孩子进行诚信教育的长久性更加重要。美国人类学家本尼迪克特就曾经在其著作《文化模式》中从文化学习的角度来说明过部落社群中个体社会化的过程性，“个体生活的历史中，首要的就是对他所属的那个社群传统上手把手传下来的那些模式和准则的适应。落地伊始，社群的习俗便开始塑造他的经验和行为。到咿呀学语时，他已经是所属文化的产物，而到他长大成人并能参加该文化的活动时，社群的习惯便已经是他的习惯，社群的信仰便已经是他的信仰，社群的戒律亦是他的戒律”。[2] 在

---

〔1〕 转引自 Ronald E. Galbraith, Thomas M. Jones, *Moral Reasoning: A Teaching Handbook for Adapting Kehlberg to the Classroom*, Green Haven Press, Inc., 1976, pp. 10－11.

〔2〕［美］露丝·本尼迪克特著，王炜等译：《文化模式》，生活·读书·新知三联书店 1988 年版，第 5 页。

此过程中，很多生活的技能包括诚信在内的品德都是在家庭中通过培养习惯而获得的，短时期内是不可能完成的。

第二节　学校的诚信教育

学校的产生，是人类生产力水平的一个标志和结果，生产工具的发展使得某些人可以从繁重的劳动中解放出来，进而有专门的较长时间来进行学习。而在现代社会中，学校是个体离开家庭后得以进行次级社会化的主要场所，是培育人德性的专门场所，因而学校从来都应该是一个神圣的地方。[1]

然而通过我们的问卷调查及访谈，我们了解到当下的国人对学校的看法已经发生了很大的变化。其认为，现在的学校已经不能给予学生一种准身份和社会地位，而只是一种学习经历，一种可以通过努力与其他资本，如经济资本等进行交换的文化资本。学生已经不再是天之骄子，而只是一名求学者和劳动者，所以社会上出现大学毕业生去创业卖猪、卖米粉的现象，也毫不希奇。学校，尤其是名牌大学曾经拥有过的神圣光环已经明显消退。在社会主义市场经济条件下，在城镇化浪潮中，我们的社会结构发生了巨大变化。农民进城务工所得的钱与一名大学毕业生所得的钱，在很多时候相差无几。甚至在某些时候，大学毕业生还不如进城自己创业的农村青年挣的钱多，因而产生了新的“读书无用论”。[2] 大学扩招以后，虽然有很多措施可以帮助大学生减免学费或者增加上学机会，如

---

〔1〕 古希腊哲学家柏拉图和亚里士多德都曾经建造自己的学校来实现其培养特定人才的理想。柏拉图创立的叫“柏拉图学园”（Plato academy），亚里士多德创立的叫“吕刻俄斯”（Lyceum）。

〔2〕 此信息来自于与某位进城务工人员的闲谈，比较之中，可以感觉到该位人士的某种平衡感。

“贫困地区专项计划”、“校长直通车”、“圆梦计划”等，但是对于很多农村家庭来说，上大学依然是一种很奢侈的行为。大学生就业形势很严峻，自扩招以后，高校毕业生每年都是“创历史新高”。至2012年，高校毕业生人数已经从2001年的114万跃升到了为680万，11年时间里增长了6倍。到2013年增长到了699万，2014年高校毕业生达727万，创历史新高，[1] 2015年高校毕业生将达750万，[2] 将再创历史新高。大学毕业即失业的现象早已存在，[3] 一种新的读书无用论，尤其是在农村，已经又悄然兴起。很多农村家庭宁肯让孩子早早辍学去打工挣钱成家，也不愿意让孩子花费十几年工夫去读书，认为划不来。在这样的情况下，教育，可以说，在某种程度上已经失去了尊严，也失去了自信，一种失去了尊严的教育如何教育人们诚信呢？

英国著名女导演法兰妮·阿姆斯壮（Franny Armstrong）曾经导演了一部环保纪录影片《愚蠢的年代》（The Age of Stupid）。这是继美国导演戴维斯·古根汉（Davis Guggenheim）执导的纪录片《不愿面对的真相》（An Inconvenient Truth）之后的又一部环保议题的纪录片。《愚蠢的年代》显示，到2055年，世界上只有一个人了，人类以自我毁灭的方式来结束人类的历史，留下一个档案馆和发送出去的信息使得可能的后人或

---

〔1〕“2014年全国高校毕业生规模创历史新高 中国高校毕业生增长趋势分析”，载中国教育在线，http：//www. eol. cn/html/c/2014gxbys/，访问日期：2014年8月19日。

〔2〕“2015年高校毕业生人数预计达到750万”，载中国教育在线，http：//career. eol. cn/kuai_ xun_ 4343/20141202/t20141202_ 1208601. shtml，访问日期：2015年2月15日。

〔3〕袁汝婷：“文化门槛提高与‘毕业即失业’，让‘艺考热’降温”，载新华每日电讯，http：//news. sinhuanet. com/mrdx/2014 -02/11/c_ 1331105851. htm，访问日期：2014年8月19日。

外人来查知遥远的历史。影片中那可知而不知的行为谬误，那最终集体灭亡的悲惨，最后一个幸运地还活着的人对人类自身行为的深刻追问与反思还有表现出来的对整个人类的心痛和悲悯，足以震撼人的心灵。这虽然是一部环保影片，但是其意义不仅仅在环境保护上。可以毫不夸张地说，如果我们不将诚信的制度建设生发于有自尊的教育上，那么人的心灵也会成为荒漠，道德与规则都会失效。换句话说，要建设社会的诚信制度，首先要重建教育的尊严。那么，究竟怎样才能重建教育的尊严呢？本研究认为，重建教育的尊严就需要教育减负，恢复本来面目，抖掉身上被附加的各种各样的期望和要求，以"知识"为中心进行。这也是佛家所说大道至简的道理。

禅宗史上有一个很出名的公案："源律师问：'和尚修道还用功否？'师（大珠慧海）曰：'用功。'曰：'如何用功？'师曰：'饥来吃饭，困来即眠。'曰：'一切人总如是，同师用功否？'师曰：'不同。'曰：'何故不同？'师曰：'他吃饭时不肯吃饭，百种须索；睡觉时不肯睡，千般计较，所以不同也。'"〔1〕期望从学校中获得利益和权力都是被附加的特殊要求，都不是学校教育本身所应具有的责任，理应被减掉。

本研究认为，重建教育的尊严并不是要恢复到过去那样万人过独木桥式的参加高考，然后大学生毕业国家包分配一样的计划经济体制下的教育，那样的教育所拥有的其实不是教育本身的尊严，而是教育的紧缺性所导致的附加值。本研究所说的教育的尊严指的是教育本身所具有的本真的价值，那就是知识所具有的不可替代的尊严。

英国著名的教育社会学家麦克·扬（Michacl Young）曾

---

〔1〕转引自季羡林主编：《禅宗公案妙语录》，中国严实出版社 2002 年版，第 8 页。

经论述过“知识”与“控制”之间的关系，从社会意识形态的角度分析了“知识”的重要作用。[1] 而中国著名教育社会学者谢维和教授也在其《教育活动的社会学分析》一书中分析过教育的主要沟通媒介，那就是知识，并分析了这种知识所具有的几个特点。[2] 本研究完全赞同谢维和教授的分析，正如货币是经济发挥作用的主要沟通媒介，权力是政治发挥作用的主要沟通媒介，那么知识就是教育发挥作用的主要沟通媒介。[3] 教育过程就是一种以知识为中心而进行的生产和传播知识的过程。因而，恢复教育的尊严就是要恢复教育的本质，就有必要恢复到以“知识”为中心的教育活动上，而不是将大学作为一个名利场和衙门，或者社会生活的训练场，或者是只进行恋爱交友的便利场。

很长时间以来，我们很多人都对美国和美国的大学有一种误解。这种误解或许是真的出于不了解，或者是选择性观看所导致。一个人心里有什么，才会看到世上有什么，人们只会选择看到他愿意看到的东西。我们很多人到现在还依然认为，美国是个花花世界，大多数人们都过着纸醉金迷的生活，都很开放。其实，我发现，虽然美国的离婚率很高，跟巴西等国差不多，[4] 但其实美国人大部分很保守，当然也有美国人很开放。在大学校园里，我只看到了一次男生女生情侣牵手走路的情景，其他时间里，男女同学即使是情侣，也不在众人面前做亲昵动作，虽然美国高中的男生就可以带女朋友出去玩了。我相

---

〔1〕［英］麦克·扬著，谢维和等译：《知识与控制——教育社会学初探》，华东师范大学出版社2002年版。

〔2〕谢维和：《教育活动的社会学分析》，教育科学出版社2000年版。

〔3〕沟通媒介的相关论述，谢维和教授曾引用过尼古拉斯·卢曼的观点，见《教育活动的社会学分析》第70页。

〔4〕据美国老师和巴西学者介绍，离婚率为40%多。

信如果美国大学生看到中国大学校园里的情境会有点吃惊。我所看到的美国大学里大部分大学生都是习惯于背着厚厚的双肩包在学校的各个地方学习和讨论或者参加各种活动，不管白天还是在晚上，他们的作业都很多，活动也很多。学校里始终是热闹的。教师很少照本宣科，而是有自己的理论或者糅合好多书的知识来授课，授课进度也很快，所以教师指定的参考书学生一定要看，否则没有办法针对老师提出的讨论问题发言，而教师指定的参考书往往不是一种，需要看的材料往往不是几页，而是十几页或几十页。学生们上课也要积极发言，若不发言，则会被老师认为是没有自己的想法、学习不积极。在这样的大学里，想混毕业很困难，要靠真正学到知识，顺利毕业。正如电影《一代宗师》里面武术大师叶问对功夫的谈论，他说："功夫，两个字，一横一竖。错的，躺下喽，站着的才有资格讲话。"〔1〕功夫的本质和学习的本质是一样的，都需要花时间下苦功夫才有真正有所收获。在美国的大学里，时刻可以看到急匆匆或上课或去图书馆等地的学生。以至于在中国，哈佛校训广为流传。〔2〕虽然哈佛校训不存在，但哈佛大学的精神用以励志总是没有错误的。

在美国校园里炫富的学生也极少，学生们一般都穿牛仔和T恤，只有在特殊的时候，如参加正式的宴会的时候，才会收拾打扮一番。有时候，有的人打扮前后的变化很大，判若两

---

〔1〕《一代宗师》，电影，由香港导演王家卫执导拍摄，2014年获第86届奥斯卡金像奖提名。

〔2〕网络盛传哈佛的校训，尤其是在中国，来激励中国学子，但是后来哈佛大学图书馆出来辟谣，说明哈佛大学从未有什么校训。"哈佛校训不存在 编造的哈佛校训不过是'励志'把戏"，载 http：//www. s1979. com/news/china/201401/01110950301. shtml，访问日期：2014年8月19日。

人，会让人有惊艳的感觉，尤其是女生。[1] 艺术实验室的学生们也几乎没有人将奢侈品，如手机、名牌包、豪车等作为特殊的东西晒出来炫富，倒是觉得从二手店里买东西也可以接受，衣服鞋子柜子等都包括在内，反而是某些外国留学生比较愿意开豪车炫富，而美国人则对外国人偏爱名牌表示不理解。[2] 据我了解，大学的教授们也同学生们类似，如果不讲公开课，不出镜等，单只是在学校里上课，大部分教授好像也比较习惯穿得随性些。这一点倒是师生比较一致。

或许我的观察带有一定的片面性，但是这也能从一定程度上说明问题。[3] 大学应该是以学习知识和技能为主的地方。其他阶段的学校教育亦是如此。唯其如此，学校教育才不会为经济利益所诱惑，才不会屈从于权力的威严。一所大学才会有自己的独立人格。

那么，拥有了自尊的学校教育又如何培养学生的诚信品

---

〔1〕 参加正式宴会的时候对衣服和鞋子都有讲究，一般都穿礼服，这个时候穿牛仔和T恤是极为不礼貌的，有的时候会被拒绝入内。这一点，许多人已经介绍过了。

〔2〕 即便如此，在我们与较年长的美国人聊天的时候，还是有人对现在的年轻人有所批评，批评他们的或者不修边幅或者不知道节俭或者不注重礼节或者不如上一代人保守等，这大概就是美国人类学家玛格丽特·米德所说的代沟。至于名牌，其实在美国，很多名牌衣服与非名牌的衣服的价格相差无几，而且据美国朋友讲，有的非名牌衣服要比名牌衣服的质量要好得多。一位美国朋友就向我讲述过一种非名牌的羽绒服的优良的防水性。当中国朋友们谈论着要到哪里去买Coach、Estee Lauder、Northface，Columbia，Banana，AnnTaylor，CK，Tommy，Polo，Londonfog，Gap，BCBG等的时候，美国朋友们就报以不言语的微笑。问起，回答是，不知道或者很少买这些牌子货。

〔3〕 我曾经就此问题同美国朋友进行过不止一次的讨论，得到的解释是，大概是美国电影对中国人的影响比较大的缘故，而美国电影中的很多东西，都不是真实的美国。可见，了解方式有时候会决定了解的结果。这样的结果，美国方面有责任，中国的市场也有责任。

德呢？

一、通过问题进行

诚信并不是一种实体性的存在，它只能被个体或群体表现出来，是一种行为性品质。判断一个个体是不是具有了诚信的品德，不是去看该个体是否读了很多关于诚信理论的书，掌握了多少诚信的理论，虽然这也是不可少的，而是看个体的行为表现是否前后有差异。而通过与学生生活和学习紧密相连的问题的讨论和分析来进行诚信教育，就是一个非常有效的途径。

哈佛大学公开课《公正：该如何做是好》（Justice）由哈佛大学哲学教授迈克尔·桑德尔（Michael J. Sandel）主讲。[1] 该课程本是为法学院学生开设的关于道德和政治学的课，但是却吸引了更多的学生来听。网上公开后，该课程风靡全球，成为哈佛大学最受欢迎的公开课之一。桑德尔教授在开讲伊始，就以一辆失控的电车要撞人为例将人们带进一个道德困境中，从而向我们指出，道德通常是以两难困境的面貌出现的，在处理或分析这些两难困境的时候，看似理性的选择或者看似平常就这样处理的办法，很多时候都是站不住脚的。在授课过程中，桑德尔教授大多时候都是以问题为出发点，让在座的学生们参与讨论，自由表达自己的想法，让学生设身处地地思考问题寻找解决办法，进而理解诸如亚里士多德、康德、洛克等人的理论的。在这样的授课过程中，学生们体验到了道德两难困境的窘迫，领会到了道德背后的诸种逻辑，在平日想当然认为是正确的地方看到了支持正确的理由的虚弱，如此，教授将枯燥的理论说教变得生动活泼，与实际生活紧密联系，如

---

〔1〕 哈佛大学公开课：“公正：该如何做是好?”，载网易公开课，http://v.163.com/special/justice/，访问日期：2014年8月12日。、

此课程，想不受学生欢迎也不大可能了，也无怪乎，在桑德尔的公开课上，我们经常能听到阵阵笑声。

《公正：该如何做是好》大多数在讲道德背后的选择与逻辑，但也不时讲到诚信问题，比如在第2集“小心你的动机”中就分析了拼字比赛中获奖的13岁的孩子Andrew诚实地向评委们承认不该得奖的故事。该课程中还有专门一讲分析“谎言的教训”，[1] 这是专门谈到诚信的一课，非常深刻。桑德尔教授分析了康德对于谎言与定言命令的思考，运用将把杀手追杀的朋友藏在家中如何既保护朋友而又不对杀手说谎的例子，来说明一个完全的谎言和一个误导的真相之间的道德区别。桑德尔教授还运用如何评价一条你不喜欢的领带而不使送你领带的朋友尴尬的例子，还现场分析了曾任美国总统的克林顿在莱温斯基丑闻案中的否认措辞来说明误导的真相是什么。在第11集“共同责任的辩论”中桑德尔教授还通过分析学生不会向校方告发室友的作弊行为，以及分析马萨诸塞大学历史上的校长，比利·布杰在大陪审团和通缉令面前拒绝说出他的兄弟（一个逃犯）在什么地方的事情来说明忠诚在伦理意义上的两难等。正是在这种种充满生活的道德两难中，学生们明白了什么是道德、公平、正义，明白了康德（Kant）、亚里士多德、罗尔斯（Rawls）等人艰难晦涩的理论，不知不觉中，在桑德尔教授的讲解中，学生们学到了道德，学会了思考道德以及道德与社会之间的关系。

通过问题进行诚信教育也会收到这样的好效果。问题是生活中的必然存在，而分析问题、解决问题大多时候需要考虑道德，很多时候需要考虑到诚信问题。如此，在分析问题解决问

---

〔1〕 哈佛大学公开课：“公正：该如何做是好？”第7集“谎言的教训”，载网易公开课，http：//v. 163. com/movie/2010/11/D/D/M6GOB7TT6_ M6GOCSFD D. html/，访问日期：2014年8月19日。

题中，学生们逐渐成长。

大学如此，初中高中小学都是如此。如前文所述，高中生们的作业就可以要求学生们对“代孕”现象进行分析并发表自己的观点。在学生们论述该话题时，不可避免地会提到20世纪80年代的M婴儿案件，[1] 同时不可避免地分析代孕母亲怀特海德的不守信行为和心理。通过这样的真实案例和其中蕴藏的问题，学生们分析了实际生活中的诚信现象，这种教育意义远比教师们的说教更有效果。而有的高中，则是通过让学生们分属共和党或民主党来发表自己的政治意见，来讨论“女人是否有权利堕胎”、“奥巴马的对华政策应该怎样”、“美国是否应该出兵叙利亚”等这些与美国人的生活观、世界观、价值观非常紧密的问题。在这样的讨论中，权利、政治、包括诚信在内的道德等都被拿来一一被审视，学生们还要拿出自己的议案供国会讨论。学校中会在一个大礼堂里让学生们模拟国会辩论，投票表决。正如我们前文已经描述过的，模拟国会辩论中的学生们统一着正装，允许家长在观礼台上观看。其情境与真实的美国国会辩论没有不同，处于这样的情景中，学生们的表现也一如真正的议员那样。这样的辩论让学生成长的速度、学知识的速度何其之快，通过辩论，解决了问题或者没有解决问题，都在某种程度上解决了学生心中的道德疑问。

我们这里有必要重复墙壁上贴着那个类似学生守则之类的东西，那是学生们集体讨论出来的结果。这个学生守则第一级条款其实与国内的学生守则相类似。但每一个一级条款下面还有第二级条款，由很细致的话语组成，是行动性的，是围绕着如何做到第一级条款里面的道德或者规则要求而需要做的事

---

〔1〕 关于M婴儿案件，参见“代孕合同的合法性——美国‘婴儿M案’”，载包头日报，2011年9月28日，http://www.baotounews.com.cn/epaper/btrb/html/2011-09/28/content_161154.htm，访问日期：2014年8月17日。

情。学生们自己讨论、辩论出来的道德规则都包含了学生们对道德的集体判断，很容易被遵守，这是学生们自己生发出来的道德，是一种自我的道德管理，而不是外在的世界加在学生们身上的。

解决问题式的尤其是解决现实生活中的问题式的诚信教育，是学校进行诚信教育一个高效渠道。

二、通过知识传授进行

教育本就是以知识为媒介而进行的培养人的活动，校园本就是知识的殿堂。中国近两年流行一本励志的书，即《哈佛凌晨4点半》。该书描述，哈佛大学里凌晨四点多钟的图书馆里还灯火通明，学生们还在认真读书的情景。[1] 虽然后来也有知道哈佛大学真实学生生活的人出来说明这并非常态。但是不可否认，在美国大学尤其是名牌大学里读书，尤其是理工类的学生，确实学习非常刻苦，凌晨才从实验室回宿舍的中国学生和外国学生都大有人在，其他人也并不觉得惊奇。[2] 中国学生，尤其是研究生，在美国学习刻苦的状态也广为人知。一位朋友就是在开车送完大家回家后又奔向了自己的实验室，或者去做实验的准备，或者去查看实验的过程和结果。[3] 甚至有中国僧人感触说哈佛大学的学生苦读很像僧人。[4] 伴随着知识的学习，学生们全身心的成长。

---

〔1〕 韦秀英:《哈佛凌晨4点半》，安徽人民出版社2012年版。

〔2〕 一个外国学生告诉我，他很多时候都是凌晨才会从实验室走路或者开车回家。

〔3〕 想当年改革开放总设计师邓小平，主张打开国门，让大批的学生出去留学，是多么的英明果敢。

〔4〕 “中国和尚眼中的美国：哈佛学生苦读很像僧人”，载 http：//news. univs. cn/2014/0821/1056698. shtml，访问日期：2014年8月20日。

本研究认为，诚信教育要通过知识的传授过程而进行，这样的知识与学生的生活或者未来生活要紧密联系，否则引发不了学生的学习兴趣，诚信教育也难以收到良好效果。以哈佛大学哲学教授桑德尔讲授公开课《公正：该如何做是好》为例，如果不是桑德尔教授将生活中的种种问题的分析包括他自己如何处理孩子们之间的事情都融进课程讲授中，学生们就会在理解亚里士多德、康德、罗尔斯等人艰难晦涩的关于道德、公正、政治等理论上费很大的力气，收效远不如如此生动活泼深入浅出的讲课方式的收效大，该公开课也不会成为哈佛大学最受欢迎的公开课之一。与自身生活联系紧密的诚信教育才能启发学生的兴趣，引发学生的道德思考，收到良好的效果。

其实，我们所学的知识都与我们当下的生活或者未来的生活有关，只是在我们的学校教育过程中，我们很多时候将之忘记了或人为地分离开来，那么恢复学校教育与生活之间的联系就成为必然。在我们的学校教育中增加社会实践性，把知识的学习与社会生活紧密相连，把教学与学生们的学习或者生活相连，就能起到良好的知识学习和道德教育的效果。

通过知识进行诚信教育，不是要宣讲教育，而是要让学生们真实地看到或感受到孕育在知识背后的道德态度和道德规则。知识本身并无道德性，知识的使用才是道德问题，而且知识其实也从来没有离开过道德而存在。人为地割裂知识与道德之间的关系是不可取的。

学生们学习知识，应该首先知道知识的可能用途，但是也必须清楚知识可以但不能的用途。高中生关于“代孕”问题的讨论，全面地展示了关于“代孕”的所有法律法规的内容以及法律法规背后的道德取向。高中生们在对政府和政治的辩论会上，以自己的真实意愿为标准选择参加民主党还是共和党，一旦选定就会在整个课程学习中忠于自己的选择，表达自己真正的政治意愿，将自己的意愿写成提案上交州政府，而不仅仅是辩论。如果不去学习和了解美国的铁路状况以及铁路发展政策及其背后的经济逻辑与人们生活的需求，就不可能参与辩论“美国铁路是否应该提速”。如果不知道美国的国内国际政策以及国际的道德就不可能讨论“美国是否应该出兵叙利亚”、“美国应该采取什么样的对华政策”。理工科的实验室里墙上贴着使用化学制剂以及化学仪器的程序和规定，如果不遵守这些规定，安全事故就会发生。艺术实验室里，大家轮流照看艺术品制作流程，其中任何人如果不熟悉流程都将会导致整个艺术品的丧生。在来不得半点虚假的知识学习中充满了诚实守信，学习知识的同时，道德教育也在进行，但是是在学生不知不觉中进行。

在我们的传统教育中，学生们从小就开始学习《三字经》、《百家姓》、《千字文》、《弟子规》等这些将道德蕴含于知识中的蒙学教材，而开始教育之旅。学生们从“人之初，性本善”、“玉不琢，不成器”；从“赵、钱、孙、李”；从“天地玄黄，宇宙洪荒”、“闰馀成岁，律吕调阳，云腾致雨，露结为霜”；从“首孝弟，次谨信，泛爱众，而亲仁，有余力，则学文”中学习到了人性的善良、成才的雕琢、历史的宏大、自然规律与社会生活的协调。在这些知识中，并没有如现代的“思想品德”、“公民”、“语文”、“数学”、“历史”、“地理”等区分，而是融合为一体，学习知识的过程同时就是学习诚信学习亲爱友善的过程。[1] 及至青少年，则是在学习“四书”、“五经”中修身进而齐家进而平天下，发挥儒家精神，达到“为天地立心，为生民立命，为往圣继绝学，为万

〔1〕 对于这种学科划分，美国著名批判主义教育家迈克尔·阿普尔教授持批评态度。

世开太平”的最高境界。[1] 抛却传统教育的封建性，让学生们感受到孕育在知识背后包括诚信德性在内的道德教育仍然是我们从传统教育中可以得到批判性的有益借鉴。

值得注意的是，我们可以通过知识进行诚信教育，却不能通过知识来树立个人的权威。唐代诗人韩愈就曾引用孔子的话说：“是故弟子不必不如师，师不必贤于弟子，闻道有先后，术业有专攻，如是而已。”[2] 我们尊重知识，却不是尊重个人。我们的教育中习惯树立道德榜样，而在美国的教育中，却习惯突出自己。所以在美国小学的教室内，除了美国国旗外，还可以有学生们作的配以自我画像的自我介绍。所以在美国，当奥巴马为了竞选总统来某大学做演讲拉选票的时候，大学所在州的州长可以不与奥巴马见面，不出席奥巴马的演讲会。所以，当历史上，亚里士多德因为物理知识而被尊为不可超越的人物时，是伽利略本着对知识的诚信甚至信仰，举行了著名的“比萨斜塔”重物自由下落实验，推翻了亚里士多德的“物体落下的速度与重量成正比例”的定论。[3] 我们应该教育学生应该具有对知识的诚信，而非对某个个人的诚信。这样，知识才会创新，发挥其本有的功能和作用。

三、通过行动进行

我们已经知道，在美国，学校里并没有专门的道德教育课，所以才会有前文介绍的，当我一开始问到学校是否有道德

---

〔1〕 林乐昌：“‘为天地立心’——张载‘四为句’新释”，载《中国哲学》2009 年第 5 期。

〔2〕 彭梅：“《师说》中的师生观及其现代启示”，载《沙洋师范高等专科学校学报》2009 年第 3 期。

〔3〕 黄天庆：“浅谈历史教学中‘科学精神’的培养——以‘重演伽利略思想实验’的教学片断为例”，载《历史教学》2010 年第 21 期。

教育课的时候，校方对我的问题有点惊讶，或者直接回答说没有。但是学校里充满着各种各样的活动，还有各种各样的学生社团，让学生们可以自由选择参加，道德教育就融合在各种各样的活动中。

再次回到我所看到的学生宣誓上。我们可能不很理解很多介绍美国人的文章都会写道，在听到美国国歌的时候都会自动停下的现象，本研究认为，这或许就是美国教育中一种由于习惯而内化的行动起作用。正如在小学里的宣誓的性质一样。虽然抽象的民主和自由的概念并不符合孩子年幼的特点，这样的教育不符合一个人的心理发展特征。但是，宣誓依然在进行，教育就在进行。

还有，小学生们在课上需要自己整理课桌，遵守纪律，打喷嚏时要用胳膊挡住，不要让口气喷到别人脸上或者身上。在食堂里要尊重教师，要主动帮助教师收拾食品垃圾，要小声说话或者不说话，不要共食，去洗手间要报告教师得到允许。在操场上的玩耍中，要尊重国际学生。深夜里，志愿者教练可以召集小学生足球队员踢球，仅仅是为了纪念已经过世的前任志愿者教练。放学后，小学生可以作志愿者协助维护十字路口的交通，帮助小学生过马路。小学的教育就像是一张细密的网，从走入学校那一刻起，学生便被收进这张塑造其价值观和行为的网里，在不知不觉中得以被塑造其心智结构。从初中起，学校便开始有了选修课，艺术课和手工课都是可以选修的课程。学生们可以根据自己的兴趣选修。手工课上，学生们使用机器，认真地切割着，整个教室只有一个教师看管。在这里，信任起到了很大的作用，如果教师不信任学生们能做好，那么就不会放手让学生们自己使用机器，因为万一有了事故，就不是小事故了。想一下中国的父母，有几个人有这个胆量放手。相互信任，使得对学生们的教育顺利地进行着。以上所述，大部分在前文中已经说过，但是本研究在这里依然要重复，因为这些就是真实的课堂和生活。

依然如前文所提过的，美国学生进入到高中，选修课更加多了，社团也更加多了，活动也更加多了。高中的活动很少是由学校组织的，大部分都是由社团组织并实施的。社团活动对学生的教育意义，不可小瞧。正如那个“男人俱乐部”，其实就是个自我教育的场域，在这个俱乐部里，学生们自我教育，如何成为一个负责任、诚实守信、讲道德的男性，如此度过青春期，岂不比家长的盯梢或者查岗效果更好。还有那个让人惊讶的是高中“情人节”活动。情人节，本发源于西方，现在也流行于中国，但是意义和活动方式有很多的不同。情人节并不是男女朋友之间的节日，而是表达尊敬和大家友爱的节日。这样的情人节过得很有意义，是一个表达爱和尊重的节日，而不是像在中国，情人节的意义单一。

还有那个为联谊学校制作有情节的小画书的俱乐部，更加具有自我管理自我教育的意义。这样的俱乐部，就使得中生尝试着作老师了，而小学生可以从大姐姐大哥哥那里学习到知识，听到各种有意思的故事。这是一种在教育他人的行动中教育自己的活动，使得教育具有连续性。“回家日”（homecoming）活动中，大家出于对学校的爱和信任而聚集在一起。就是在这样的活动中，每一个人都在成长。在这样的成长中，才能逐渐具有思考的广度和深度。

散文大家杨绛先生在回答怎样的教育才能算“好的教育”的时候说，“我体会，‘好的教育’首先是启发人的学习兴趣，学习的自觉性，培养人的上进心，引导人们好学，和不断完善自己。要让学生在不知不觉中受教育，让他们潜移默化。这方面的作用很重要，言传不如身教”。[1] 可见，杨绛先生也非常提倡行动教育，而不是父母或其他任何人的说教。

行动中的教育，莫过于佛教禅宗所讲的修行。禅宗讲求以平常心，于砍柴担水做饭中悟道、证道，于坐看云起云落中、当头棒喝、竖起一个手指中顿悟，这些修行之道都强调了行动的展示而非语言的宣讲。我们的传统文化中的理学也讲究“格物”、“持敬”的功夫。抛却宗教色彩和理学的封建色彩，仅仅作为一种培养人德性的方法，也不是完全没有可取之处的。我们的社会进入现代以来，工业的大发展使得学校学科分化越来越细，分割了知识原有的整体性和共通性，而行动则可以重新整合各种知识，包括诚信的德性。一位国际知名的美国大学教授就直言学校里的学科分化直接分割了知识的整体性，极端不利于人的成长。生活从来都是整体的，需要同时用到多门学科的知识，生活从来都不是被割裂到只运用哪一门学科的知识。所以本研究认为，我们的学校不应该成为只是为高考做准备的训练营，不应该成为只是批量生产只会考试而不会做家务、不会照顾自己生活，上学都需要带着保姆、放假才把衣服带回家让自己妈妈洗、报道都需要学校举起牌子说请“断奶”的工厂。我们的学校应该成为传授学生知识、涵养学生德性、提升学生生活能力的环境。所以，我们应该更多地增加学校社团的活动，给予社团更多的自主性，使其在法律的范围内自由地活动，发挥学生们的主动性和创造力。这样的社团就为学生们提供了很多实验的场域，很多试错的机会。可贵的是，在这样的实验和机会中，犯错误的代价是最小的，在不断的实验和试错中，学生们进一步掌握了知识和技能，提升了素养，更加

---

〔1〕“坐在人生的边上——杨绛先生百岁答问”，2011 年 07 月 17 日，载 http：//news. xinhuanet. com/edu/2011 - 07/17/c_ 121677799. htm，访问日期：2014 年 8 月 12 日。

健康的成长。我们的课堂应该更加吸引学生们的积极参与，更多地使用讨论的方式进行教学，引发学生的思考。我们的作业应该更加具有行动性和团结性，单靠在家里或教室里不能完成，而是要走到社会上，了解、理解、分析所学的知识与我们这个社会的内在紧密联系，并因而积极地建设我们的国家和社会，学以致用。

行动起来，自我尊重、自我教育，是进行诚信教育的好途径。

当然，所有这些途径并不能单独进行，而是要形成合力，共同推进，鉴于中国学生只会考试的声名外播，从而波及中国的高考状元，导致哈佛大学不招收中国高考状元，而是要招收“有趣”的学生。[1]

目前，很多中国的国际学校学生可以直接申请美国高校，又导致了中国国际学校的蓬勃发展，相信在不久的将来，中国学生就读国际学校将会成为一个大的趋势。[2]

学校，要培养学生们诚实守信，就必须自身先要做到诚信守信。换句话说，学校是在真实地进行着知识的传授，是在传授真实的知识，学校的师生员工，作为学校的代表，要言行一

---

〔1〕“哈佛不爱中国高考状元 青睐‘有趣’学生”，载 http://edu.qq.com/a/20140822/022628.htm，访问日期：2014 年 8 月 10 日。我在美国的时候，跟美国朋友们谈论中美之间的教育差异。一个美国朋友说我们中国学生都到了研究生了竟然不会换机油，而美国学生在其 10 岁左右就已经会了；中国学生考试能力强，但是动手能力不强。这样的话虽然有点夸张，但是也是实情，不过，到美国求学的中国留学生，尤其是研究生，大多能很快增强其动手能力，包括女留学生，都成了“女汉子”，可见环境对人的影响之大。

〔2〕“最严入学政策捧热北京国际学校 不再拿钱就进”，载中国新闻网，http://www.edu.cn/ji_jiao_news_279/20140821/t20140821_1166056_1.shtml，访问日期：2014 年 8 月 21 日。

致，要有道德，要传播德性，而不能发生“性侵”事件、[1] 高校招生腐败事件等，[2] 这些事件只会抹黑学校本身，让人对其教育性产生质疑。

第三节 社会的诚信教育

社会是每一个体所不能逃避的场域，是一个大熔炉，不断地在熔炼着生于斯长于斯的人们。我们每一个人都从一出生就处身于一个不能选择的社会结构和文化结构中，只是这个结构首先是以家庭的形式出现的。在经历过家庭的教育之后，在大部分人都会接受学校教育进行次级社会化之后，个体就会进入到真正的社会中，接受教育和对先前知识和道德的检验，或者加深个体之所学，或者予以修正。个体就是在这个大熔炉中不断地学习和再学习，不断地成长。这是社会对个人的影响。每个个体都无可逃避。但是每个个体都是一个智慧个体，都不是被动地接受社会的塑造，而是可以用自身所掌握的知识和技能发现和解决社会中的问题，不断地改变着社会的风气和结构。总之，社会与个人之间是一种互相作用的过程，而我们人类社会就是在这样的交互作用中撰写了和正在撰写者人类社会发展变化的历史。

诚信的教育在社会中进行，要收到良好的效果。本研究认为，可以有如下三条路径：

---

〔1〕 康均心、刘猛：“我国中小学校园性侵犯罪的防制”，载《青少年犯罪问题》2014 年第 2 期。

〔2〕 许维利、黄俊浩：“司法审查高校招生行为的法理分析”，载《高教探索》2005 年第 4 期。

一、要与家庭诚信教育、学校诚信教育相一致

在美国，我们看到，在社会演绎人生百态之中道德教育也无时不在。在一个卖有机食品的超市里，都会标记着该超市为社会捐款的标识，这种“我在做，你在看”的展示，不是在以语言来教导他人，而是以行动来号召他人。在一所卖药的药店里，在顾客付账的时候，付账的电脑上会出现是否捐款的问题，顾客可以选择“是”，也还可以选择“否”。在一个二手店里，墙上都写着类似“我们需要帮助他人”的语句。当美国塔吉特（Target）连锁超市因为受到黑客攻击，几万张信用卡和相关的顾客信息被泄漏之后，塔吉特公司在电视上向公众公开道歉，凡是 2013 年在该超市消费过的信用卡都被冻结，防止信息被滥用，2014 年 3 月该连锁超市执行官 Beth Jacob 辞职。[1] 在美国的银行里，只要你拿着社会安全号码（social security number），保持着信用记录，如果你申请信用卡，那么银行就可以立刻办理，立刻启用。朋友代办存款或者取款业务，银行会将凭证上钱款的数字用笔涂黑。而在很多超市里都有自动结款机，买完东西之后，顾客可以自己结账刷卡，无人看管。超市相信顾客不会漏掉该结账的物品。通过品牌官网买了东西之后，品牌官网会根据顾客的投诉而进行重邮或者赔付，而不会去检查是否是真的丢了，还是顾客想多要一件。通过邮局邮寄的普通物品就被放在顾客的家门口，不怕别人拿走了他人的东西。这些事情和话语，前文大多已经描述过，这里

---

〔1〕 当时我正在美国，住处附近就有这个超市，所以知道该事件。认识的朋友中有的信用卡就被冻结。在课堂上，老师还提醒我们少用信用卡，而多用支票。通过网络知道，2014 年 5 月份，该连锁超市的总裁兼首席执行长 Gregg Steinhafel 辞职。载 http://data.tsci.com.cn/News/HTM/20140506/970220.htm，访问日期：2014 年 8 月 20 日。

重复的重要意义就是为了强调表明社会教育时时刻刻在努力保持着与家庭教育和学校教育的一致性。

正如家庭教育如果与学校教育不一致，那么学校教育就不得不担任起学生重新社会化的任务一样。如果社会的诚信教育与家庭和学校诚信教育不一致，那么个体进入到社会中就会被重新社会化，这个过程会因为个体已经有了固有的人生观和价值观而变得痛苦。一边是学校教育人们要做一个诚实守信善良的人，一边却是社会中诚实守信之人得不到认可、正向承认和鼓励，处于如此矛盾的境况中，个体的内心道德就没有确定感和方向感。在扶摔倒的老人反而被讹的事件屡屡发生而没有一个防治机制后，那么遇到摔倒的老人还要不要扶？人们的心里就会有疑问。不仅如此，遇到失明老人过马路要不要扶？遇到其他人摔倒，如老人、孩子，要不要扶？这都是连锁反应。以至于我们还要为老人摔倒了要不要的问题出具一个文件性的东西，将一个道德领域的问题推到医学领域甚至法律领域中去。没有正向的确定的方向，那么负向的方向就会生长。正能量消失的地方，负能量就会疯长，这无关乎人性本善或人性本恶，这是社会环境中人性善恶的发挥。

在美国威斯康星州的首府大楼里，议员会议室主席台位置的墙上，正中插着两面美国国旗，国旗中间是一只老鹰的干尸。首府大楼可以免费参观，并有专人进行免费讲解。据介绍，南北战争期间，一位老人因为不能参加军队，所以把自己驯养的老鹰送给了军队，该老鹰能发现敌人的位置从而给自己的部队送信，因此，多次战役因为有老鹰的帮助而获胜。战争结束后，该老鹰成为英雄老鹰，死后被制作成干尸，放在议员会议室的墙上，展示给观众。后来英雄老鹰的尸体在大楼的一场大火中被烧毁，有另外一个人重新制作了一只老鹰，代替了原先的老鹰，但是其象征意义没有消减。[1] 这个英雄老鹰故事所展示的是一个老人对国家的诚实和国家对老人的诚实。老人诚实地履行了作为一个公民所应履行的义务，而老鹰有功绩后，国家也会诚实地对待它，并不因为它是一个动物就损减了它应得的荣誉，而这荣誉，也是对老人功绩的承认。首府大楼，因为免费对外开放，也无门卫把守，甚至还设立了专门的咨询服务台来服务前来旅游观光的人，为他们指明道路和各个地点的位置，还开设了专门的旅游解说服务，每个解说员都会最后满怀着热爱和敬佩讲解这个老鹰的故事。种种努力，使得首府大楼成为学生、市民以及外地来的美国人和国际友人旅游观光之所，而在享受旅游的同时，美国人和国际来客都感受到了美国的爱国主义教育以及诚实教育。

类似的社会教育也可以在我们中国进行，我们有着悠长绵延的历史文明的积累。仅仅北京就是一个具有 3000 年建城史，800 年建都史的都城，有着举世闻名的长城、故宫。放眼全国，我们还有秦始皇兵马俑、巍峨的泰山黄山、雄壮的长江黄河、数不清的名人故居等等，这些标志着我们中华民族的伟大文明历程，展示着我们中华民族的伟大历史，所有这些无一例外都可成为我们进行道德教育的地方，而不仅仅是旅游的景点。我们所要做的只是要转变心态和眼光，树立自我文化的自信。我们自己的国家有多少伟大的文明深邃的文化等待挖掘和重新发光。文化的自信增强文化的自尊，提升人的心灵，增长人的大气。苏格兰的小学在“千亩大草坪上体育课”、“动物园里上‘生理卫生课’”、“大歌剧院开学生音乐会”、在城堡

---

〔1〕 载 http：//tours. wisconsin. gov/pub/Content. aspx？ p = Photo%20Tour%20 – %20Assembly%20Chamber，访问日期：2014 年 8 月 20 日。在介绍中，解说员并不是用“it”，而是“he”来介绍英雄老鹰的故事，这里的老鹰已经成了一名英雄战士，而不再是一只单纯的动物老鹰。

中上历史课。[1] 我们也能发挥我们的城市的作用以及各种旅游胜地的教化作用，要将社会的各个场域变成一切可以发挥教育作用的场所，而不仅仅是被动同化社会成员的地方，如此便与我们的家庭教育和学校教育相一致，个体的健康成长才能更加有保障。

二、要鼓励志愿者参与社会活动

志愿者活动是彰显道德和爱心的活动。每一次国内大型活动或者国际大型活动，如奥运会，我们都会看到许多志愿者辛勤地工作。这都是正能量的表现。社会要彰显诚信教育的作用，就要鼓励志愿者参与社会活动。

志愿者在美国是一个非常普遍的事情，很多地方都可以看见穿着色彩鲜明的志愿者的身影。在上学放学的十字路口，有老人或者学生志愿者协助指挥交通。在父母没有时间送孩子上学的社区，还有社区志愿者负责替父母接送孩子。在大型的音乐会上，会有乐队免费演出，会有大量的志愿者协助维持秩序，甚至负责卖票、检查包裹。在大学里，更是有学生志愿者在学校咨询台工作，为前来问询的人提供帮助；还有的志愿者负责带领新生和家长参观、报到；还有的老师免费教国际学生英语等。大人们的言行也会影响到小孩子，很多场合下，都可以看到美国的大人们在带着孩子作志愿者。所以那些小学食堂里小学生帮助老师们收拾餐具，并不觉得是什么特别的事情。也还有人将志愿者做到学校里去，正如我们前面所讲的那个小学足球队的教练，他是利用空闲时间来免费教孩子们踢足球，还要举行一次半夜足球赛来纪念前任志愿者足球教练。作志愿

---

〔1〕“整座城市都是小学课堂，一名教师英国之旅的收获”，载 http://blog.sina.com.cn/s/blog_e55b3cce0102uz8v.html，访问日期：2014 年 8 月 20 日。

者的人来自各行各业，不分彼此，不分高低贵贱，形成规模和体制。甚至很多学校规定，如果学生想毕业，那么必须作一定时间的志愿者。这样的氛围，对于培养每一个个体包括诚信在内的德性是非常有利的。

但是，在当下之中国，老人摔倒了不敢扶的恶劣影响不能在短时间内消除，所以才会出现地铁内老外晕倒，10 秒钟内乘客跑光，差点造成踩踏事件，无一人前去帮助的场景。[1] 我们不能说美国人都是愿意做志愿者的人，这显然不符合事实，但是不可否认，有很多人是愿意做志愿者的。我们也不能说中国人没有人愿意做志愿者，[2] 2008 年汶川大地震当中，我们有多少志愿者到现场冒着危险去救人！可以说，在每一次灾难来临的时候，我们都有无数的志愿者不辞劳苦在奉献着自己的金钱、精力和智慧，这是不能忽略和抹杀的。但是我们可以借鉴他国的经验，我们要将做志愿者的心理效应放大，成为日常生活中的“小事”，而不是只成为灾害和危难中的行为，要使之成为一种常态，成为规模和体系，从而释放大量的人与人之间诚信友爱的信号，超越社会中存在的人与人之间的冷漠，遏制如社科院的《中国社会心态蓝皮书》调查所揭示的“反向情绪”那样[3]。善恶总是在斗争，此消彼长，善增多了，恶自然就会减少，正能量大了，负能量自然就会减小。

---

〔1〕“上海地铁一老外晕倒 3 节车厢乘客 10 秒内跑光”，载 http://news.cnr.cn/native/gd/201408/t20140820_516254809.shtml，访问日期：2014 年 8 月 25 日。

〔2〕有一天我看到路上穿着“×××志愿者”的衣服，于是上前问他是不是真的志愿者，不要任何钱。他回答我了一句话，大致意思说：“你认为现在还有这样的人吗?”这虽然是一个个例，但是从某种程度上说，这也反映出社会上的人对作志愿者的一种态度。

〔3〕王俊秀、杨宜音主编：《社会心态蓝皮书：中国社会心态研究报告（2012－2013）》，社会科学文献出版社 2013 年版。

三、要与法律教育相辅助

我们曾经探讨过诚信与法律的关系，这里有必要重申本研究的观点，那就是，法律并不是解决人们不诚信的主要力量。前文我们已经提过的美国著名政治哲学家列奥·施特劳斯所提出，解决现代性危机的唯一出路是回归古典社会，遵循“善优先于权利”而生活。[1] 但是这并不意味着，我们的社会就不要法律。正如我们党十八届四中全会提出的那样，“法律为治国之重器”。法律是社会中的人们行为的底线，是国家意志的体现，是民众对国家的诚信和国家对民众的诚信，是协调人际关系的工具，带有强制性，因而，要很好地发挥社会诚信教育的作用，就要与法律教育相辅助。

在美国，律师行业非常兴盛，法官社会地位比较高，人们的法律意识极强。[2] 法学专业长时间以来都是高校申请者青睐的专业，在美国，任何人可以就生活中的任何事聘请律师打一场官司。但是我们也已经说明，在美国，任何一个成年人，如果在任何法院被记录进卷宗，那么这些卷宗就会公开给社会的每个人。任何其他人，只要愿意或者有怀疑，都可以上法院的网站查询，而且，基层法院、上诉法院以及联邦法院的成年人的庭审时间，一般都会在网上公开，任何人，都可以前去旁听。这是法院对法律的诚实。因为每一个成年人，都应该对自己的行为负责，包括对每一个“污点”行为的负责。未成年人的案件虽然不公开审理，但是，在青少年法庭内部，却有一

---

〔1〕 其观点，详见［美］列奥·施特劳斯著，彭刚译：《自然权利与历史》，生活·读书·新知三联书店2003年版。

〔2〕 在美国，每个人对自己的私人领地都有很强的意识。如果家中无人，他人就最好不要进入别人家的院子，虽然院子是敞开的，并无围墙或者栅栏或者其他什么遮挡的东西，否则后果就得自负了。

个类似于学校的教育机构，法庭会聘请教师来教孩子们读书、使用电脑，甚至也会有青少年法庭的工作人员教孩子们如何做饭，在知识的学习中涵养学生的德性。

而且，在美国，每一个公民都有一个上文提到的“社会安全号码”。这就是个每个人的所有信用活动的记录器，如果一个人有了非诚信事件，从这个卡号就能完全查出事件始末，那么就会影响他的所有生活。[1] 这也是放大污点，使其自我监督的重要方法。

法律的条文或者案例都在明处，每一个人，只要愿意，都可以看到。但是，法律的执行则在不同的国家就具有不同的效果，法律的执行过程不透明，会导致法律执行效力的打折，法律诚信会打折，进而社会诚信会打折。而让每一个污点放大，从隐蔽走向公开，是进行社会诚信教育的很好的途径。如果我们的法院的成年人的所有卷宗都可以公开给每一个人，那么我们的法院就不是一个个隐在社会公众正常生活断裂处的救火队或处理器，而是一个融入了正常社会生活随时随地可见的预警器；如果每一个人一生的诚信活动都在法律允许的范围内有案可查，成为制度的时候，那么无疑将会是对所有人的一种警醒和震慑，借此而时时检视和反思自己的行为，自我规范自己的行为。当警醒和反思成为一种社会习惯的时候，法律的他律就会转变为法律的自律、道德的自律，社会的不诚信风气将会大有改观。可喜的是，当下不断有公开法院审判判决的声音发出来，说明，如此呼声非本研究独有的声音。

心智结构就是社会结构，所以当我们需要改善我们的社会

---

〔1〕我在美国时候也办理了这个社会安全号码，因为如果不办理，就不能办理美国的信用卡，也不能买车，很不方便。

结构的时候，我们需要做的是改善我们的心智结构，而心智结构的形成是需要长时间的家庭和社会与学校等各种力量的联合，在生活中通过如佛家所说的“翠竹黄花皆藏般若”的无处不在性和水滴石穿的功夫才得以可能的。宏大的社会诚信制度的建设其实就是具体的每一个个人的内心世界的建设。个体的诚信唯有自律方能达成。道德教育，不是让家庭、学校和社会为个体立道德之法，而是个体为自己进行道德立法，是生发于自身内心深处的自律行为，而非外在他律的强迫。任何强迫，都有失效的时候，唯有自我道德立法，才会永不失效。诚信是一种道德品质，诚信的树立及践行，也遵循此逻辑。

日本著名的漫画家宫崎骏在《悬崖上的金鱼姬》中说：“一举一动，都是承诺，会被另一个人看在眼里，记在心上的。”愿我们能从生活中的一点一滴做起，建起诚信的大厦！愿我们如柏拉图所讲的“永远遵循天道，永远追随正义和道德”，[1] 愿我们的生活更加美好，愿世界更加美好，愿诚信之花处处开遍！

“有理想在的地方，地狱就是天堂；有希望在的地方，痛苦也成欢乐。”

——柏拉图

〔1〕［古希腊］柏拉图著，刘勉、郭永刚译：《理想国》，华龄出版社 1996 年版，第400 页。

附录　访谈整理（部分）

一

访谈人：您认为什么是诚信?

A：诚实守信不说谎。

B：诚信是一个人有原则地遵守信用，这个原则既基于真善美的道德标准，也基于这个社会的法律规范，它应该是做人的底线。

C：诚信就是说老实话、干老实事、做老实人。

D：很简单，说话算数，欠债还钱。

E：我认为诚信与道德有关，诚信是社会道德的一个最基础的体现，是人作为社会主体所应具备的道德品质和美德要求。简单来说，诚信是一种美德，一种全备性的美德。诚信即诚实和信用，这两者恰恰体现出作为道德主体的个人所应追求的方向。道德主要由两部分组成：一是自身的道德修养；二是对待其他人的行动和态度。诚信体现了这两个道德维度上的要求。诚实要求我们忠诚于我们的信念，要求我们有一致的思想和认知，同时坚持言行一致。

而信用则是对人们处理社会关系的要求，这种品质要求人们遵守承诺，不弄虚作假，以实际行动保证承诺得以履行。最简单的形式是，当我们对别人做出承诺的时候，我们就要遵守，就比如食品生产厂家向消费者承诺他们的商品是合格的，那么他们就必须生产出质量过关的食物。

诚信是完整人格的体现，也扣住了社会道德的核心要求。它既体现为个人道德的方面，即每个人忠实于个体人格，保护个人信念与行动之间的完整性，同时也体现为社会道德的方面。简单地说，就是诚信在一定程度上巩固了社会的根基，在一个人人都讲诚信的社会，人际关系会更为融洽，人们会更加受益，这就不仅仅是个人的问题了。

F：我认为诚信就是人与人之间沟通、交往时能够诚实守信、不欺骗对方。

G：诚信是一个人自身的道德底线，是一个人立足于世的根本。

H：诚信就是说话算话，不欺骗，尊重社会公德。

I：言必行，行必果。

J：诚就是对自己诚实，对他人诚信，并且相信他人相信自己的诚实，也认为自己相信他人的诚实。就是互相诚实守信。

访谈人：您认为我们这个社会是个讲诚信的社会吗？

A：不讲诚信。

B：总体还是不错的，但是良莠不齐的现象还是存在的，而且现在社会拜金之气渐盛，一部分人为了追逐自身利益，可以把诚信弃之不顾，比如说那些做虚假广告的明星们，代言的产品的功效明明没有这般神奇，还要天花乱坠地吹捧，仅因为那些高昂的代言费，就可以放弃自己的道德底线，误导大众。

C：我们这个社会从本质上看不是一个讲诚信的社会。因为说话不算数、撒谎、欺诈的事情太多了。主要问题是因为不诚信没有成本。

D：不是，尔虞我诈，老实人吃亏。

E：任何一个有秩序运作的社会都不是依靠暴力和欺诈而

维持的，而是依靠道德力量和法律力量。社会的运作都会依靠着社会中的人发挥他们的诚信品质，如果没有诚信，社会可能就无法运作。因此，我们这个社会依然正常运作，诚信这种力量发挥着重要的作用。但这并不意味着每个社会都很好地保护了诚信这种品质，所以我认为我们这个社会讲诚信，但存在着很多邪恶的力量破坏这种诚信，侵蚀着社会的道德基础，这是最重要的问题。比如，社会中很多人宣扬金钱至上的观念，宣扬个人自我主义，这些观点会鼓动人们只顾一己私利去追求钱财，追求个人的享受，而违背了诚信的要求。所以我们这个社会是诚信品德面临严峻挑战的社会。

F：我认为这个社会是讲诚信的。虽然有许多不诚信的人和事出现，但不能否认我们这个社会无论是从事哪一种行业，或者与哪一类人交往，都需要以诚信作为基本的做事原则。诚信是整个社会的大潮流。

G：在社会快速发展的过程中，诚信虽然还是存在的，但是在利益的面前已经渐渐的退居幕后，很多时候所谓的“君子协议”在这个社会已经不适用了，可能大家都会在心底对诚信划上一个问号。

H：不够诚信。

I：大部分人是讲诚信的。

J：这个社会当然是个讲诚信的社会。当然欺骗也是有的，但是“盗亦有道”，做坏事的人是对好人的一种欺骗，但是对自己的内部人，必须是说话算数的，否则团伙作案的机会就不会存在了。如果三个人商量好去抢银行，一个人望风，一个人拿钱，一个人砸银行，分工明确，如果不相信这个拿钱的人可以将钱分给其他两位，那么他们怎么可能团伙行动？如果不相信三个人可以同进同退，那么他们怎么可以团伙行动，而不相信自己在行动时被另外两个人丢下？这就是一种“诚信”，是不需要签协议的。个人之间或者机构之间做好事的时候，才需要签订合作协议。某些小集团，做坏事的时候反而不需要签订协议，就凭相信，所以诚信不完全是个道德问题。

访谈人：讲诚信与人的本性有关系吗?

A：人的本性中有不讲诚信的一面。

B：当然有。人性本善，人之初都是很纯洁的，也很诚信，所以大人们总说“小孩子不会撒谎”。但是当我们长大后，在各种取舍之间，当诚信与利益成为鱼翅与熊掌时，有的人会忍不住诱惑而舍弃诚信。这就是人性当中的贪婪在作祟吧。

C：有关系，诚信是人的本性，估计没有人不想诚信，只不过社会环境不好。

D：有关系。但制度更重要。人天生趋利避害，好的制度会让诚信成为一种利，不诚信成为一种害。不诚信的成本高于收益时，正常人都会选择诚信。

E：人的本性有性善与性恶两种主张，我支持的是后者。人的天性软弱，且趋向于恶。但这并不意味着人生下来就是邪恶的。人本性恶的观点恰恰支持了诚信这样一种道德主张。我们不能说人生下来就懂得诚信，或者生下来就会实践诚信的要求，而是说，在人成长的过程中，当他在面临各种诱惑的时候，他就需要道德上的约束。这种约束从外在转化为内在，从而约束自己的本性。所以我认为讲诚信就是对人的本性的一种约束，是个人自我实现的过程。

F：我认为诚信与人的本性是相关的。无论人性本善还是人性本恶，只要后天在相对正常的环境下成长，就应该对诚信有基本的认知，这与一个人的世界观、人生观和价值观是相适应的。诚信是构成一个人人格的基础要素之一，也是评价一个人基本道德素养的重要环节，因此往往能从一个人对诚信的态度、做事是否诚信来判断一个人是否是一个善良、值得交往、值得信任的人。所以，诚信与人的本性息息相关。

G：我认为诚信还是和人的本性有关的，一个人的本性某种程度上还是约束着人的很多作为及决定，而诚信作为道德本性的一个侧面和人的本性有着密切的关系。

H：有一定关系。

I：有关。

J：有关系。诚信不是天生的，与生俱来的，而是后天习得的。我认为人性本恶。一个人从很小的小孩子的时候一开始学会的其实不是诚信，而是不诚信。我们常说"会哭的孩子有奶吃"，说的就是还不会说话的小孩子饿的时候会哭，那么妈妈就会来喂奶。但是有很多时候，小孩子哭不是因为饿，而是因为希望得到母亲的爱，以假哭的方式索取妈妈的爱，小孩子一哭，妈妈就会抱会哄，这也就助长了小孩子假哭的不诚信。还有妈妈在哄哭的小孩子的时候常说"宝贝，不哭，再哭，狼来了"等类似的话，小孩子被吓住了，不哭了，其实根本没有狼来，这也就从反向教会了小孩子的不诚信。

那么小孩子后来是怎样变成诚信的人的呢？是后天的教育，或者后天的吃亏。教育使人认识到，不诚信的代价很大，诚信的获益更多，所以应该诚信，而后天的吃亏也使人认识到，不诚信会吃亏，所以不能不诚信，这样小孩子在自己的人生成长过程中就慢慢地讲诚信了。

访谈人：在您看来，诚信与政府、法治之间的关系如何？

A：诚信不仅仅是个人道德问题，也是法律问题。政府必须提倡讲诚信，国家应该建立诚信制度，这也是法治的一部分。

B：要想让这个社会更加诚信，政府应该做好正确的舆论导向并完善各种制度。

正确的舆论导向是从提高人们的道德修养上下功夫，指引人们向善；而法治则是道德的最后底线，限制人们的贪婪。因此，对于各种不诚信的现象就应该严厉打击，但我们国家做得并不够。比如对虚假广告，明明有夸大虚构成分，竟然还在电视屏幕上一遍一遍地播出，这样很不好。

中国不诚信最大的问题在政府，政府腐败严重，社会做事没有信仰，缺少原则。

C：诚信首先是政府诚信，只有政府诚信了，公民才会诚信。所以，政府对诚信责任最大。

D：诚信与广义的法治有一定关系，法律作为一种外在制度，要提高不诚信的成本，让不诚信的人和机构付出高额的代价，才能最终保障诚信。从这个角度来说，诚信是由法律制度保障的，法治张，则诚信扬。法治不张，则诚信不扬。

E：我认为诚信与政府和法治之间存在着一种间接的关联。政府的行为和政策应该符合诚信的要求，即政府要忠诚于它对社会和公众所做出的承诺，不断地提升自身的公信力。政府也应在社会中鼓励人们践行诚信的要求，要以身作则。一般来说，当政府把诚信作为一种执政的美德的时候，社会的诚信风气就会得到促进。而如果政府内部存在着各种违背诚信的问题，比如贪污腐败、令不行禁不止，那么诚信风气就很难得到好的促进。

诚信与法治之间有着一种内在的关联。法治其实就是一种法律的诚信品质，只不过对法律的要求和对人的要求是不一样的。对人来说，诚信意味着我们要遵守承诺，言行一致，而对于法律来说，诚信意味着法律的执行是公正的，不偏私的，同样的案件同样处理，不受人为的、不公正的干预。

F：政府的行为是一个国家诚信的体现。法治也是体现国家诚信的重要方面。行政诚信，人民可以过上幸福的生活；法治诚信，人民就能够遵纪守法。

G：法治是根据证据说话的，诚信更多的时候是根据人自己的心说话的。有很多时候我们会面对空口无凭的尴尬境地，这个时候可能是法律无法掌控的范畴，孰对孰错更多的是依靠人心的诚信底线。

H：诚信与政府、法治密切相关，政府要带头守信，才会有社会的诚信；法治要严惩任何组织（包括政府）与个人的不诚信行为。

I：很有关系。

J：讲诚信其实就是说话算数，这就像在城市里过马路，对面绿灯亮了，两边是红灯，这就相当于，对面两边都有人在拿着喇叭喊："你放心过吧，我们这边的车不会开过去，"而也有个人在对面拿着喇叭喊："请你放心过来吧，两边的车不会动，"如此，这边的人才敢在绿灯亮的时候过马路，否则说话不算数，没有人敢过马路。最大的说话算数就是法治，最大的说话算数者就是政府，只要政府这个带头人说话算数了，整个社会就会形成风气，统统说话算数了。

访谈人：在您看来，诚信与教育之间的关系如何？

A：由于人的本性中有不讲诚信的一面，所以需要后天教育，树立诚信观念。

B：诚信与学校教育的关联并不大，但与家庭和社会教育的关系很大。一个只有小学文化的农民工可能将拾到的里面装着相当于他一年收入的钱包还给失主，而有着博士学历的老板可能为了自身利益在负债累累的情况下拿着欠款跑路。

C：教育可以促进诚信。

D：教育是训练一个人对社会了解程度的过程，教育的规训使得自然人的社会性逐步建备，这个过程中，对诚信规则的认可也就建构起来了。从这个角度说，诚信教育对社会诚信而言，至关重要。

E：诚信是一种美德，美德是习来的，而不是天生的。中国的古代强调“教化”，其意思就是通过教养使人得以被塑造，即“化”。在古希腊时代最重要的教育形式之一就是美德教育，通过各种道德品质的塑造，让人成为有道德的、负责任的人。在中世纪时期，美德的塑造主要是通过宗教信仰，人们基于对神的敬畏而忠诚于神所启示的道德观念。其实这些形式都可以被理解成教育形式，通过训导、培养而锻炼人的道德品质。因此，诚信也是一种教育的结果。

而在当代，教育的主要内容是知识的灌输，而道德品质的培养既不能量化，也无法在短期内实现，因此被严重地忽视了。学校里只注重学生的成绩，而不看重也不鼓励学生的道德诉求。而学生走出校园之后，在社会风潮的影响下又极易陷入道德虚伪主义的观念之中。这样做的结果就是现代社会的人只看重成效，而不看重品质。诚信培养在教育中的缺失，造成的直接后果就是社会中诚信的缺失。

F：教育制度本身就需要诚信。教育无论对个人，还是对国家，都是举足轻重的事业。因此，教育制度本身必须要严谨、公平，不存在欺瞒或者其他任何有阻于让公民接受教育的污点存在。教育者本身也必须是诚信的，同时他们更要身先士卒践行诚信，这也是“师德”的体现。教育者承担着“传道授业解惑”的民族重任，在对专业知识有所建树的同时，品德也必须合格、优异，才能培养德才兼备的栋梁。

教育的内容中必须有诚信。教育的内容不仅仅包括传授知识。人的一生中，至少有 9 年是处于教育机构中接受教育。无论是古代传统的品德教育，还是现在的教育理念，都将道德教育视为教育的重要组成部分。诚信教育当然要存在于教育的任何阶段。

G：教育从一开始就应该教导大众如何为人。在以前，无论是《三字经》还是《弟子规》都给我们的启蒙教育讲述了做人的标准和为人的底线，这里面都反复地提到做人要讲究诚信。但现在我们的教育中确实缺乏这一方面的引导，再加上信息的多元化，很多时候在教育还没有引导着人们走向诚信的时候就已经被带偏了方向。

H：有一定关系，但仅凭教育无法解决诚信问题。

I：教育很重要。

J：小孩子后来是怎样变成诚信的人的呢？是后天的教育，或者后天的吃亏。教育使人认识到，不诚信的代价很大，诚信的获益更多，所以应该诚信，而后天的吃亏也使人认识到，不诚信会吃亏，所以不能不诚信，这样小孩子在自己的人生成长过程中就慢慢地讲诚信了。

访谈人：在您看来，诚信教育应如何进行？

A：应该在基础教育中就开始融入诚信教育。

B：从小父母就应该在孩子心中种下诚信的种子，老师在学校要谆谆善诱，长大后社会不能让孩子失望。这说起来很容易，做起来很难，最基本的应该是要有一个足够强大的制度来支撑诚信在这个社会的地位。

C：从娃娃抓起。

D：从了解诚信的规则做起，继而进入诚信伦理。养成诚信的习惯，从小做起，从小事做起。

E：首先，我认为我们不应该持有一种狭隘的教育观，教育不仅仅发生在校园里，教育无时无刻不存在，现在社会信息传播的广度和效率历史空前，教育的形式也呈现前所未有的多样化。教育最初的源泉是父母，父母承担着教育子女的第一责任。因此，要让人们具备诚信的美德，首先就要求父母尊重和保护诚信。其次，我们的校园教育体系也应该在制度和理念上加以改进，建立起一种对学生的综合能力和品质进行评估的教育机制，而非仅仅看重学生的才华和智力。最后，我们要营造诚信的社会氛围，鼓励社会公众参与到社会的道德建设之中，把社会打造成一个大的教育环境。

F：诚信教育在我看来属于道德教育的其中一个部分，而道德教育与知识教育相比的特殊性在于，它不仅需要靠直接的讲述、传授，更重要的是环境的耳濡目染。首先，在一个人进入到学校学习环境之前的几年里，家庭教育一定要把诚信教育重视起来。现在很多家长盲目地在学前阶段就让孩子接触各种知识，或者去学习各种技能、乐器，却大大地忽视了孩子在心理方面的成长。诚信教育上，家长的影响是最大的，尤其是在这个年龄段。因此，家长先端正自己的行为，给孩子做一个诚信的榜样，另外也要注重多给孩子灌输诚信的思想。其次，在进入学校后，学校也应当把诚信教育纳入教学的范畴。如前所述，诚信教育注重知识灌输，也注重耳濡目染，在学校时，同学们每天都能看到老师的一举一动，因此，老师必须也端正自己的行为，同时用正确的方式有意地引导同学们讲诚信。

G：诚信教育首先是要从从事教育的工作者自身做起，原来说跟师父学习不光要学本事更多的是要学习师父的为人处世的方式。因此教育者本身是诚信教育的一个最好的镜子，如果我们的教育工作者自身都无法做到诚信，又何谈诚信教育呢?

H：首先开展公民教育。

I：学校是一方面，政府也要承担一部分。

J：诚信教育应该这样来进行，要告诉受教育者诚信是可以选择的，也就是说，你可以选择诚信，也可以选择不诚信。个人的选择是根据成本收益来进行的，如果一个人讲诚信，付出的少而得到的多，那么他就讲诚信，如果一个人讲诚信，付出的多而得到的少，他就会选择不讲诚信。就像小偷，偷东西来得快，又没有人发现，又不受惩罚，那么他就会选择偷东西了。

一个人经验的获得多数是通过实践来进行的，在实践中不断地摸索，吃亏，从而获得经验。教育，就是要将没有获得的经验以重复的方式进行教导，变成一个人的经验，让一个人应该吃 100 次亏才获得的经验变成他吃 80 次亏就能得到经验，也就是说教育可以让人少走弯路。

访谈人：您对我们国家的诚信制度建设有什么期望？

A：不说了。

B：希望至少能规范那些关系百姓生活质量的不诚信行为，比如地沟油、毒奶粉等等，因为我们现阶段的经济发展状况是这样的，等国民经济更发达了，可以建设更高层次的诚信制度。

C：让诚信能成为一种财富，老实人不吃亏。建立诚信档案，不诚信的受到相应的惩罚。

D：希望加重对不诚信的制裁力度。加强政府诚信建设。加强社会组织对不诚信的监督和评估。

E：诚信制度建设要两手抓，首先是在制度内进行建设，同时也要鼓励制度外的建设。制度内的建设主要是严格政府责任，让政府起到诚信的带头表率作用，建立诚信评估和追责机制。其次是严格执行法律法规，我们这个社会现在的法律体系已基本建立，除了有些法律大而化之之外，对于公民行为的规制已基本建立，剩下的工作就是执行。

我认为制度外的建设可能更重要。制度外的建设简单说就是政府的不参与。让社会民众自发地参与到道德建设之中，比如鼓励慈善机构在社会中发挥作用，鼓励民众自发地维护权利，同不诚信的行为作斗争。

F：讲诚信是中华民族的传统美德，但是由于近三十年来，中国经济的飞速发展使一些人的价值观发生了改变，过于注重物质生活，而忽略了人性的根本，甚至为了追求更多的钱、更高的地位，不惜牺牲自己的原则。在这种情况下，国家需要建立诚信制度。这个制度的建立可以分两方面，一方面通过口号、宣传的方式，让诚信的理念像广告中的商品一样，慢慢渗透到人的内心。另一方面，诚信不仅体现在内心和道德上，也体现在经济交往活动当中。我们的银行、我们企业的商业信誉都与诚信息息相关。今年正好是中国加入世界贸易组织第十年，在不断对外交往的过程中，一些商业信誉体制上的弊端会让我们在贸易上处于劣势。因此我们在不断调整国家经济政策的同时，也应该对商业信誉等相关制度有所改良。

G：我觉得从国家层面上应该营造一个很好的诚信的氛围，当然这很不容易，毕竟中国人口众多，并且“人心隔肚皮”，诚信的底线只能靠个人的认知来掌控，但是作为国家，从一些制度上就应该有所引导，而不是让民众觉得有空可钻。

H：希望政府不撒谎、统计不做假。

I：有法可依才好讲诚信。

J：希望整个社会成为说话算数的社会，个人、机构、国家都说话算数，那就是理想的诚信社会了。

访谈整理

二

访谈人：对于什么是道德其实是有争议的。

访谈对象：对，人们会对很多法律问题产生争议，其实在道德领域也是这个样子的，只不过，道德的争议与法律的争议不太一样。道德的争议体现为另一种形式。诚信的基础是什么？人为什么要遵守诚信原则？这些都是一些道德争议问题。

访谈人：你是将诚信归到道德的范畴中。

访谈对象：对，诚信它应该是道德的，就是一种道德要求。

访谈人：有人认为诚信不是道德范围里面的东西。

访谈对象：是啊，所以才会存在争议了嘛。

访谈人：对，存在争议。

访谈对象：怎么说呢？从这个道德哲学或者我们就从研究道义这个主题来说，道德本身就是一个有争议性的概念，对吧，（对）从古到今，从中到西，我们可能共享着一些道德概念，比如说我们不要去伤害别人，不要去杀人，其实不要去杀人，它最开始的就是一些道德规范，只不过是世人在履行这些道德规范的时候他失败了，他不能按照道德的要求来做，所以才出现了法律。法律跟道德的关系，最根本的一个总结，就是，我们单纯依靠道德来维持这个社会秩序的话，我们做不到。

访谈人：道德是先于法律制定的。

访谈对象：对。为什么说道德先于法律产生的呢？可以想一下，我们说诚信，这个诚信这样一种要求，我们就先把诚信作为一种要求吧，不管说它是一种道德要求，还是美的要求，还是其他什么要求，这样一种要求，它就是因为人而存在的，我们动物世界，不能说有诚信，动物世界的相互争夺，或者说进化论中说，物竞天择啊，弱肉强食啊，我们不能说，强的欺负弱的，它不符合诚信，这个是动物世界，它更多的是从一种自然的角度来解释的。人的社会不是这样的。

访谈人：动物世界里面，比如说大动物护着小动物啊，大家认为是本能……

访谈对象：对，这就是一种本能或者说一种自然倾向。但是，我们人的道德，我们不能说是一种本能，因为我们无法判断我们的本能是什么，就像我们所讲的人的本质的问题，有的人会说人性本恶，人的本性是恶的话，那就是人一生下来就是想占有更多的资源，我生下来我就想比别人强。所以，如果说道德是从我们的本能来建立的话，那么道德就不是我们现在所理解的道德了，那就是一种权力，一种强势。所以我觉得道德就是我们人作为一个社会的主体，或者说一个有思想的主体，能进行反思，能进行对与错的判断的一个主体，然后在对与错的判断中进行反思的过程中形成的一系列的判断反映，这就是道德。

访谈人：道德当中包括诚信。

访谈对象：对。诚信应该是一种非常重要的道德要求。就像我说的，诚信体现在两个方面，一个是从我们个人道德来说，因为我们作为一个人，作为一个完整的人，我们要进行反思，要进行思考，对于我来说，什么是我值得过的生活，一个理性的人，一个思想健全的人，他肯定会思考这个问题，其实他的所作所为也是在反映这个问题，就是说他在思考对我来说，什么是好的生活，什么是我所追求的值得过的生活，就是在这个思考过程中，他形成了一些自我的道德观念。有的人也许会说我认为我值得过的好生活就是我要追求一种勇敢，追求美德，这个时候他其实就对他自身提出了一种要求，诚信就是他在提出的这些要求的某一个方面的反映。就是说，我这个人，我要诚实，我要忠实于我自己的道德承诺，如果说我要做这样一个人，当别人需要帮忙的时候我要去帮助他，当我遇见不平的时候我要去行使公义，当我对自己提出这样一个要求的时候，我同时也要履行我这个要求，不能说我是这样想的，但我没有动力要这样做，我为什么要这样做呢？但其实我们是要这样做的，我们之所以要这样做的要求的来源应该就是我们所说的诚，诚信的第一个方面就是诚，就是个人忠实于我们个体的人格。

访谈人：我们要忠实于我们的内心。

访谈对象：对，就是我们的信念和我们行动的一致性。

访谈人：就是我们要做到内外一致。

访谈对象：对，因为我们一个人，当他有健全的意识，当他是理性的时候，如果说他就要成为一个自私的人，我就要这个世界围着我转，一般没有人会说，这个人是道德的。我们不能说要其他所有人都为他服务，就是像康德说的，我们人与人之间每个人都不能将对方作为手段，而要作为目的，我们不能利用别人，我们不能把别人作为奴隶。所以，如果一个人认为自己是主体，其他人都是次要的，其他人都应该为他服务，其他人都是手段的话，我们不能说他是道德的，所以诚信就是要求我们有一种道德信念。这种道德信念要求我们首先要忠实于我们自己，尊重我们自身的人格，我们不能破坏我们自身的人格。第二个就是体现在道德的社会性方面，因为道德一方面包括个人的素养，另一方面就是要处理人与人之间的关系，因为我们是一个社会，是一个共同体，这就必然要涉及人与人之间的各种关联，人与人之间要有贸易、有友谊、有亲情、有家庭、有教育和政治上的各种关联。在这些关联中必须要有一定的约束，这种约束最基本的原则就是道德，而诚信就是这些原则的非常重要的一个方面，最典型的一个体现就是信用。就是说，我们所说的诚信的信就是信用。信用就是当我承诺你的时候，我要去做，除非有一个更强的理由要我不这样去做。否则的话，就是不道德的，所以当我跟一个朋友承诺，我们今天晚上一起去看电影，约好在什么时候什么地方见，当我做出这个承诺的时候，这个承诺就对我产生了道德的约束力，就是说诚信这个原则就开始发挥作用了。任何人都得受这种约束，如果我不去的话，那个时候朋友等了一个晚上没有等到我，而我没有任何理由，我就是不去，这个时候我就是严重地违反了这个诚信的原则。

访谈人：会受到道德的谴责，但不违法。

访谈对象：对，会受到道德的谴责。除非有一种情况，就是这个时候突然有一件急事发生，而这个急事使得这个人可以不遵守这个承诺是正当的。

访谈人：对，不受到道德的谴责。

访谈对象：对，我有一个最基本的判断，诚信就是我们最基本的一个道德要求。因为道德就组成了我们个人的完整性或者用一个哲学上的名词就是整全性。整全性其实就是我们人相信一系列的原则，我们有一系列的信念，比如，我们每个人都相信，我们有父母，我们要照顾他们，我们要孝敬他们，我们要爱他们，如果有人说我没有必要，没有义务去照顾父母，我们就说这个人不是一个整全的人，没有一个整全的人生观。

访谈人：诚信是如何产生的？

访谈对象：诚信的产生，它其实，就是我们……

访谈人：就是我们，你自己要做到内外一致，要给人讲诚信呢？这是为什么呢？

访谈对象：这其实就涉及道德哲学史上的一些讨论，在思想史上典型的有三种代表，不，四种代表，我能想起来几种我就说几种。第一种观念就是这个样子的，简单地说，就是上帝的存在。上帝创造了人，上帝同时对人立法，就是我创造了你，我同时把法律给你了，我创造你之后，你要按照这种方式来做，你要去尊重别人，你要去爱别人，所以……

访谈人：这倒没有什么说服力。

访谈对象：呵呵，你是我的创造者，你就应该按照我所给你的这种道德命令去做，这是最古典的一种理论。当然现在哲学界不会太多地讨论这种理论了。第二种可以说是一种道德实在论，我们马克思主义会谈论真理啊、客观啊、物质决定意识啊，道德实在论认为，其实，我们这个社会是存在一些道德真理的，这些道德真理是真实存在的，它就等着我们去发现，我们人通过推理去发现，就是我们人发现，两个人相处，不可能天天打打杀杀，他们肯定必须要和平，要和平就得遵守这个和平的一种约束，这就是一种道德，就是一种客观存在，其实就是一种道德律，就是说我们人去发现了，就是说发现，我们人，噢，应该遵守这个，这是一种发现。再有一种，就是契约论。类似于这样一种契约论，就是我们一帮人在一起，组成一个团体，我们得商量说，我们以后要怎么安排我们的生活啊，我们以后怎么活动啊？那我们大家就说，那我们就来个约定吧，这个约定大家都遵守，约定的内容就是我们大家互不伤害，互不干预，相互尊重对方，如果大家都接受的话，那就签个协议，按着这个来。当所有人表示同意的时候，那么这个协议就生效了。这个协议一生效，那么对每个人就都有约束力，所以当有一个人违反的时候，因为这个协议对每个人都是有约束力的，那么我们就会按着这个协议对他进行惩罚，进行谴责，因为是你作出的承诺，这个情况是有问题的，为什么这样说呢？因为当我们说每个人都应该遵守协议的时候，如果我是其中一员，那么我为什么要遵守这个承诺啊？在道德产生之前，没有道德要求我这样做啊，我也过得很好啊。所以这就是社会契约论的一个很大的问题。第四种就是康德所说的，它是类似于一种道德实在论，但是与道德实在论又有实质的差异，它是说，它是这样一种完整的人生观，这种自我反思，一个真实的人、完整的人，他在进行自我反思的时候，他肯定要对我的身份啊以及与社会之间的关系、与全人类的关系进行反思，当他进行理性的反思的时候，用哲学上的名词说就是自我立法，这种自我立法就是，如果我是一个完整的人，我就应该讲诚信，我就应该讲道德。它的意思是，我们每个人都这样进行自我立法的话，这样道德就产生了。

访谈人：对，所以说诚信，虽然是大家都司空见惯，但在真正讨论的时候，就像大概念道德一样，要想讨论清楚是非常困难的。

访谈对象：对，其实我们这个社会表面上的一致背后隐含着非常深刻的分歧。为了我们这个社会整体的利益和价值，我们要对某些行为进行限制，即使说某种行为它伤害了这个人，伤害了那个人，即使它没有伤害，我们也要对其进行限制，甚至还要动用刑法。

访谈人：在社会转型时期，社会价值会有失范现象，本来由法律跟道德共同维护的这个社会，现在许多人的行为底线是在法律层面上而不是道德层面上，所以整个道德价值体系就完全瘫痪，只要不违法，没有人说什么，一个人也就可以振振有辞地说："我又没违法，关你什么事？"

访谈对象：对，所以这就涉及一个问题，即诚信与法治之间的关系如何。

访谈人：在谈诚信与法治之间关系之前，我想先谈一下诚信与本性之间的关系。有的人说人性是善的，有的人说人性是恶的。如果诚信与本性有关系的话，那么是什么关系？如果没有关系的话，为什么？极端地说，人与人相处，为什么不是选择以杀人的方式而是选择以诚信的方式相处呢？我个人认为这是与人的本性有关系的，当然对人的本性是善还是恶，每个人都有每个人的看法。

访谈对象：对。说人性恶的话，其实也是可以辩护的，思路是这样的。假如说人性恶的话，假如说没有道德，那这个社会必然是互相残杀，互相侵害的，但是可能就是在相互残杀的过程中，发现，在以这样一种方式来生活的时候，当把人性恶发挥出来的时候，人的本性虽然是恶的，但是也不是说他就全是恶的，他也有一些向善的要求，人性本恶也不是人一生下来就是人就跟野兽一样，就是说人有恶的倾向，同时也有向善的倾向。

访谈人：人性本恶是说人性的本质，是说的人性的根是恶的，但他也会有一些善良的表现。

访谈对象：对，这种善的要求，对善的追求，当人进行反思的时候，他会觉得我继续过这种生活的时候是不对的，我继续这样过的话，我可能达不到我的人生目的，达不到善的要求。

访谈人：有些人是从成本收益的角度来谈的，有的人认为如果人成天打打杀杀的话，那么他活着的成本就比较高，因为他得总想着说任何人都是他的敌人，他得想着要增强体力，要防止生病，因为生病了就不能杀人了，只能被人杀，这样就不如人与人之间都讲规则，都讲诚信，说话都算数，活得成本小，但收益比较大。

访谈对象：这个主张有一定的道理，但是可能存在一个问题就是说，如果单纯从成本收益的角度来看的话，如果我们用这个思路来分析现在我们这个社会的话，那么可能会出现的一个结果就是，因为这个社会之中必然有一些人占据优势，而有一些人占据劣势，如果占据优势的人，他们按照这个成本收益的思路来衡量的话，那他们就根本不需要道德，他们的收益会更大，他们的成本会更小，因为道德是对每个人的约束，每个人都要为道德付出成本，所以如果按这个来分析的话，那么道德就根本没有用了，因为人本性恶嘛，换句话说，当一些人占据优势的时候，那他们会变得更恶，他们完全可以放弃这个道德的要求，道德不过是为了达到目前和平境况的一个途径，当我们实现这个和平的时候，当我占据这个高位的时候，那我就可以放开了……

访谈人：成本收益的说法还是有很大的欠缺的。自古以来，一些大恶人也会做一些善的事情，某些罪大恶极的杀人犯，在某些地方可能也做点好事，就是说他的恶虽然是内在的，但是他还是有一些善的表现形式，说明善是有市场的，恶没有市场。如果完全以成本收益的角度来衡量的话，那就是有欠缺的。那对诚信与法治之间的关系，你有什么看法？

访谈对象：法治，通常来说，是对法律的一系列的要求，法律是要公布的，你不能说制定了一部法律要藏着，等某个人犯了法，才拿出法律来说他犯了哪条法律吧。这是对法律的一种要求。再有一种要求就是法不溯及既往，就是说，我们现在制定了法律，不能判以前发生的事情，不能以现在的法律去惩罚以前的事情。还有法律要有一定的程序，它要按照一定的程序进行。法律不能规定说凡是怀疑为杀了人的人就是杀人犯，法律必须按照一定的程序将被怀疑为杀人犯的人确定其是不是杀人犯，然后才能对其进行惩罚。还有法律要稳定，不能朝令夕改。所以从法理上讲，法治就是对法律的一些最基本的道德要求。这个是什么意思呢？就是说，我们的法律应该满足一定的道德标准，像公开等，但这样一种道德标准与我们一般所说的道德标准是不一样的，因为虽然法律满足了一些道德标准，但法律仍然可以去做恶事。为什么这样说呢？因为一部法律可能是公开的、不溯及既往的、稳定的，但是法律所规定的内容可能是恶的，这个是法治所管不了的，因为，法治不能要求法律跟道德一样，尽管法律是具有一定的道德要求，但是是最低程度的道德要求，它不能保证这个法律就是一部善的法律，这是现代社会必然要面临的一个问题，也是法治理论必然要面临的一个问题。而诚信与法治之间有一种关联，就是诚信是对人的一种道德要求，在大部分人都遵守诚信，都按照诚信的方式去行动的社会，道德所起的作用会更大，这样对法律的期待要小一些。这样即使法律有一些小的瑕疵，也不会影响这个社会的正常运转，所以就会出现这样一种情况……

访谈人：乱世出重典现象。

访谈对象：对，就是说一个社会法律很多，很健全，但是这个社会的道德却很败坏。所以诚信对理解我们这个社会有重要作用。比如，在一些法律不是很健全，但是道德根基很稳固的社会，很多时候是不需要法律来进行维护的，我曾经听美国弗吉尼亚州的一个老太太跟我说的事情，因为弗吉尼亚州是一个老州，她住在一个小镇上，这个小镇，没有公安局、法院、检察院、消防，基本上没有这种公共的权力设施，这个小镇是自治的，比如这个小镇某处失火了，马上小镇上的人自发组织起来，去灭火。因为真正的自治就是每个人都有参与的动力，一失火，一声张，马上组织起来了，就这样，这个小镇生活得很安逸，人与人之间的关系非常融洽。再有，就是政府在诚信与法治的关系中有重要的作用，一个政府不把诚信作为一种美德的话，这个政府在执行法律或者说制定法律的时候，其效果就不是非常地好。或者从实践的角度来看，就是说无论一部法律制定地多么完善，一个不诚信的政府是很难把这个法律执行好的。

访谈人：所以很多人提出来说政府诚信是最大的诚信。

访谈对象：对，还有另外一个问题，就是政府是一个权力机构，权力是产生欲望的，欲望是不想受约束的，所以权力是最容易产生腐败是最容易滥用的，那么怎样让政府来按照道德的要求行事呢？就是要有监督。监督来自于社会。监督也是诚信发挥作用的一种途径。当一个社会将诚信作为美德的时候，这个社会是不会出现太大的难题的。但是一个社会的人都是自私的，人人都想着自己，如何期待这个社会能想着每个人呢？不可能。

访谈人：那你认为现在咱们这个社会是讲诚信的吗？

访谈对象：你不能说现在咱们这个社会不讲诚信，因为好多地方还在按照道德的标准来判定什么是诚信的，什么是道德的。但现在也有一个不好的现象就是很多人不再讲诚信，就是人心中的信念与行动越来越脱节。现在有很多人追求的更多的是个人的利益，忽视了社会整体的利益，如果是经商的，那么他考虑的更多的是如何积累财富，而不去考虑，我的财富其实更多的来自于社会，他在积累财富的时候其实也应该想到如何用自己的财富去使这个社会获益。当然也有一些企业家也拿出自己的财富回馈社会，但是不是很多。在美国，愿意将自己毕生经营的财富捐献出来给社会的人是很多的，但在我们中国，比较少。

访谈人：所以如果评判我们这个社会的时候，不能简单地说我们这个社会是一个讲诚信的社会还是一个不讲诚信的社会。它是一个矛盾体，有些人讲有些人不讲，有些人现在讲，但以后不讲，有些人现在不讲，但以前讲。

访谈对象：对。因为我们这个社会是一个有机体，是一个有活力的社会，它是变动不居的，10 年前的社会与现在我们这个社会差别是非常大的。也许 10 年前，我们的社会的道德感更强，但现在要弱一些，但 10 年前，我们的社会可能没有那么多的活力，但现在我们这个社会更加富有活力，更有生机。所以我们不能进行简单的对比，但有一点我们必须清楚，就是如果诚信对我们这个社会很重要的话，那么遵守诚信的要求，将其变为每个人的美德，就是非常重要的。

访谈人：这就涉及诚信教育了。那应该怎样进行诚信教育？

访谈对象：我认为，最重要的就是家庭对道德教育来说是最重要的。诚信教育应从家庭开始，或者说是从下一代开始。换句话说，我们应该让我们的孩子从小就要有诚信的观念，应该通过一种社会推动的方式来进行，比如，我们可以放开我们这个社会的一些慈善业、非政府组织的建设等，让这些力量参加进推动社会进步的过程中，那么这个社会就会慢慢地改变。

我们现在的学校推崇的是成功、优秀、突出、拔尖，带有一定的功利色彩，这样的教育产生的结果就是觉得我一定要比其他人强，我一定要成功。假如说我们能把以上所说的社会力量拉进学校教育的话，就可以更改我们对教育的理解和思考。教育不是一种让人成功的途径，它是一种自我实现，自我成就，是促成人的一种整全性的一个组成部分，所以教育不是让我们比这个人强，比那个人有钱，而是使我们自己成为一个健全的人。任何社会都有一些问题，但我们现在这个社会的教育可能有一些问题比较严重。

访谈人：尤其是本科生的教育。它其实就是一种素质教育。

访谈对象：对，但是我们的教育要求要从娃娃抓起，不能输在起跑线上，现在很多幼儿园没有真正的素质教育的观念，而是要塑造成功。其实幼儿园应该就是一个让孩子健康成长的地方，就享受到爱。

访谈人：这样，这个社会是比较宽容的，不会因为你上了什么样的幼儿园、上了什么样的初中高中大学而受到这个社会不同的待遇。

访谈对象：对，这也跟我们所讲的诚信有关，因为我们每个人的偏见，其根源是什么，其实就是我们所受的这个社会有优劣之分或者等级之分的影响。就是这个人出身好，他就有一种优越感，比我们地位高，这就跟诚信所讲的把我们每个人当成完整的人的目的是不一样的，当我们认为别人优越的时候，就是认为我们自己低等一些、劣势一些，这就没有把我们当成一个完整的人，如果我们把自己当作一个完整的人，那么我们就会意识到，我们每个人都有其独特的地方，每个人都有他出彩的地方，所以学位、财富、地位等的多少和高低，并不意味着我们人格上的高低，我们是平等的，我们在社会中扮演着不同的角色，我们都能对这个社会产生积极的作用，因为我们是平等的，我们要相互尊重。

访谈人：大家都这样想就好了。

访谈对象：这就是诚信教育。当然，教育是个大题目，我们不可能几年内就能把教育大范围改变过来，但对我们这个国家和民族来说，一个国家、一个民族要发展，它必须有一个方向，如果我们定了一个错误的方向，那么对这个社会来说就是一个灾难。

访谈人：对，那涉及诚信制度建设，你有什么想法？

访谈对象：这就像我刚才说到的，一个国家要对教育进行引导，鼓励多元教育，要使教育有活力，要注重个人的发展，而且要使社会的道德力量参与到社会的发展中来。社会的健康发展不能仅仅依赖于每个人的自觉，这也是不可能的，它需要的是不同的力量，不同的人的参与，然后影响到每个人，通过影响每个人再让每个人再参与到这个社会的建设之中。让每个人的道德去影响社会的建构。

访谈人：好，谢谢你，非常感谢你的意见和想法。

访谈整理

三

访谈人：您认为什么是诚信？

访谈对象：诚信就是诚实、讲信用。

访谈人：我们这个社会是个讲诚信的社会吗，您认为？

访谈对象：社会是由不同的个人组成的，每一个人都有自己的个性特征，诚信也是有人讲有人不讲。诚信问题比较复杂，涉及面很多，有个谁跟谁讲诚信的问题，是你跟我之间，还是我跟一个组织之间，还是政府跟老百姓之间。我觉得诚信与社会规则、秩序关系紧密。

访谈人：请您详细说说。

访谈对象：如果一个社会有了规则，有了秩序，那么这个社会就算有了框架。但是如果没有人遵守规则和秩序，而且不遵守社会规则和秩序的人也不受到惩罚，在这样的社会里怎么会有诚信呢？比如法律，制定出来之后，对一个案子依法进行了判决，但是当事人还可以上诉，一直上诉，极端的情况下，重判一次结果就改一次，这怎么叫有诚信！社会规则是调解人与人之间关系的，但是如果总是调解不清楚，一会儿叫 A 向 B 道歉，一会儿又叫 B 向 A 道歉，叫人如何相信？所以，规则不仅要定出来，还要遵守，那么诚信也就有了。

访谈人：那讲诚信与人的本性有关系吗？

访谈对象：我觉得关系不大。关于人的本性的善恶，有史以来争论不休，有人说人性本善，像孔孟他们，有人说人性本恶，像荀子。但其实人的身上既有善的一面，也有恶的一面，不能简单地说人性本善，或者人性本恶。善之所以为善，是因为这个人所做的事情是有利于自己，也有利于他人的，恶之所以为恶，是因为他做的事情只对自己有利，或者既不利己也不利他，所做的事情已经超过了人们可接受的范围。而且善良的人不见得就讲诚信，恶的人不见得就不会讲诚信。

举个例子，比如，一个善良而又懦弱的人，总是被人欺负，有一天他又被人欺负，实在忍不住了，拿刀捅死了对方，这样的例子很多，你能说他不善良？他善良，但是他杀了人，他破坏了规则，践踏了法律，我们很同情他可惜他，但是法律还是会惩罚他，因为他做事情过度了，以恶制恶了。可是，我们从另外一个角度想，在别人欺负他的时候，是不是在作恶？我认为是的，只是这个恶可能被道德所谴责，但仍然被法律所接受。如果在这个善良而又懦弱的人被欺负的时候，他就找到了一个说理的地方，换句话说，有一个调解的地方，抑制恶的地方，那么这个善良的人就没有必要忍气吞声，积怨到杀人的程度。如果你家阳台的花被楼上掉下的东西砸坏了，我有地方说清楚并可以得到你对我的等值赔偿，我们就不会为小事积怨，以致酿成大祸。我去过那么多的国家，有的国家我长期生活过，我认为，有的国家在讲规则方面是值得我们借鉴的。比如在高速路上，每个人都知道，边上那条路是不可以无故停车的，那是供急用的。但是我有次在高速路上发现，来路方向发生了重大车祸，所有这段来路方向上的车都走不了了，那些车把整个高速路都挤满了，包括边上急用车道，这样一来，救护车也被堵在后面，进入不到事发现场了，救护车进不来，受伤的人救不出去，整个高速路一团糟，每一个人都着急赶路，但谁都走不了。但是在国外的某些国家，不管在什么情况下，边上的急用道大都是干净的，法律规定，如有谁违规占用，结果就是被重罚，规则保持了道路畅通。

规则、秩序、法律与道德不同，道德具有层级性和弹性，而规则、秩序和法律没有层级性，做错了事情可以得到不同程度上的道德的谴责，但是违反了社会规则，尤其是法律，那么极端情况下就是量刑定罪了，这是刚性的，不可商量的，不管是人性善的人还是人性恶的人，规则、秩序、法律都是一视同仁的。我们在很多时候将法律和道德扯不清，以为道德低下的人一定会破坏法律，其实很多事情要比这个复杂。诚信，应该说是属于道德的范畴，有人不讲诚信了，我们可以谴责他，但是这不起根本性作用，根本性的还是要靠规则、秩序、法律。讲诚信也不主要是靠人性，跟人性善恶没有太大的关系。

访谈人：那可不可以认为一个诚信社会得以建立的首要条件就是规则、法律？

访谈对象：可以这样认为，具体说，我认为就是要制定出追求公平公正的社会规则，包括法律，这个社会规则不是只针对老百姓的，也是针对政府的。政府要首先讲诚信，要对老百姓讲诚信，取信于民，老百姓才能相信政府，才能相信社会规则的作用。

访谈人：那您觉得教育能起到什么作用吗？

访谈对象：当然能起到很大的作用了。任何人恐怕都不能否认教育对个人、对社会的决定意义。从个人角度看，教育可以使人成才，促成个人的社会流动，对社会来说，教育可以提高人们的整体素质，增加社会理解。

就我们的话题来说，在一个社会中，如果老百姓的文化水平低，一是不能理解规则的意义，二是不能理解别人的行动。规则制定出来就很难达到社会的认同，所以教育在起着开化民智的作用。一个社会的民众的文化水平高了，就容易理解他人，容易沟通了。社会中的小的积怨在酿成大祸之前就已经被规则调解了。这是教育的结果。另外，规则制定出来了，得有一个宣传的过程，教育正是可以起到这个宣传的作用。在教育过程中，一个规则是如何制定出来的，制定的背景是什么，要达到什么目的等，这些东西都能讲清楚，因此教育就可以将规则深入人心了。规则是我们说的笼统的概念，其实可以限制一下说，讲诚信，法律要先行，教育要跟上，因为法律是一个社会的底线。

访谈人：您对我们的社会在诚信方面有什么期望？

访谈对象：我期望人人都讲诚信，社会讲公正公平。

访谈人：好，谢谢您。

参考文献

一、中文文献

1. 郭彧译注:《周易》，中华书局2006年版。
2. 饶尚宽译注:《老子》，中华书局2006年版。
3. 张燕婴译注:《论语》，中华书局2006年版。
4. 王国轩、王秀梅译注:《孔子家语》，中华书局2009年版。
5. 杨伯峻译注:《孟子译注》，中华书局1960年版。
6. 朱熹:《孟子集注》。
7. 孙通海译注:《庄子》，中华书局2006年版。
8. 李小龙译注:《墨子》，中华书局2007年版。
9. 周才珠、齐瑞端译注:《墨子全译》，贵州人民出版社1990年版。
10. 陈涛译注:《晏子春秋》，中华书局2007年版。
11. 陈秉才译注:《韩非子》，中华书局2007年版。
12. 骈宇骞、王建宇、牟虹、郝小刚译注:《孙子兵法・孙膑兵法》，中华书局2006年版。
13. 安小兰译注:《荀子》，中华书局2007年版。
14. 张双棣等译注:《吕氏春秋》，中华书局2007年版。
15. 石磊译注:《商君书》，中华书局2009年版。
16. 刘利、纪凌云译注:《左传》，中华书局2009年版。
18. 左丘明:《春秋左传》(诸子百家之十三经)，中华古典精华文库。
18. 张永雷、刘丛译注:《汉书》，中华书局2009年版。
19. 檀作文译注:《颜氏家训》，中华书局2007年版。
20. 季羡林编著:《禅宗公案妙语录》，中国言实出版社2006年版。
21. 李逸安译注:《三字经・百家姓・千字文・弟子规》，中华书局2009

年版。
22. 韩兆琦译注:《史记》，中华书局 2007 年版。
23. 于民雄注，顾久译:《传习录全译》，贵州人民出版社 1998 年版。
24. 陈大齐撰，赵林校注:《孟子待解录》，华东师范大学出版社 2012 年版。
25. [古希腊] 柏拉图著，刘勉、郭永刚译:《理想国》，华龄出版社 1996 年版。
26. [古希腊] 亚里士多德著，颜一、秦典华译:《政治学》，中国人民大学出版社 2003 年版。
27. [古希腊] 亚里士多德著，廖申白译注:《尼各马可伦理学》，商务印书馆 2003 年版。
28. [德] 斯宾格勒著，吴琼译:《西方的没落》，上海三联书店 2006 年版。
29. [德] 马克斯·韦伯著，洪天富译:《儒教与道教》，江苏人民出版社 1995 年版。
30. [法] 托克维尔著，冯棠译:《旧制度与大革命》，商务印书馆 1997 年版。
31. [法] 马塞尔·莫斯著，汲喆译:《礼物：古式社会中交换的形式与理由》，上海人民出版社 2002 年版。
32. [法] 皮埃尔·布迪厄著，包亚明译:《文化资本与社会炼金术》，上海人民出版社 1997 年版。
33. [法] 皮埃尔·布尔迪厄著，杨亚平译:《国家精英——名牌大学与群体精神》，商务印书馆 2004 年版。
34. [法] 克劳德·列维-斯特劳斯著，陆晓禾等译:《结构人类学——巫术、宗教、艺术、神话》，文化艺术出版社 1989 年版。
35. [法] 克劳德·列维-斯特劳斯著，俞宣孟、谢维扬、白信才译:《结构人类学（第 2 卷)》，上海译文出版社 1999 年版。
36. [法] 克劳德·列维-斯特劳斯著，丁志明译:《忧郁的热带》，生活·读书·新知三联书店 2000 年版。
37. [法] 保罗·利科著，汪堂家译:《活的隐喻》，上海译文出版社 2004 年版。

38. [法] 保罗·利科著，姜志辉译:《历史与真理》，上海译文出版社 2004 年版。
39. [法] 让·雅克·卢梭著，杨国政译:《社会契约论》，陕西人民出版社 2003 年版。
40. [法] 马克·布洛克著，黄艳红译:《历史学家的技艺》，中国人民大学出版社 2011 年版。
41. [法] 费尔南·布罗代尔著，顾良、施康强译:《15 世纪至 18 世纪的物质文明、经济和资本主义》第一卷《日常生活的结构：可能和不可能》，生活·读书·新知 三联书店 1993 年版。
42. [法] 费尔南·布罗代尔著，顾良译，施康强校:《15 世纪至 18 世纪的物质文明、经济和资本主义》第二卷《形形色色的交换》，生活·读书·新知三联书店 1997 年版。
43. [法] 费尔南·布罗代尔著，施康强、顾良译:《15 世纪至 18 世纪的物质文明、经济和资本主义》第三卷《世界的时间》，生活·读书·新知三联书店 2002 年版。
44. [法] 费尔南·布罗代尔著，唐家龙、曾培耿等译，吴模信校:《菲利普二世时代的地中海和地中海世界（第 1 卷）》，商务印书馆 1996 年版。
45. [法] 费尔南·布罗代尔著，吴模信译:《菲利普二世时代的地中海和地中海世界（第 2 卷）》，商务印书馆 1996 年版。
46. [法] 帕斯卡尔著，何兆武译:《思想录——论宗教和其他主题的思想》，商务印书馆 1985 年版。
47. [法] 皮埃尔·布迪厄、[美] 华康德著，李猛、李康译:《实践与反思——反思社会学导引》，中央编译出版社 1998 年版。
48. [法] 埃米尔·涂尔干著，渠东译:《社会分工论》，生活·读书·新知三联书店 2013 年版。
49. [英] 弗雷泽著，徐育新等译:《金枝》，大众文艺出版社 1998 年版。
50. [英] 约翰·沃特金斯著，邱仁宗、范瑞平译:《科学与怀疑论》，上海译文出版社 1991 年版。
51. [英] 罗素著，杨玉成、崔人元编译:《罗素论幸福人生》，世界知识出版社 2007 年版。

52. ［英］马凌诺斯基著，梁永佳等译：《西太平洋的航海者》，华夏出版社 2001 年版。
53. ［英］安东尼·吉登斯著，李康、李猛译：《社会的构成》，生活·读书·新知三联书店 1998 年版。
54. ［英］托尼·比彻、保罗·特罗勒尔著，唐跃勤等译：《学术部落及其领地》，北京大学出版社 2008 年版。
55. ［英］安东尼·吉登斯著，赵旭东、方文译：《现代性与自我认同》，北京三联书店 1998 年版。
56. ［英］麦克·扬著，谢维和等译：《知识与控制——教育社会学初探》，华东师范大学出版社 2002 年版。
57. ［美］查尔斯·霍顿·库利著，包凡一、王源译：《人类本性与社会秩序》，华夏出版社 1989 年版。
58. ［美］玛格丽特·米德著，宋践等译：《三个原始部落的性别与气质》，浙江人民出版社 1988 年版。
59. ［美］玛格丽特·米德著，周晓虹、周怡译：《文化与承诺——一项有关代沟问题的研究》，河北人民出版社 1987 年版。
60. ［美］露丝·本尼迪克特著，王炜等译：《文化模式》，生活·读书·新知三联书店 1988 年版。
61. ［美］本尼迪克特著，孙志民、马小鹤、朱理胜译，庄锡昌校：《菊花与刀——日本文化的诸模式》，浙江人民出版社 1987 年版。
62. ［美］威廉·富特·怀特著，黄育馥译：《街角社会：一个意大利人贫民区的社会结构》，商务印书馆 2012 年版。
63. ［美］乔纳森·特纳著，邱泽奇译：《社会学理论结构》，华夏出版社 2001 年版。
64. ［美］欧文·戈夫曼著，宋立宏译：《污名：受损身份管理札记》，商务印书馆 2009 年版。
65. ［美］欧文·戈夫曼著，黄爱华、冯钢译：《日常生活中的自我呈现》，浙江人民出版社 1988 年版。
66. ［美］保罗·康纳顿著，纳日碧力戈译：《社会如何记忆》，上海人民出版社 2000 年版。
67. ［美］罗尔斯著，何怀宏等译：《正义论》，中国社会科学出版社

2001 年版。
68. [美] 乔纳森·特纳著，邱泽奇译:《社会学理论的结构》，华夏出版社 2001 年版。
69. [美] 霍布斯著，应星、冯克利译:《论公民》，贵州人民出版社 2002 年版。
70. [美] 弗朗西斯·福山著，彭志华译:《信任：社会美德与创造经济繁荣》，海南出版社 2001 年版。
71. [美] 约翰·杜威著，赵祥麟、任钟印、吴志宏译:《学校与社会·明日之学校》，人民教育出版社 1994 年版。
72. [美] 赫伯特·马尔库塞著，刘继译:《单向度的人：发达工业社会意识形态研究》，上海译文出版社 1989 年版。
73. [捷] 夸美纽斯著，傅任敢译:《大教学论》，教育科学出版社 1999 年版。
74. 江光荣:《人性的迷失与复归——罗杰斯人本主义心理学》，湖北教育出版社 2000 年版。
75. [奥] 西格蒙德·弗洛伊德著，林尘、张唤民、陈伟奇译，陈泽川校:《弗洛伊德后期著作选》，上海译文出版社 1986 年版。
76. 《圣经》，中英对照，中文和合本，中国基督教协会 2007 年版。
77. 王铭铭:《人类学是什么》，北京大学出版社 2002 年版。
78. 张志刚:《宗教学是什么》，北京大学出版社 2002 年版。
79. 邱泽奇:《社会学是什么》，北京大学出版社 2002 年版。
80. 林崇德主编:《发展心理学（第 2 版）》，人民教育出版社 2008 年版。
81. 王淑芹:《信用伦理研究》，中央编译出版社 2005 年版。
82. 孙迎光:《主体教育理论的哲学思考》，南京师范大学出版社 2003 年版。
83. 张人杰主编:《国外教育社会学基本文选》，华东师范大学出版社 1989 年版。
84. 郑杭生等:《转型中的中国社会和中国社会的转型》，首都师范大学出版社 1996 年版。
85. 瞿葆奎主编:《教育学文集·教育与社会发展》，人民教育出版社 1989 年版。

86. 王俊秀、杨宜音主编:《社会心态蓝皮书：中国社会心态研究报告(2012－2013)》，社会科学文献出版社 2013 年版。
87. 车文博主编:《弗洛伊德文集 6：自我或本我》，长春出版社 2004 年版。
88. 谢维和:《教育活动的社会学分析》，教育科学出版社 2000 年版。
89. 宋林飞:《当代西方社会学》，辽宁教育出版社 1990 年版。
90. 鲁洁主编:《教育社会学》，人民教育出版社 1990 年版。
91. 刘松来:"'平常心是道'——江西禅宗佛性论的文化透视"，载《江西师范大学学报（哲学社会科学版)》2000 年第 2 期。
92. 释见辟（冯心慧):《华藏世界：华严学的净土信仰》，中国社会科学院 2010 年博士学位论文。
93. 夏毅榕:"禅宗公案文学的现代解读"，载《社科纵横》2007 年第 8 期。
94. 肖小芳:"道德与法律关系的重塑——哈贝马斯对法律正当性的论证"，载《武汉科技大学学报》2010 年第 6 期。
95. 崔永东、龙文懋:"评中国思想家对道德与法律之关系的探索"，载《孔子研究》2003 年第 1 期。
96. 李国榕、宋尚桂:"评皮亚杰儿童道德发展理论"，载《齐鲁学刊》1987 年第 3 期。
97. 丁纪:"柏拉图《斐多》篇讼灵魂不朽"，载《西北民族学院学报(哲学社会科学版)》2001 年第 4 期。
98. 刘飞:"'恶'是什么——从柏拉图到亚里士多德"，载《广西大学学报（哲学社会科学版)》2007 年第 5 期。
99. 郭长刚:"柏拉图社会政治学说的人性基础"，载《齐鲁学刊》1996 年第 4 期。
100. 梁景明:"柏拉图《理想国》中的课程观分析"，载《上海师范大学学报（基础教育版)》2009 年第 6 期。
101. 刘良华:"柏拉图与亚里士多德教育哲学的差异"，载《教育研究》2012 年第 12 期。
102. 王蓓:"柏拉图政治哲学新析"，载《政治学研究》2003 年第 3 期。
103. 陶涛:"亚里士多德论音乐与美德教育"，载《道德与文明》2013

年第 1 期。
104. 施晓光:“孔子和亚里士多德——一个比较教育思想史的研究”,载《外国教育研究》2005 年第 2 期。
105. 黄天庆:“浅谈历史教学中‘科学精神’的培养——以‘重演伽利略思想实验’的教学中断为例”,载《历史教学》2010 年第 21 期。
106. 丁苏安:“玛格丽特・米德列传”,载《民族论坛》2013 年第 9 期。
107. 廖申白:“试析亚里士多德的灵魂论——基于亚里士多德《论灵魂》”,载《道德与文明》2012 年第 5 期。
108. 陈军:“法律视角下企业诚信构建”,载《市场周刊(理论研究)》2007 年第 6 期。
109. 高光亮:“论我国律师诚信制度的完善”,载《法学杂志》2008 年第 3 期。
110. 焦宝乾:“对我国法律方法论研究的宏观反思——背景、问题及展望”,载《法制与社会发展》2010 年第 4 期。
111. 李懋君:浅论明初朱元璋重典治吏及其影响,载《沧桑》2012 年第 2 期。
112. 柏桦、卢红妍:“洪武年间《大明律》编纂与适用”,载《现代法学》2012 年第 3 期。
113. 盛冰:“社会资本与文化资本视野下的现代学校制度变革”,载《教育研究》2006 年第 1 期。
114. 郭凯:“文化资本与教育场域——布迪厄教育思想述评”,载《当代教育科学》2005 年第 16 期。
115. 郭丛斌、闵维方:“家庭经济和文化资本对子女教育机会获得的影响”,载《高等教育研究》2006 年第 11 期。
116. [美] 亚当・B. 赛里格曼著,陈家刚编译:“信任与公民社会”,载《马克思主义与现实》2002 年第 5 期。
117. [美] 霍普金斯:“儒家文明与基督教文明:和平、富足与和谐”,载《文史哲》2011 年第 6 期。
118. 苏士梅:《唐代诚信思想研究》,河南大学 2008 年博士学位论文。
119. 付子堂、类延村:“诚信的古源与现代维度之辨”,载《河北法学》2013 年第 5 期。

120. 刘小干、高登云："论诚信的当代价值"，载《东岳论丛》2003 年第 3 期。
121. 林乐昌："'为天地立心'——张载'四为句'新释"，载《哲学研究》2009 年第 5 期。
122. 康均心、刘猛："我国中小学校园性侵犯罪的防制"，载《青少年犯罪问题》2014 年第 2 期。
123. 许维利、黄俊浩："司法审查高校招生行为的法理分析"，载《高教探索》2005 年第 4 期。
124. 孙武："西方谎言研究理论综述"，载《国外社会科学》2008 年第 2 期。
125. 卓雅："记忆谎言与历史符号——新历史主义历史观的符号学阐说"，载《西南大学学报（社会科学版）》2010 年第 6 期。
126. 谢维和："简论基础教育的价值和学校的责任"，载《教育研究》1997 年第 5 期。
127. 陈延斌："《袁氏世范》的伦理教化思想及其特色"，载《道德与文明》2000 年第 5 期。
128. 田义双：《诚信场域论——中国社会发展中的诚信问题研究》，中共中央党校 2006 年博士学位论文。
129. 马海成：《伊斯兰慈善思想与制度研究》，上海外国语大学 2012 年博士学位论文。
130. 尚九玉："简析宗教的人性论"，载《宗教学研究》2001 年第 1 期。
131. 姜国峰：《人之生命的实践生成论觉解——马克思生命哲学思想研究》，东北师范大学 2012 年博士学位论文。
132. 刘睿：《康德尊严学说研究》，武汉大学 2013 年博士学位论文。
133. 张岱年："辨程门立雪"，载《群言》1992 年第 8 期。
134. 蒋劲松："传统责任政府理论简析"，载《政治学研究》2005 年第 4 期。
135. 徐国栋："主观诚信与客观诚信的分合与更名问题比较法考察——兼论中国的诚信立法向何处去"，载《社会科学》2013 年第 1 期。
136. 李锐：《孔孟之间"性"论研究》，清华大学 2005 年博士学位论文。

137. 颜世安:“荀子、韩非子、庄子性恶意识初议”，载《南京大学学报(哲学、人文科学、社会科学版)》2010 年第 2 期。

138. 陆建华:“告子辩析”，载《孔子研究》2008 年第 2 期。

139. 熊韦锐:“从人性假设看‘非指导’疗法与‘无为’思想的共通性”，载《医学与社会》2009 年第 1 期。

140. 迈克尔·桑德尔（Michael J. Sandel）:“哈佛大学公开课：公正——该如何做是好?”，载网易公开课，http：//v. 163. com/special/justice/，访问日期：2014 年 8 月 12 日。

二、英文文献

1. Michael W. Apple, "*The New Sociology of Education: Analyzing Cultural and Economic Reproduction*", *Harvard Educational Review*, Vol. 48, No. 4, November 1978.

2. Michael W. Apple, *Can Education Change Society?* Routledge, 2012.

3. Pierre Bourdieu, *The Algerians*, Boston: Beacon Press, 1958.

4. Jean Piaget, *The Moral Judgment of the Child*, The Free Press, Glen-coe, Illinois, 1948.

5. Ronald E. Galbraith, Thomas M. Jones, "*Moral Reasoning: A Teaching Handbook for Adapting Kehlberg to the Classroom*", Green Haven Press, Inc., 1976.

6. Keogh, M., *Prejudicial Publicity: Some Case Studies and Their Implication*, Sydney: Australian Law Reform Commission, 1987.

7. Tamar Frankel, *Trust and Honesty*, Oxford University Press, 2006.

8. Tom R. Tylor, *Why People Obey the Law*, Yale University Press, 1990.

9. Office of Juvenile Justice and Delingquency Prevention, *Publicity Strategies*, Arthur D. Little, Inc. United States, 1978.

10. Allan Lockwood, *The Case for Character Education*, Columbia University, Teachers College Press, 2009.

11. Carole Krismaric, Marvin Helferman, *Growing up with Dick and Jane*, Collins Publishers San Francisco, 1927.

12. Kern Alexander, M. David Alexander, *American Public School Law* (8th edition), Linda Schreiber-Ganster, 2012.

13. Wisconsin Supreme Court, *Juvenile Law Orientation*, Office of Judicial Education, 2008 – 2012.

14. Madeline Kotowicz &Susan Ewing, *Life is around us.*

15. Gordon, Edmund W. , *Education and Justice: A View from the Back of the Bus*, Teachers College Press, Columbia University, 1999.

16. John Casey, *Morality and Moral Reasoning: Five Essays in Ethics*, Methuen & Co Ltd, 11 New Fetter Lane, London EC4, 1971.

17. Reed M. Davis, *Moral Reasoning and Statecreft: Essays Presented to Kenneth W. Thompson*, University Press of America, 1988.

18. Richard C. Cabot, *Honesty*, The Macmillan Company, New York, 1938.

19. Rahima C. Wade, *Social Studies for Social Justice*, Teachers College Press, Columbia University, 2007.

20. Daniel Callahan, *Honesty in the Church: The Mind of the Catholic Layman*, Charles Sribner's Sons, New York.

21. Charles E. Watson, *How Honesty Pays: Restoring Integrity to Workplace*, Praeger, Westport, Connecticut London, 2005.

22. Tamare Frankel, *Trust and Honesty*, Oxford University Press, 2006.

后 记

如果真的存在学术领地的话，那么当我从教育学领地走到法学领地的时候，最先感受到的是法治文化与精神所具有的刚性，经济赔偿乃至量刑定罪在法学研究及实践领地司空见惯。当然，这只是我自己的感受。在此之前，我一直认为改变一个人的最主要的方式是教育，而不是规则和法律。当然，我所言的教育也是一个模糊的概念，不能明确是大教育还是小教育。一直以来，我好像一直坚持认为孔孟之道才是为人之根本，认为人都有善端，要保证人的健康发展，那么应该启发其善端。但当我感受到法学领地的刚性后，我认为法学领域中的人们都是人性恶论者，然而当我与几个法学朋友聊天讨论的时候，他们却又否定了我的想法，或者就是不予以讨论，所以直到目前为止，我都不能确定其对于人性的观点。但是我还是固执地坚持了我自己的观点，教育学领地的人大部分是人性善论者，而法学领地的人大部分是人性恶论者。我长期以来是一个人性善论者，现在我依然是。

在我写本书时有两个纠结。第一，诚信是属于道德教育领域中的问题还是属于法学领域中的问题？第二，诚信制度如何建设？教育能否起决定作用？这两个纠结紧密联系。

同朋友们讨论这些问题的时候，我能清楚地感受到来自不同学术领地的人的鲜明的不同，其不同，不是刚柔相济，而是互不相容。考虑良久，基于我的老师们早先教导我的那样，从问题出发，不拘于形式，以解决问题为目标，加之我长期固执的观点——诚信是属于道德教育中的问题，我选择认为人性本善，善端就隐藏在人内心深处的某个角落，所以教育在建设诚信制度中起决定作用。正如上帝的事情归上帝，恺撒的事情归恺撒一样，道德的事情该归道德来解决，法律的事情该由法律来解决。这是本书的一个基调，也是我的一个坚持。

之所以说是选择认为人性本善，是因为，人都有自己的感情和意识，对同一个事情，不同的人会有不同的想法和说法，即使科学研究要求我们要竭力客观，尽力摒弃个人的感情等主观因素，可是他所表达的观点和看法中依然彰显了自我的特点，尤其在人文社会科学领域，更是如此，所以不必隐瞒，每一个所要表达的就是他想要表达的，而且是他选择表达的结果，毋庸置疑，语言是来表达思想的。

而之所以会有这样的坚持，乃是基于我的一个思考。在思考本书以及写本书的过程中，我时常问我自己，腐败现象在世界范围内早已有之，在法国年鉴学派代表人物费尔南·布罗代尔的《地中海》一书里，就以历史的眼光，记载了16世纪的伊斯兰和基督教世界里的腐败现象。“毫无疑问，国家官员的腐败现象，16世纪在伊斯兰世界，在基督教世界，在南欧，在北欧都十分严重。1573年，阿尔贝公爵从弗兰德写道：‘没有一起民事案件或者一起刑事案件不能像在肉店里卖肉那样出卖……大多数法官每天都卖身到投靠想收买他们的人……’这种触目皆是的腐败现象，是对统治者的意志的一种抑制和约束，当然绝不是一种可以轻易解除的抑制和约束。腐败现象变成了一种盘根错节、阴险邪恶的力量，一种能够单独存在的力量。它是个人在它的庇护之下能够逃避法律的那些力量中的一种。这是一种永远存在的力量和狡诈的结合体。老罗德里戈·维沃罗1632年写道：‘西班牙的法律像一张捕捉小苍蝇和蚊虫的蛛网。’有钱有势的人逃脱了这张网形成的罗网。只有不幸的人和穷人才被缠在里面。”那些犯罪的各级官员，那些杀人越货的犯罪分子，他们难道不知道他们的所作所为是犯法的吗？他们显然是知道的，但是他们为什么还要从事犯罪活动呢？多数的法学家认为，是因为有法不依或者执法不严给了这些人侥幸心理，因而就有人提倡要用重典，像提倡“反腐必用重典”那样，但是对那些犯罪分子的制裁还不足以威慑其他人吗？为什么依然有民众及官员犯罪，且数量依然很多？在中国的封建社会，明朝在治国理政方面就采用了严刑峻法，尤其对贪腐官员的刑罚更为酷烈，但依然没有肃清贪腐行为，以至于明朝皇帝朱元璋临死前都慨叹“奈何朝杀而暮犯”，为何？我认为，关键是那些刚性的法条外在于人心，没有提高到人的德性来教育，所以人心没有畏惧，因而犯罪，所以建设诚信制度，要反求诸己，要求救于每个人的内心，要自律，非教育不可。因为教育就是在启发人的心灵，给予人以德性。伟大的书法家王羲之在其恢宏的《兰亭集序》中感慨说：“夫人之相与俯仰一世，或取诸怀抱，悟言一室之内，或因寄所托，放浪形骸之外。”人一生的生活态度不过是由向内还是向外的两种态度组成而已，那么本书，很显然是一种向内的书写态度。

然而，或许我的这样一个坚持，正如我的朋友们所批评的那样，带有一点乌托邦的色彩。但是又有谁能确定，在漫长的历史长河中，不正是内心的坚持才使得我们人类一直向前呢?!不是靠人类的内心而赢得世界的外在呢？连罗尔斯在论述其正义——这一表达一个社会制度基本德性的人最后也将正义的达成寄希望于人的内心道德的升华，认为“心灵的纯洁（如果能够达到的话）将会使一个人明察秋毫，并……通情达理地、自我克制地去行动”。（第 87 节）我们又有什么理由不相信诚信建设也应该最终依赖于人的内心的纯洁呢？按照法国社会学家布迪厄的理论来深入，社会结构从来就没有离开过心智结构。本书就是一次用我们的内心道德来打败外在桎梏的尝试！希望人人都能“勿以恶小而为之，勿以善小而不为”，“诸恶莫作，众善奉行”，从而过上没有战争、没有杀戮、没有恶行的理想的和谐社会！

最后，书虽已写完，但对问题的讨论却仍在继续。如果本书的出版能在众多散发刚性的诚信建设讨论的书中受到关注并引起更多的有兴趣的有益的讨论，本书的目的也就达到了。在写作过程中，有的书重读，有的书新读，收获很多。感谢那些前人所做的工作。任何工作都是建立在前人劳动的基础上的。感谢那些为本书提供素材、提供观点、参与讨论、修改的朋友们。谢谢你们！

古人云：“求乎其上，得乎其中；求乎其中，得乎其下。”我本着好好写的原则，想写一本思想深刻的书，但是结果写出来的，也许只能是得乎其中或者得乎其下的现在这个样子了。当我告诉我美国访学时的老师我要写一本好书的时候，他的建议是，写书不是为了书能成为好书，而是为了能解决问题。所以，我诚恳地接受所有朋友对本书从论点到论据等各个方面的批评。如果这本书的思考也能对解决相关问题有所助益，那将是令人激动的大好事情。

“路漫漫其修远兮，吾将上下而求索。”

本书写作过程中得到了美国导师、著名的批判教育学家迈克尔·阿普尔教授、周五习明纳上的同学们、美国访学期间的英语老师们 Thomas，Nancy，Edward Kathy 等人和其他朋友们的帮助，还得到了国内的领导、同事及朋友们，包括：曹义孙主任、梁文永博士、尹超博士、王超奕博士、胡小进博士、刘坤轮博士、王威博士等人的帮助，以及中国政法大学出版社的帮助，特此一并表示感谢！

本书的探究纯粹是一种学术探究，文责由笔者自负。

李慧敏

2015 年 3 月 1 日于法大

图书在版编目（CIP）数据

诚信与教育/李慧敏著. —北京:中国政法大学出版社，2015.4
ISBN 978-7-5620-5756-7

Ⅰ.①诚… Ⅱ.①李… Ⅲ.①社会公德教育-研究-中国 Ⅳ.①D648.3

中国版本图书馆CIP数据核字(2015)第051886号

出 版 者　中国政法大学出版社
地　　址　北京市海淀区西土城路25号
邮寄地址　北京100088信箱8034分箱　邮编100088
网　　址　http://www.cuplpress.com（网络实名：中国政法大学出版社）
电　　话　010-58908524(编辑部)　58908334(邮购部)
承　　印　固安华明印业有限公司
开　　本　880mm×1230mm　1/32
印　　张　8.25
字　　数　200千字
版　　次　2015年4月第1版
印　　次　2015年4月第1次印刷
定　　价　29.00元